의열단, 항일의 불꽃

항일의 불꽃 ——

의열단

김삼웅

두레

일러두기

1. 책은『 』, 글이나 논문 등은「 」, 잡지나 신문 등 정기간행물은《 》, 시나 노래 제목 등은〈 〉등으로 표기했다.

2. 중국 이름과 지명 등은 처음 나올 때만 중국어 표기법에 따른 현지음과 한자음을 함께 표기하고, 이후에는 현지음으로 표기했다. 다만, 인용문은 원문 그대로 한자음으로 표기했다.

3. 인용문의 내용 중 괄호 안의 부연 설명은 모두 저자(인용자)가 추가한 것이다.

일제의 간담을 서늘케 하고
국민에게 희망과 용기를 준 의열단

꼭 100년 전인 1919년, 그해 우리 선대들은 위대했다. 1919년 1월 말 중국 지린에서 해외 지도급 독립운동가 39명의 명의로 「대한독립선언서」가 발표되고, 2월에는 일본 도쿄에서 유학생들이 「2·8 독립선언서」를 발표하는가 하면, 3~4월에는 국내외에서 3·1 혁명이 일어났다. 그리고 11월에는 만주에서 일제가 가장 두려워한 항일단체 조선의열단이 창단되었다.

우리 독립운동사에서 의열義烈 투쟁은 여러 독립운동방략 중에서 가장 돋보이는 투쟁노선이었다. 가장 적은 희생으로 가장 큰 효과를 내는 것이 의열투쟁이었다. 수단과 방법, 시간과 장소, 인물과 기관을 가리지 않고 활용할 수 있는 방법이었다.

외침과 내우가 유난히 심한 우리나라는 오래전부터 의열투쟁의 전통이 이어져 내려왔다. '의열'이란 흔히 의사義士와 열사烈士를 가리키거나, 그들의 특징적인 행동을 의미하는 용어로 쓰인다. 국난기에 관군이 패퇴하거나 적군에 투항할 때 민간인(백성)들이 궐기하여 침략자들과 싸워서, 이를 물리치거나 전세를 바꾼 경우가 적지 않았다. 여기에는 장렬한 자기희생이 따랐다.

임진왜란과 정유재란 때에 의열투쟁이 강력한 저항의 모습을 보였고, 한말 일제침략기에도 수많은 의열사들이 봉기하여 의병전쟁義兵戰爭에 참가하고, 여의치 않을 때는 일신을 던지는 단독 의열전을 전개했다. 1970, 80, 90년대 반독재 민주항쟁 과정에서도 수많은 재야인사·학생·노동자가 투신·분신해 희생을 감내하거나 고문사와 의문사 등을 당하면서 민주주의를 쟁취했다.

　　의열투쟁은 정규전이 불가능한 상황에서 전개되는 경우가 대부분이다. 한국사의 의열투쟁이 최근 세계 곳곳에서 나타나는 테러와 다른 것은, 국권회복과 민주화를 요구하는 정의의 실현방법이어서, 자신을 던지는 지극히 도덕적 수단의 목표 축에 있었다는 점이다. 한말 일제침략 세력과 싸운 민간병民間兵을 의병이라 한 것이나, 의열단 공약 제1조에서 "천하의 정의로운 일을 맹렬히 실행한다"며 제시한 '정의'의 가치에서 잘 설명되고 있다.

　　의열단의 존재가 얼마나 공포심을 불러온 대상이었던지 일본 외무대신은 "김원봉 체포 시 즉각 사살하거나 나가사키長崎 형무소로 이송할 것이며, 소요경비는 외무성에서 직접 지출할 것"이라는 요지의 훈령을 상하이 총영사관에 하달할 정도였다.

　　일제 군경과 관리들에게 의열단원은 염라대왕과 같은 존재로 인식되었다. 언제 어디서 불쑥 나타나 폭탄을 던지고 권총을 들이댈지 모르기 때문이었다. 두렵기는 친일파와 악질 지주들도 마찬가지였다. 의열단은 10년 동안 크고 작은 의열투쟁을 34번이나 일으켜 일제의 간담을 서늘케 하고 국민에게는 희망과 용기를 주었다.

　　1919년 11월 9일(음 10월 27일), 조선 청년들이 중국 지린성 바후

먼 밖 중국인 농민 판 씨 집에 모였다. 이 집은 자금의 여유가 있었던 이종암이 판 씨로부터 세내어 거처 겸 연락처로 사용되고 있었다. 여기서는 가끔 폭탄 제조 실험도 했다. 일종의 비밀 아지트인 셈이었다.

판 씨 집에 모인 10대 후반에서 20대 중반까지의 조선 청년 13명은 밤이 새도록 토론을 거듭했다. 11월 초순이면 지린 지방은 벌써 눈이 쌓이고 강추위가 몰아치는 계절이었다. 청년들은 추위 따위는 아랑곳없이 이날 밤 의열단의 활동지침으로 '공약 10조'를 결정하고, 구축왜노驅逐倭奴·광복조국·타파계급·평균지권平均地權 등 4개 항목을 최고의 이상으로 내걸었다.

창립 단원들은 형제의 의를 맺고 '공약 10조'로서 조직기율을 정했다. 김원봉이 맏형격인 '의백義伯'으로 선출되어 단장의 임무를 맡았다. 대표자의 명칭을 '의백'이라 했는데, 이는 단원 상호 간의 관계를 반半혈연적 운명공동체 의식으로 묶인 일종의 형제 결연적 관계로 상정했음을 말해준다.

의열단이 창단될 때 성문화된 단의 강령 같은 것은 달리 없었다. 1923년에 단재 신채호의 손으로 「조선혁명선언(의열단선언)」이 쓰여질 때까지 '일제와 친일파를 몰아내고(구축왜노), 조국을 광복하여(광복조국), 계급을 타파하며(타파계급), 토지소유를 평등하게 한다(평균지권)'라는 4대 목표를 최대의 이념으로 삼았다. 이 가운데 특히 '평균지권'은 의열단의 진보적인 성향을 보여주는 대목으로, "이 조항은 지주소작 관계가 더욱 강화되어가고 있던 조선 국내 사정을 두고 볼 때 대단히 진보적인 것이었다. 요컨대 의열단은 단순한 독립만이 아니라 사회개혁을 지향했으며 대한광복회의 진보적 노선을 한 층 더 발전시켰다고 할 수 있다"라는 평가를 받고 있다.

의열단은 창단하면서 적의 간담을 서늘하게 한 공포의 '조선 총독을 비롯 마땅히 죽여야 할 대상', 즉 '7가살七可殺'과 함께 다섯 가지의 '파괴대상(5파괴)'을 선정했다.

처단대상을 명확히 함으로써 활동목표를 적시한 것이다. 총독 정치의 우두머리와 하수인, 그리고 민족반역자 모두를 세분화해서 구체적으로 '마땅히 죽여야 할 대상'으로 지목했다. 또 파괴해야 할 핵심기관으로, 통치기관은 조선총독부, 수탈기관은 동양척식주식회사, 선전기관은 매일신보사, 폭압기구는 각 경찰서와 기타 중요 기관을 적시했다. 이는 의열단이 어느 독립운동단체보다 격렬하게 일제와 싸우고자 하는 결의, 치열함과 조선 민중의 소망을 담아 보여주는 것이라 하겠다.

시대적 소임을 다한 의열단은 정세의 변화에 따라 조선의용대 (군)를 편성해 일제와 직접 싸우다가 일부는 임시정부에 들어가 광복군이 되고, 일부는 옌안으로 가서 중국 홍군과 함께 대일전을 벌였다. 이런 과정에 많은 사상자가 생기고, 이름도 없이 사라진 대원도 많았다.

해방된 뒤 의열단은, 단장 김원봉과 일부 대원은 남쪽으로, 일부는 북쪽으로 들어왔다. 김원봉은 친일파들로부터 갖은 수모와 암살 위기를 겪은 뒤 북한으로 가서 활동하다가 1958년 이후 행방을 감추었다. 북쪽을 택했던 조선의용대(군) 출신들도 '옌안파 숙청'으로 거세되었다.

일제강점기 때 가장 치열하게 싸웠던 의열단은 남한에서는 좌파로, 북한에서는 옌안파로 몰려 희생되는 참담한 상황이 벌어졌다. 20세기 민족모순의 한 정형이다. 의열단 창단 100주년을 맞아 약산 김원봉을 서훈하자는 여론이 비등하다. 그런데 친일을 모태로 하는 족벌언론과 그 계열의 수구 정치인들이 한사코 반대한다.

일본군 장교 출신들과 친일문인들은 기리면서 항일투사들은 적대시하는 '토착왜구'들의 적폐가, 일제강점기 일제의 현상금이 가장 많았던, 샛별과 같았던 독립운동가의 서훈을 가로막고 있다. 최근 발굴된 평양 주재 소련 대사였던 알렉산드르 푸자노프의 기록에 따르면, 1958년경 김원봉이 신변의 위협을 느껴 남쪽으로 가려고 온갖 시도를 했다고 한다. 이런 이유로 하여 북쪽에서 숙청 또는 하방되었을지 모른다.

이 책은 의열단 창단에서 민족혁명당, 그리고 조선의용대(군)까지의 행적을 살핀다. 연구가 부족한 관계로 선학先學들의 자료와 증언을 많이 참조했다. 지면을 통해 감사드린다.

2019년 조선의열단 창단 100주년에
김삼웅

차례

5장 이어지는 의열투쟁

6장 의열단의 의기와 자료(사료)

7장 내외의 거센 도전과 새로운 진로

8장 폭렬투쟁에서 대중운동으로

9장 민족혁명당 모태 역할

10장 조선의용대 창설과 항일전

러시아

몽 골

신장웨이우얼자치구

네이멍구자치구

닝샤후이족자치구

옌안(연안)

칭하이성

간쑤성

시안(서안)

산시성

양

시짱자치구
(티베트)

쓰촨성

충칭(중경)

구이저우성

윈난성

광시장쭈

미얀마

1장 ————
의열義烈의 사력

1. 일제가 가장 두려워했던 항일단체, 조선의열단

일제가 대한제국을 침략한 뒤 가장 두려워했던 대상이 있었다. 침략 초기에는 홍범도의 산포수 부대, 1920년대에는 김원봉과 조선의열단, 1930년대에는 김구와 한인애국단을 가장 두려워했다. 이들에게는 거액의 현상금을 내걸었을 뿐만 아니라 '현장사살' 등 암살 명령을 내릴 정도였다.

1919년 11월 10일, 중국 지린(길림)성의 농부 판(潘) 씨 집에서 김원봉을 비롯해 그의 동지 13명이 발기하여 일제에게 두려움과 증오의 대상이 된, 항일독립운동의 결사체 조선의열단이 창단된 지 100주년이다. 일제강점기에 가장 치열하게 일제와 싸우고도 해방 후 남과 북에서 모두 정당한 대우를 받지 못한 채 잊히거나 소외당해 온 조선의열단과 그 후계 단체들은 이제 창단 100주년을 맞아 정명正名을 찾고 정당한 대접을 받아야 한다.

19세기 말, 조선이 일제의 침략으로 국권을 유린당할 때 전국 각지에서 수많은 크고 작은 애국단체들이 조직되어 일제와 싸웠다. 청일전쟁과 러일전쟁을 통해 두 거대한 대륙국가를 단기간에 제압했던 일본이 1876년 강화도조약이 있은 지 34년, 일본인들이 1895년 경복궁에 난입하여 명성황후를 시해한 때로부터는 15년, 외교권을 강탈한 1905년 을사늑약이 강제로 체결된 때로부터는 5년 뒤인 1910년 8월에 이르러서야 병탄을 하게 된 것은 국내 각지의 의병과 항일 단체들의 줄기찬 저항 때문이었다.

일제가 청국과 러시아 군대는 훈련된 군대를 동원해 제압할 수 있었으나 조선의 의병과 항일단체는 군대와 경찰로도 진압이 쉽지 않았다.

고구려와 발해가 패망한 뒤 반도국가로 전락한 우리나라는 대륙 세력과 해양 세력으로부터 간단없이 침략과 간섭을 받아왔다. 그때마다 지배층은 쉽게 엎드리고 속방을 마다하지 않았지만, 민중은 결코 이에 순종하지 않았다. 그래서 왕조사는 부끄러운 사대사상으로 물들었지만, 민중사는 치열한 저항의 불꽃으로 수놓으며 민족사를 지켜왔다. 한말 이래 왕조사와 민중사를 대비하여 살펴보자.

먼저, 왕조사는 다음과 같다. 1876년 강화도조약→1882년 제물포조약→1895년 을미사변→1896년 아관파천→1898년 열강의 이권침탈→1904년 한일의정서 체결→1905년 을사늑약→1906년 통감부 설치→1907년 한일신협약(정미7조약)→1910년 한일병탄.

반면, 민중사는 이렇다. 1894년 동학농민혁명→1895년 을미의병→1896년 독립협회→1898년 만민공동회 개최→1907년 국채보상운동·정미의병·신민회 조직·13도 창의군 결성→1909년 안중근 의사 이토 히로부미 처단.

왕조사는 비겁하고 비굴하기 그지없으나 민중사는 활기차고 당당했다. 나라가 망하자 기득권 세력은 일제에게 작위와 거액의 은사금을 받아 왜적의 식민통치에 협력했으나 천대받던 민중은 의병활동과 독립운동에 나섰다. 홍범도는 머슴 출신이고, 김원봉은 농민 출신이고, 김구는 상민 출신이었다. 조선 후기 집권세력이던 노론 벽파는 대부분이 매국노와 친일파로 전락하고, 서민·백성들이 국권회복운동의 주체가 되었다.

한민족의 역사에는 국난기나 국치기이면 어김없이 민중들이 앞장서서 외적과 맞선 의열투쟁의 전통이 서려 있다. 고구려가 망한 뒤 유민들이 신라와 협력하여 당군과 싸우고, 몽골군 침략기에 민중이 저항한 이래, 조선시대 임진왜란과 병자호란 때의 의병, 한말 국난기와 일제강점기의 의병과 의열사, 독립군 그리고 해방 후 독재 시기의 민주인사와 민주열사의 저항과 투쟁이 이어졌다. 살신보국, 살신성인의 정신적 유산이다.

국어사전에 열사烈士는 "나라를 위해 절의를 굳게 지키며 충성을 다해 싸운 사람"으로, 의사義士는 "나라와 민족을 위해 제 몸을 바쳐 일하려는 뜻을 가진 의로운 사람"으로 풀이한다. 이에 덧붙이면, '의사'는 성패와 관계없이 목숨을 내걸고 적과 싸우다 희생된 이를 말하고, '열사'는 강력한 항의의 뜻이나 의분을 자결 또는 그에 준하는 행동으로 보인 이를 일컫는다. 의열사는 곧 정의와 보국輔國을 실천한 사람이다.

김원봉을 비롯해 그의 동지 13명은 항일 구국 투쟁에 신명을 바칠 것을 다짐하면서 만든 조직을 '의열단義烈團'이라 이름했다. 이

들은 일제 군경과 밀정들에게 쫓기고, 수시로 황천길을 넘나들면서
도 한 사람도 변절하거나 투항하지 않았다.

예수의 제자 13명 중에도 배신자가 있었고, 석가모니의 사촌
도 배신하고, 마오쩌둥이 1921년 상하이에서 중국공산당을 창당할
때 함께했던 동지 13명 중에서도 몇 사람이 한간(漢奸, 친일파)으로 변
절했다. 안중근 의사가 1909년 동지 11명과 죽음으로써 구국투쟁을
벌일 것을 손가락을 끊어 맹세했던 단지동맹의 맹원 중에도 배신자
가 있었다. 그러나 의열단 창단 단원들은 그 누구도 끝까지 배신하
지 않았다.

의열단 단원들은 일종의 결사대원들이었다. 적진에 들어가 적
을 죽이거나 기관을 파괴하고 장렬하게 전사하는 것이 그들이 맡
은 임무였다. 누구의 명령에 따른 것이 아니라 스스로 택한 길이다.
천우신조로 살아 돌아올 수 있으면 다행이지만 그렇지 못한 경우
가 대부분이었다. 그래서 활동이나 행동거지 하나하나가 무척 조심
스러웠고, 어떤 측면에서는 청교도적인 순결함을 보여주었다. 중국
상하이 시절 의열단원을 지켜보았던 『아리랑』의 저자 님 웨일스는
의열단원들을 이렇게 평가한다.

그들은 놀라울 정도로 멋진 친구들이었다. 의열단원들은 언제나 멋진
스포츠형의 양복을 입었고 머리를 잘 손질했다. 어떤 경우에도 결벽할
정도로 아주 깨끗하게 차려입었다.[1]

2. 의를 위해 몸을 던진 지사들

중국 남송 시대의 충신이며 문장가인 문천상文天祥이 "공자는 인仁을 이룩할 것을 말하고, 맹자는 의義를 취할 것을 강조한지라, 의를 다하는 그것만이 곧 인에 이르는 길이다"라고 했듯이, 의열단원들은 의를 통해 인을 이룬 정의의 사도들이다. 그들은 조국 해방이라는 대의를 위해 생명도 아끼지 않았다.

우리나라 고난의 역사에서 의열사의 전통이 없었다면 기백이 없는 민족이 되었을 것이다. 특히 국난기의 의열사들은 국권을 지키고 국맥을 이은 지사志士들이다. 이 의열사들이 있었기에 국혼國魂과 국백國魄이 유지되고, 민족혼이 이어졌다.

의열단원들은 자기 몸을 던져 일제와 싸웠다. 독립운동사에서 가장 빛나는 의열투쟁이다. 오늘날 중동을 비롯해 미국과 유럽 각지에서 벌어지는 테러활동과는 확연히 다르다. 테러는 특정한 목적과 이익을 위해 무차별적인 살상행위를 저지르지만, 의열투쟁은 조국 해방이라는 숭고한 사명을 위하여 제국주의의 요인 암살이나 주요 시설 파괴를 목적으로 한다. 그래서 의열투쟁의 주역인 의열단원들은 '거룩한 순교자'들이다.

그들은 거의 종교적인 열광으로 테러 활동을 숭상했다. 죽음을 두려워하지 않는 정예 용사들로서 오직 모험적인 행동만이 능히 일제의 식민 통치를 뒤엎을 수 있다고 굳게 믿었고, 망국의 치욕을 자기들의 피로써 능히 씻을 수 있다고 믿었다.

하여, 그들은 일제의 요인을 암살하는 특무와 반역자들을 처단하는 것을 주요한 행동강령으로 삼았으며 가슴속에서 불타던 적개심은 그들에게 환락과 아울러 비극을 가져다주었다.[2]

의열단은 목적과 활동이 의병과 유사하지만, 의병이 최소한의 집단성을 갖고 왜적과 싸운 반면 의열단원들은 주로 단독으로 거사했다는 점에서 다르다고 할 수 있다. 의열단은 개인이 스스로 적진에 뛰어들어 싸우다가 사살되거나 붙잡혀서 옥고를 치르거나 처형되었다. 몇 사람이 함께 거사하는 경우도 있었지만 대부분이 단독거사였다. 그만큼 힘들고 고독한 싸움이었다.

의열단이 1919년 창단하여 1929년 상하이에서 해단할 때까지 수행한 크고 작은 규모의 의거만 해도 34건이다. 일제 경찰관서 폭파, 일본군 고위장교 저격, 일제 수탈기관 폭파, 일왕 거주지 폭탄 투척, 밀정과 변절자 암살 등 유형도 다양했다. 대부분이 열악한 무기(권총과 폭탄) 때문에 크게 효과를 보지 못했다. 만약 폭탄이 한국애국단원 윤봉길 의거(1932) 때 사용된 폭탄 정도의 성능이었다면 우리나라 독립운동의 양상은 크게 바뀌었을 것이다.

'의열단'은 해방된 뒤에 긴 세월 동안 금제禁制의 울타리에 갇혀 있었다. 민주화가 되고 관련 영화가 상영되고 인기를 끌면서 세간에 알려졌는데, 그나마 단장 김원봉 정도만 주목되었을 뿐 창립 단원과 나중에 참여한 유명·무명의 다수 단원들은 대부분 망각의 뒤안길로 사라졌다.

조직의 성격상 시기별로 단원들의 정확한 이름과 숫자도 제대로 알려지지 않은 경우가 많지만, 의열단의 활동은 해방 뒤에도 멈추지 않았다. 반독재 투사 김창숙과, 독재자 이승만을 저격하려 한 김시현이 대표적인 의열단원이었다. 또한 영화 〈박열〉로 잘 알려진 박열과 일본인 부인 가네코 후미코가 일왕 부자를 폭살하려고 준비할 때 의열단을 통해 폭탄을 입수하려 했다. 그들 역시 의열단원이었다는 일본 경찰의 자료도 남아 있다. 그런가 하면 우리나라 대표적인 민족사학자 신채호는 김원봉의 부탁을 받고 「조선혁명선언(일명 '의열단선언')」을 집필했다. 대표적인 민족시인 이육사도 의열단원이었다.

의열단 투쟁이야말로 만주, 중국, 또는 멀리 미주나 국내에서 투쟁한 수많은 항일투쟁 속에서도 가장 위대하고 또 가장 감동적인 투쟁이었다는 것을 발견했다.

우리들은 윤봉길 의사나 이봉창 의사의 의거를 잘 알고 있고 또 세상에도 이 두 분에 관해선 널리 알려져 있다. 그러나 의열단에서는 수많은 윤 의사와 수많은 이봉창 의사를 발견할 수 있다. 아니 윤 의사나 이 의사도 의열단 의사들의 뒤를 따랐다는 것을 발견한다.

의열단 의사들 중에는 이들 못지않게 통쾌한 투쟁을 한 의사들이 적지 않다. 필자는 글을 써가는 도중에 감동한 나머지 여러 번 눈시울이 뜨거워졌음을 솔직히 고백한다. 의열단처럼 일제 치하에 위대한 애국투쟁을 한 단체가 오늘날 왜 이렇게도 무관심과 냉대를 받고 있는가?[3]

3. 조국 해방 전쟁에 나선 단체들

나라의 적 이토 히로부미를 처단한 안중근 의사는 감옥에서 "불의를 보고도 나서지 않는 사람은 용기가 없는 인물"이라는 휘호를 썼다. 일제강점기나 해방 후 오늘에 이르기까지 용기 없는 인물은 그렇다 치고, '부끄러운 인물'이 너무 많았다. 매국노와 친일파는 제쳐놓더라도 언론인·정치인·문화인·학자·종교인 등 수많은 사회지도층 인사들이 민족과 겨레를 배반하고 적의 앞잡이가 되거나 비호하는 대열에 섰다.

일제강점기에 의열단 말고도 수많은 애국단체가 국내외에서 조직되어 조국 해방을 위하여 싸웠다. 매국노와 친일파도 많았지만 애국자들도 적지 않았다. 그러나 의로운 쪽은 대부분 비참한 최후를 맞고, 그 후손들은 열악한 환경에서 영락을 면치 못한 채 오늘날까지도 사회 밑바닥에서 근근이 살아간다.

반면에 불의한 쪽은 쿠데타를 일으켜 정권을 잡거나 대학·신문사·기업을 만들어 상류층이 되고, 이들은 다시 국회의원·판검사·고급공무원·교수·언론인·재벌이 되고, 또다시 세습을 하고 동조자들을 끌어모아 세력을 형성한다. 오로지 조국 독립을 위해 목숨을 아끼지 않았던 의열단원들의 후손은 간 곳이 없고, 친일파들의 후손은 대를 이어 양지쪽을 차지해왔다.

경술국치 이후 국내외에서 활동한 독립운동단체(비밀단체 포함)를 살펴보자(임시정부 제외).

독립운동단체와 대표 인물들

[1910년대]

△국내

독립의군부(1912): 임병찬

송죽형제회(1913): 황에스더, 김경희 등 평양 숭의여학교 교사

조선국권회복단(1915): 윤상태, 서상일, 이시영

대한광복회(1915): 박상진, 채기중, 김좌진

조선국민회(1915): 장일환, 배민수, 평양 숭실학교

자립단(1915): 방주익, 강명환

선명단(1915): 임광모, 정연웅—일제 요인 암살 목적

△국외(중국)

서전서숙(1906): 이상설

한흥동(1909): 이상설, 이승희—최초의 독립운동기지

삼원보(1911): 이동녕, 이회영—이후 '신한민촌→경학사→신흥강습
소'로 바뀜

중광단(1911): 서일—이후 '대한정의단'으로 바뀜

동제사(1912): 신규식, 박은식, 정인보, 신채호, 조소앙

신한혁명당(1915): 이상설, 박은식, 신규식

신한청년당(1918): 여운형, 김철, 김규식

△국외(러시아 지역)

한민회(1905)

13도의군(1910): 유인석, 이범윤, 홍범도

성명회(1910): 유인석, 이상설

권업회(1911): 이범윤

대한광복군정부(1914): 이상설, 이동휘

대한국민회(1919)

△국외(유럽, 미국)

신민회(1903): 홍승하, 윤병구

한인합성협회(1907)

대한인국민회(1910)

흥사단(1913): 안창호-미국 샌프란시스코

대조선국민군단(1914): 박용만

숭무학교(1910): 이근영, 신광희-멕시코 지역

△국외(일본)

조선청년독립단(1918): 조선학회, 조선유학생학우회(동경)

[1920년대(3·1 혁명 이후)]

△국내

천마산대(1919): 최시흥-이후 '대한통의부'에 편입됨

보합단(1920): 김동식-이후 '대한독립단'에 흡수됨

구월산대(1920): 이명서

신간회(1927)

△국외

조선의열단(1919): 김원봉

서로군정서(1919): 이상룡, 이탁-이후 '육군주만참의부'에 흡수됨

대한독립단(1919): 박장호, 조맹선─이후 '광복군사령부'에 흡수됨

북로군정서(1919): 김좌진

대한독립군(1919): 홍범도

광복군사령부(1920): 조병준, 안병찬

광복군총영(1920)

대한독립군단(1921): 북로군정서, 서로군정서, 국민회군

대한통의부(1922)

육군주만참의부(1923): 백광운

정의부(1923): 오동진 등

신민부(1925): 대한독립군단+대한독립군정서

조선혁명당(1929)

한국혁명당(1929): 윤기섭, 신익희

한국독립당(1930): 이청천, 홍진

한국독립당(1930): 이동녕, 김구, 안창호

[1930년대]

한인애국단(1931): 김구

한국독립군(1932): 지청천

조선혁명군(1932): 양세봉

동북인민혁명군(1933)

조선민족혁명당(1935): 의열단+한국독립당+신한혁명당+조선혁명
　　　　단+광복단

한국국민당(1935): 김구, 이동녕. 한인애국단+임시정부 고수파

동북항일연군(1936): 동북인민혁명군

조국광복회(1936): 동북항일연군 간부

한국광복운동단체연합회(광복진선, 1937): 조소앙, 이청천

조선민족전선연맹(1937): 김원봉

조선의용대(1938): 김원봉

전국연합진선협회(1939): 김구, 김원봉

[1940년대]

한국독립당(1940): 한국국민당+한국독립당+조선혁명당

한국광복군(1940): 한국독립당→대한민국 국군의 모태

화북조선청년연합회(1941): 최창익, 허정숙

조선독립동맹(1942): 김두봉, 무정, 최창익

조선의용군(1942): 김두봉, 무정, 박효삼

2장 ————
의열단을 창단하다

1. 배신자가 없었던 의열단 창립 단원

일제가 가장 두려워했던 의열단이 등장하기까지에는 두 갈래 큰 역사적인 배경이 있었다.

첫 번째는 1919년 3~4월의 거족적인 3·1 혁명이다. 한민족은 한 덩어리가 되어 자주독립을 선언하고, 만세시위가 비록 일제의 무력 앞에 짓밟히기는 했으나 독립 열기는 요원의 불길처럼 번져나갔다.

두 번째는 1911년에 우당 이회영 일가와 석주 이상용 일가 등이 전 재산을 정리하여 북만주에 세운 신흥무관학교이다. 신흥무관학교에서 민족사 교육과 신식 군사훈련을 시켜 10년 동안 군관 3,500여 명을 길러냈는데, 이들은 나중에 훌륭한 독립군의 일원이 되었다. 의열단 단장 김원봉을 포함해 의열단원 9명이 신흥무관학교 출신이다.

3·1 혁명 뒤 애국심에 불타는 수많은 청년과 지사들이 임시정부가 수립된 상하이와 만주, 러시아로 망명하여 갖가지 단체를 조직하고 항일전을 준비했다. 그 가운데 하나가 의열단이다.

해방 뒤 김원봉이 환국하여 작가 박태원에게 알려준 의열단 창립 단원들은 다음과 같다.

윤세주尹世冑, 이성우李成雨, 곽경郭敬(일명 곽재기), 강세우姜世宇, 이종암李鍾岩, 한봉근韓鳳根, 한봉인韓鳳仁, 김상윤金相潤, 신철휴申喆休, 배동선裵東宣, 서상락徐相洛 외 1명[1]

그러나 이 명단은 다소 착오가 있을 수 있다. 박태원이 김원봉과 만나 『약산과 의열단』을 쓴 것이 1947년이니, 1919년 의열단이 창단되고 28년 뒤의 일이다. 김원봉은 22살에 의열단을 창단하고 1945년 48살로 환국할 때까지 '의열단 투쟁→중국 국민혁명군으로 북벌 참가→조선혁명정치간부학교 창설→조선민족혁명당 결성→조선의용대 창설→임시정부 의정원 활동→임시정부 군무부장 역임' 등 독립운동의 최일선에서 투쟁했다. 그가 지내온 역정으로 보아 많은 사람을 만나고, 또 여러 가지 조직을 만들거나 거쳤을 것이다. 그의 기억력에 착오가 있을 법도 하다.

김원봉의 독립운동사를 연구한 한상도 건국대 교수는 김원봉이 박태준에게 알려준 명단에 적힌 '외 1명'을 권준權晙일 것이라고 말한다.[2] 이들 중 "이종암, 신철휴, 배동선, 한봉인, 이성우, 강세우, 한봉근은 신흥무관학교 출신이고, 곽경은 상하이에서 왔으며, 윤세주, 김상윤은 밀양 출신으로 밀양에서 3·1 만세시위를 주동하다 만주로 망명해와 합세했다."[3]

밀양 출신의 윤치형과 황상규도 뜻을 같이했으나 사정으로 이날 창단식에는 불참한 것으로 알려져 있다.[4] 또 이수택李壽澤, 이낙준李洛俊도 창립 단원으로 거명되며, 김태희金台熙, 이병철李炳喆은 창립 직후 가입한 것으로 판명된다.[5]

의열단 창립기의 단원은 다음과 같다(①~④는 창단 이후 참가자).[6]

의열단 창립기의 단원

연번	성명	이명	생년	출신지	주요 이력
1	김원봉	若山(호)	1898	경남 밀양	신흥무관학교 수학
2	곽재기	郭敬	1893	충북 청주	대동청년단원, 길림소년단원
3	강세우		1901	함남 삼수	신흥무관학교 수학
4	권 준	權重煥	1895	경북 상주	신흥무관학교 수학
5	김상윤	金玉, 金鈺	1897	경남 밀양	신흥무관학교 수학
6	배동선	裵重寬	1893	경남 창원	대동청년단, 조선국권회복단
7	서상락		1893	경북 달성	신흥무관학교 (교관?)
8	신철휴	申愚童	1898	경북 고령	신흥무관학교 수학
9	윤세주	尹小龍	1901	경남 밀양	밀양 만세시위 주도
10	이성우		1899	경남 밀양(?)	신흥무관학교 수학
11	이종암	梁健浩	1896	경북 달성	신흥무관학교 수학
12	한봉근		1894	경남 밀양	신흥무관학교 수학
13	한봉인		1898(?)	경남 밀양	신흥무관학교
①	이낙준	安鍾默	1891(?)	함남 단천	광복회 안동지회 회원(?)
②	이수택	李一夢	1891	경북 칠곡	광복단원
③	윤치형		1893	경남 밀양	일함사, 밀양 만세시위 주도
④	황상규	白民(호)	1890	경남 밀양	광복단원, 대한광복회원

의열단 창립 단원이 13명이라는 설과 달리 10명이라는 주장도 있다. 김영범 대구대 교수는 의열단의 거사 과정 등 행적을 추적한 것을 토대로, 창립 단원의 명단과 인원이 『약산과 의열단』에서 비롯된 통설과 다를 수 있다고 말한다. 즉, 여러 자료를 참조하고 재검토해본 결과 종래의 '13인'설 명단 속의 3명(배동선, 한봉인, 권준)은 창립단원일 수 없다고 보고 창립 단원은 10명이라고 말한다. 또한 의열단의 '공약 10조'의 제9조인 '일一이 구九를 위하여, 구九가 일一을 위하여 헌신함'도 창립 단원의 실제 인원을 가리킨다고 볼 수 있다고 설명한다.[7]

2. 김원봉, 의백義伯으로 선임되다

의열단이 향우회나 동창회 또는 친목회 결성하듯이 그렇게 순탄하게 결성된 것은 아니었다. 아무리 3·1 혁명으로 조국 해방의 열기가 뜨겁게 타올랐을 때라고 하더라도, 만리타국 만주에서 의열청년 13명이 모이기까지는 치열한 전사前史가 있었다.

단장 김원봉과 단원들의 신상은 앞의 표에서 살펴본 대로, 김원봉, 김상윤, 윤세주, 이성우, 이종암, 한봉근, 한봉인 등이 경북 밀양 출신이다. 한봉근과 한봉인은 친형제이다. 여기에 의열단 창단의 대부 역할을 한 황상규도 밀양 사람이었다.

의열단 단원 대부분은 국내에서 3·1 혁명에 참여했거나 항일운동단체에 가담했다가 중국으로 망명하여 신흥무관학교에서 민족

김원봉.

정신 교육과 군사훈련을 받았다. 김원봉, 이종암, 이성우, 서상락, 강세우, 김옥, 한봉근, 한봉인이 신흥무관학교 출신이다.

1918년 9월, 김원봉은 중국 난징(남경)에 있는 진링대학[금릉대학, 오늘날 난징대학교]에 입학하여 공부하다가, 이듬해 봄 펑톈[봉천, 오늘날 선양(심양)]으로 건너가 서간도 류허(유하)현 구산쯔(고산자)의 허둥(하동)에 신흥무관학교가 있다는 소식을 듣고 신흥무관학교에 입교했다. 그곳에서 이종암 등 동지 7명을 만났다.

이들은 6개월 과정을 마치고 나서 1919년 6월에 비밀결사를 조직하고, '급격한 직접행동'을 취한다는 데 의견을 모았다. 그리고 7월에 김원봉과 이종암은 상하이로 가서 임시정부의 별동대로 일컬어지던 구국모험단 단원들과 합숙하면서 약 3개월 동안 폭탄 제조법과 조작법을 배우고, 10월에 지린으로 돌아왔다.

앞서 뜻을 모았던 동지들이 김원봉과 이종암의 귀환과 때를 같이해 전원이 지린에 모였고, 여름에서 가을 사이에 지린으로 망명해온 곽재기와 윤세주·윤치형이 여기에 합류했다.

곽재기는 1909년에 결성된 비밀결사 대동청년단의 단원으로 국내에서 활동하다가 1919년 7월에 망명하여 소년단의 지린지부장을 맡고 있었다. 윤세주와 윤치형은 밀양의 3·1 만세시위를 주도한 뒤 피신하다가 궐석재판에서 실형이 선고되자 탈출·망명했다.[8]

1919년 6월 상하이에서 40여 명이 비밀 독립운동단체인 구국모험단을 결성한다. 초대 단장은 여운형이었다. 단칙에서 "작탄炸彈*으로 구국의 책임을 부담함을 목적으로" 하고, "목적을 달성하기 위하여 희생을 불고한다"라고 명시했다. 이들의 목표는 폭탄 제조 및 사용법을 습득하여 국내 각지의 일제 관공서를 파괴하고 요인을 암살하는 것이었다. 이를 위하여 영국인과 중국 광둥(광동) 사람을 교사로 삼고 단원들에게 폭탄 제조법을 교육했는데, 1차 때는 20명, 2차 때는 8명이 교육을 받았다. 얼마 뒤 여운형의 뒤를 이어 김성근이 단장을 맡았다.[9] 구국모험단은 의열단을 창단하는 데 모형이 되었다.

1919년 11월 9일(음력 10월 27일), 조선의 열혈청년 13명이 지린성 바후먼(把虎門, 파호문) 밖 중국인 농민 판(潘, 반) 씨 집에 모였다. 이 집은 이종암이 망명할 때 가지고 온 여유 자금으로 세냈는데, 이곳을 거처 겸 연락처로 사용했다. 구국모험단에서 배운 폭탄 실험을 하는 등 일종의 비밀 아지트였다.

지린의 11월은 눈이 내리고 강추위가 휘몰아치는 초겨울이다.

---

* 작탄은 작약을 넣은 탄환 또는 손으로 던져서 터뜨리는 폭탄을 말함.

황상규.

대부분 20대였고, 오로지 조국이 독립해야 한다는 일념으로 모인 이들은 추위 따위는 아랑곳하지 않았다. 밤을 새워 토론한 끝에 "정의로운義 일을 맹렬히烈 실행하자"라는 취지에서 단체의 이름을 의열단義烈團으로 정했다. 김원봉이 제안하고 동지들이 동의하여 결정했다.

창립 단원들은 일제와 싸우는 데 한마음 한 몸이 되자는, 혈연적 운명공동체 의식에서 형제의 의를 맺고 김원봉을 맏형 격인 '의백義伯'으로 선임하여 단장의 임무를 맡겼다.

의열단 창단 '주역'이 김원봉이 아니라 황상규라고 주장하는 견해도 있다. 의열단원 이종암의 동생 이종범은 "창단 혈맹을 굳힌 그날 군정서 일 때문에 자리를 같이하지 못했을 뿐 이미 동지들은 황상규를 의백으로 모셨다. (중략) 그리고 부단장으로는 이종암이 정해졌다"[10]라고 황상규의 초대 의백설을 주장한다. 이종범은 또한 황상규 대신 김원봉이 의백이 된 사유를 다음과 같이 말했다.

> 첫 번째 총공격 때 단장 황상규 이하 모든 동지들이 국내로 입국해 활동하다가 검속을 당했다(김원봉만 해외에 남아 있었음). 때문에 검속을 당한 그분들이 왜경이나 왜법정에서 한결같이 김원봉을 단장이라고 해버렸다. 김원봉은 그 후에도 계속 해외에서 활동했기 때문에 부지불식간에 자타가 공인한 의백(단장)이 된 것이다.[11]

이종범은 황상규가 의백이 될 수밖에 없었던 '배경'도 이렇게 설명했다.

> 이종암을 중심으로 한 신흥무관학교 출신들이 재학 당시부터 함께 움직였는데, 이때 은근히 격려도 해주고 의견도 제공해주던 분이 북로군정서의 총재정권을 장악하고 활약하던 황상규였다. 나이가 거의 10년 위였지만 그동안의 경험이나 열의, 학식으로 봤을 때 의례히 의백으로 모시게끔 되어 있었다. 모든 동지들이 형사지兄事之했을 뿐 아니라 황상규 자신도 그렇게 알고 있었다. 황상규는 김원봉에게 고모부였고, 사실상 그때 김원봉은 너무 어렸다.[12]

3. 일곱 부류의 암살 대상과 다섯 가지의 파괴 대상

초겨울 대륙의 기나긴 밤이 지나고 어느새 동이 터왔다. 열혈청년들의 회의는 밤새도록 그칠 줄 몰랐다. 이튿날인 1919년 11월 10일 새벽, 마침내 뒷날 일제와 친일파들이 그 이름만 들어도 공포를 느끼고 두려움에 벌벌 떨던 의열단이 결성되었다. 의열단은 이날부터 1929년 해체할 때까지 10여 년 동안 크고 작은 의열투쟁 34건을 전개했다.

이날 의열단은 '공약 10조'를 채택했다.

공약 10조

1. 천하의 정의의 사事를 맹렬히 실행하기로 함.
2. 조선의 독립과 세계의 평등을 위하여 신명을 희생하기로 함.
3. 충의 기백과 희생의 정신이 확고한 자라야 단원이 됨.
4. 단의團義에 선先히 하고, 단원의 의義에 급히 함.
5. 의백 일인을 선출하여 단체를 대표함.
6. 하시하지何時何地에서나 매월 일 차씩 사정을 보고함.
7. 하시하지에서나 초회招會에 필응必應함.
8. 피사被死치 아니하여 단의에 진盡함.
9. 일一이 구九를 위하여, 구九가 일一을 위하여 헌신함.
10. 단의에 반배返背한 자를 처살함.[13]

의열단은 '공약 10조'와 함께 '7가살七可殺', 곧 '마땅히 죽여야 할 일곱 대상'과, '5파괴', 곧 '다섯 가지 파괴 대상'도 선정했다. 7가살과 5파괴는 의열단이 활동하는 내내 일제의 간담을 서늘하게 만들었다. 먼저, '7가살'은 다음과 같다.

7가살七可殺

1. 조선 총독 이하 고관

2. 군부 수뇌

3. 대만 총독

4. 매국적

5. 친일파 거두

6. 적의 밀정

7. 반민족적 토호열신土豪劣紳[14]

의열단은 총독정치의 우두머리와 하수인들, 그리고 민족반역자 모두를 세분화해서 '마땅히 죽여야 할 대상'으로 지목했다. 이들은 같은 하늘을 이고 살 수 없는 파렴치한들이었다('매국적'은 사사로운 이익을 위해 남의 나라에 나라와 민족을 팔아먹은 반역자, '토호열신'은 악덕 지방 유지를 말한다). 그런데 '7가살' 중 대만(타이완) 총독이 포함되었다는 게 눈에 띈다. '7가살'에 타이완 총독이 포함된 이유는 청일전쟁에서 중국이 패하면서 타이완도 우리나라처럼 일본의 식민지로 전락했는데, 의열단이 동병상련의 처지에서 일본인 타이완 총독을 처단함으로써 중국과 항일연대를 이루고자 했기 때문이다.[15]

의열단이 '7가살'과 함께 선정한 '다섯가지 파괴 대상(5파괴)'은 다음과 같다.

5파괴

1. 조선총독부

2. 동양척식주식회사

3. 매일신보사

4. 각 경찰서

5. 기타 왜적의 중요 기관[16]

　　파괴해야 할 핵심 기관으로 통치기관인 조선총독부, 수탈기관인 동양척식주식회사, 선전기관인 매일신보사, 폭압기구인 각 경찰서와 기타 중요 기관을 지목했다.

　　이처럼 의열단은 처단대상과 파괴대상을 명확히 적시함으로써 활동목표를 공개했다.

　　의열단은 어느 독립운동단체보다 격렬하게 일제와 싸우고자 하는 단호한 결의와 치열함, 그리고 조선 민중의 소망을 '7가살'과 '5파괴'에 담아냈다.

4. 진보적인 의열단 강령

우리나라 독립운동사에서 의열단이 없었으면 많이 건조했을 것이다. 일제에게 깔보였을지도 모른다. 또한 30여 차례가 넘는 의열투쟁도 시도되지 않았을 것이다. 의열단은 우리 독립운동사는 물론 민족혼을 잇고 침략자들에게 경종을 울리는 겨레의 거룩한 독립투쟁단체였다.

　　의열단이 창단될 때에는 성문화된 단의 강령 같은 것은 달리 없었다. 1923년에 단재 신채호가 「조선혁명선언(의열단선언)」을 쓰기 전까지 "일제와 친일파를 몰아내고, 조국을 광복하여, 계급을 타파하며, 토지 소유를 평등하게 한다"는 4대 목표를 최대의 이상과 가치로 삼고 있을 뿐이었다.

여기서 '평균지권(平均地權, 토지 소유의 균등화를 꾀한 민생주의 정책으로, 중국의 삼민주의에 따른 민생주의적 정책의 하나)'은 의열단의 진보적인 성향을 보여주는 대목이다. 이 조항은 "지주·소작 관계가 더욱 강화되고 있던 식민지 조선의 상황을 봤을 때 대단히 진보적인 것이었다. 요컨대 의열단은 단순한 독립만이 아니라 사회개혁을 지향했으며, 대한광복회의 진보적 노선을 한층 더 발전시켰다고 할 수 있다.[17]

의열단은 항일투쟁을 계속하면서 〈20개조 강령〉을 제정했다. 이 강령은 창단 초기에 작성한 것이 아니라 그 뒤에 여러 차례 수정을 거쳐 완성했다. 뒷날 정당 창당에 대비하여 주요 정책을 마련했던 것으로 보인다. 〈20개조 강령〉의 내용은 다음과 같다.

의열단 20개조 강령

1. 조선 민족의 생존 적(敵)인 일본 제국주의의 통치를 근본적으로 타도하고 조선 민족의 자유독립을 완성할 것.
2. 봉건제도 및 일체 반혁명세력을 잔제(剗除)하고 진정한 민주국을 건립할 것.
3. 소수인이 다수인을 박삭(剝削)하는 경제제도를 소멸시키고 조선인 각개의 생활상 평등의 경제조직을 건립할 것.
4. 세계상 반제국주의 민족과 연합하여 일체 침략주의를 타도할 것.

5. 민중경찰을 조직하고 민중의 무장을 실시할 것.

6. 인민은 언론·출판·집회·결사·주거에 절대 자유권이 있을 것.

7. 인민은 무제한의 선거 및 피선거권이 있을 것.

8. 일군一郡을 단위로 하여 지방자치를 실시할 것.

9. 여자의 권리를 정치·경제·교육·사회상에서 남자와 동등으로 할 것.

10. 의무교육, 직업교육을 국가의 경비로 실시할 것.

11. 조선 내 일본인의 각종 단체(동척, 東拓), 흥업(興業, 조선은행 등)과 개인 (이주민 등)이 소유한 일체 재산을 몰수할 것.

12. 매국적, 정탐노 등 반도叛徒의 일체 재산을 몰수할 것.

13. 대주주의 토지를 몰수할 것.

14. 농민운동의 자유를 보장하고 빈고貧苦 농민에게 토지, 가옥, 기구器具 등을 공급할 것.

15. 공인工人 운동의 자유를 보장하고 노동평민에게 가옥을 공급할 것.

16. 양로, 육영育嬰 구제 등 공공기관을 건설할 것.

17. 대규모의 생산기관급 독점 성질의 기업[철도·광산·수선輸船·전기·수리水利·은행 등]은 국가에서 경영할 것.

18. 소득세는 누진율로 징수할 것.

19. 일체 가연苛捐 잡세를 폐제할 것.

20. 해외 거류 동포의 생명, 재산을 안전하게 보장하고 귀국동포에게 생활상 안전 지위를 부여할 것.[18]

의열단은 공허한 구호나 정강을 거창하게 내건 사회단체가 아니었다. 의열단이 내세운 행동강령은 '실천'이었다. 수많은 애국단체들이 조직되었다가 물거품처럼 사라진 데 비해 의열단이 역사의 조명을 받은 것은 백절불굴의 행동(실행) 때문이다. 그들은 어떤 일을 결정하면 곧 실행에 옮겼다. 이런 면이 일제가 의열단을 그토록 두려워했던 이유이기도 하다.

5. 폭탄 제조기술을 익혀 실전에 대비하다

게릴라(의열투쟁 포함) 활동이 척박한 환경과 삼엄한 경계 속에서 성공하기 위해서는 정확한 정보와 치열한 훈련, 치밀한 준비가 필요하다. 적대 진영은 막강한 군사력 또는 경찰력으로 요인(과 요새)을 보호한다. 이를 뚫고 요인을 저격하거나 요새를 폭파하려면 그만큼 노력과 투지가 있어야 한다.

의열단을 창단한 뒤 단원들은 맹렬히 훈련하고 첩보활동도 했다. 단원들은 모두 일당백一當百의 능력 있는 청년들이었다. 조국 해방에 신명을 바치기로 다짐한 그들이었기에 고된 훈련에도 성실히 임했고, 목숨을 내놓은 단원들이라고는 할 수 없을 정도로 의연하고 당당한 모습을 잃지 않았다.[19]

창단 준비단계에서부터 폭탄 제조와 사용법을 예비단원들에게 무엇보다 먼저 교습한 것은 의열단의 활동방향이 처음부터 확고하게 잡혀 있었다는 것을 의미한다. 그 방향은 창단 때 내건 일곱 부류의 암살 대상과 다섯 가지 파괴 대상에 잘 집약되어 드러나 있다. 즉 암살과 파괴라는 두 가지 양식의 직접행동에 의하여 일제 식민지 통치의 근간을 제거해나간다는 것이었다.

창단을 마친 의열단의 활동은 더욱 바빠졌고 활동영역도 훨씬 넓어졌다. 만주 지린에 임시본부를 두고 베이징(북경), 톈진(천진), 난징, 홍콩을 다니면서 단원을 모집하고 폭탄을 입수하는 데 주력했다. 특히 의열단의 책임을 맡은 김원봉은 젊은이들을 감화시키는 비상한 구변 능력이 있었다. 그와 대화를 나눈 청년들은 거침없이 조국을 위해 몸을 던지는 의열단원이 되는 경우가 많았다.

김원봉은 중국 각지에서 만나는 조선 청년들에게 "자유는 우리의 힘과 피로 얻어지는 것이지, 결코 남의 힘으로 얻어지는 것이 아니다. 조선 민중은 능히 적과 싸워 이길 힘이 있다. 그러므로 우리가 선구자가 되어 민중을 각성시켜야 한다"라고 설득했다. 그의 온몸에서 우러나오는 충정에 감화된 청년들은 죽음도 마다하지 않았다. 다른 단원들도 각지로 헤어져 단원 모집과 정보활동을 벌였다. 하나같이 치열하게 생각하고 행동했다.

의열단원들에게 가장 시급한 것은 권총과 폭탄 등 무기였다. 이런 무기들은 중국에서도 구하기가 쉽지 않았다.

1919년 12월 하순, 김원봉은 이종암, 곽재기, 이성우 등과 함께 상하이로 가서 무기를 구해오기로 하고 지린을 떠났다. 상하이로 간 이들은 프랑스 조계로 임시정부를 찾아가 백방으로 활동한 끝에 폭탄 세 개와 탄피 제조기 및 약품 등을 구해, 이듬해 3월 초 지린으로 돌아왔다.[20]

의열단원들은 본격적인 의열투쟁을 하기 위해서는 무엇보다 폭탄 제조기술이 필요하다는 것을 절감했다. 그래서 다시 상하이로 가서 한때 기술을 익혔던 구국모험단을 찾아가서 김성근 단장을 만났다.

그러는 한편 두 달 동안 김원봉과 이종암은 임시정부 별동대 '구국모험단' 단장 김성근의 집에 유숙하면서 김성근한테서 폭탄 제조법을 배우기도 했다. 그때 김성근은 한창 폭탄을 만들고 있었다. 그래서 김성근, 이성우와 함께 탄피 제조기와 약품 등도 가지고 모두 만주 지린으로 돌아왔다.

의열단의 단원들은 지린성 밖에서 실탄 장치법 및 제약법 등을 2주 동안 김성근한테서 배웠다. 그리고 단원들이 직접 만든 것을 폭발시험까지 해보았다. 그래서 자신감이 생긴 단원들은 의기충천해서 한꺼번에 서울로 들어가 총독부를 비롯해 일제의 각종 기관들을 무찔러버릴 기세였다. 그들은 이미 죽음을 초월하여 두려움이 없었다.[21]

의열단이 창단되기 전에 이들이 폭탄 제조기술을 습득하는 과정을 일제의 경찰정보에는 다음과 같이 기록되어 있다.

1919년 4·5월경 양건호(이종암)는 길림에서 김원봉과 동거 중, 한봉근, 김옥(김상윤)이 서로 한자리에서 모여 급진적 독립운동을 모의하였는데, 그 방법으로서 조선 내 중요건물, 친일선인의 파괴, 암살을 급선무 삼아 먼저 폭탄 제조법 및 그 사용법 연구의 목적으로 동년 7월 양건호가 김원봉과 함께 상해에 이르렀을 때 마침 상해에서는 여운형이 주재

하는 임시정부의 별동대라고 할 수 있는 구국모험단에서 독립운동 계획의 목적으로 폭탄 제조조작을 연구하고 있었다.

특히 김성근이 가장 열심히 배우고 있었는데, 여기에 양건호, 김원봉도 함께 배워 김원봉은 약 1개월 만에 길림으로 돌아와, 동지 곽재기 등 3명이 서로 길림에 이르러 동년 음력 12월 길림성 파호문 밖 중국인 반 모 집에서 급진적 독립운동을 표방한 결사를 조직하였는데 이것이 곧 의열단의 탄생이다.[22]

6. 황상규와 김대지의 역할

의열단이 창립되고 활동하는 데 김원봉의 고모부인 황상규와 김대지의 역할은 매우 중요했다.

황상규黃尙奎는 1890년 4월에 밀양시 내이동에서 황문옥과 허경순의 외아들로 태어나 집성학교를 졸업하고, 창신학교(마산)와 상동고명학교(밀양)를 설립하는 등 교육사업에 종사했다.

고명학교의 교사로 일할 때는『동국사감』이라는 역사교재를 편술했고, 전홍표가 경영하던 동화학교를 인수하여 청년학도 200여 명을 배출하기도 했다. 그러다가 1918년에 만주 지린으로 망명하여 독립운동에 투신했다.

무장독립운동단체인 북로군정서에 참여하고, 1919년 1월에 저명한 해외 독립운동 지도자 39명의 이름으로 발표한 「대한독립선언서」에 서명한 데 이어, 그해 4월에는 대한정의군정사大韓正義軍政司의

회계책임을 맡았다.

대한정의군정사는 장차 무장독립운동을 준비하고, 대일항쟁의 효과적 방책을 찾는 것도 급선무였다. 그때 내린 결론이 '육탄혈전'이었다.

그 무렵 난징의 진링대학에 다니던 김원봉이 3월에 지린으로 왔다. 황상규가 김원봉을 지린으로 불렀다. 두 사람은 고모부와 처조카 사이로 나이는 황상규가 8살이 더 많았다.

그해 여름에 김원봉은 류허현 구산쯔의 신흥무관학교를 찾아가는데, 이는 황상규가 지도했기 때문일 것이다. 김원봉은 그곳에서 고향 친구들인 김상윤, 한봉근, 한봉인과 다시 만나고, 이종암, 이성우, 서상락, 강세우, 신철휴 등 새로운 동지들도 만나게 된다. 이들은 신흥무관학교를 졸업하자마자 10월에 모두 함께 지린으로 갔다.

윤세주와 윤치형, 배동선, 곽재기도 나중에 이들과 합류했다. 이렇게 모인 청년들은 11월 9일, 밤을 새워가며 조직 결성과 활동방침에 관해 논의했다. 그리고 이튿날 새벽에 결사대적 조직으로 의열단 창립을 매듭지었다.[23]

김대지金大池는 1891년 10월에 밀양시 내이동에서 태어나 1911년 동화학교를 졸업하고, 모교에서 학생들을 가르쳤다. 서울에서 영어와 일본어를 배우기도 했는데, 이 무렵 비밀결사 일합사一合社를 조직해 항일운동에 투신했다. 그는 영남지역의 독립운동 세력과 연계하는 한편, 풍기광복단(1910년대에 경상북도 풍기에서 채기중이 결성한 항일운동단체) 활동에도 참여했다.

1917년 하반기에 만주의 지린과 평톈 지방을 다니면서 국권회복운동을 도모하다가 일제에 붙잡히고 만다. 1918년 5월에 평양복심법원(복심법원은 일제강점기에 지방법원의 재판에 대한 공소 및 항소에 대해 재판을 행하던 곳으로, 고등법원보다는 아래이고 지방법원보다는 위에 해당하는 재판소였으며, 서울과 평양과 대구에 있었다)에서 '보안법 위반'으로 징역 4월형을 받고 옥고를 치렀다.

김대지는 1919년 3·1 혁명 직전에 만주로 망명하여 지린성 닝구타(寧古塔, 영고탑) 일대에 농장을 건설하여 독립운동의 근거지를 마련하려 했으나, 자금 사정이 여의치 않아 실행하지 못했다. 이후 김동삼, 이시영, 조소앙, 이회영 등과 상하이로 가서 대한민국 임시정부 수립에 참여했다.

초기 의열단은 김원봉이 중심이었고, 황상규와 김대지가 자문역할을 했다. 김대지와 관련한 일제 정보기관의 보고 내용을 보면 다음과 같다.

당시 길림에 잔류한 김원봉은 도리어 김대지 등의 지도에 의해 그 자성資性을 발휘하여 능히 그 담력이 크고 사려가 주밀함으로써 참연히 단원 간에 두각을 나타내어 자연 단장으로서 일반의 추칭을 받게 되었다. 이러한 제종諸種의 연고로 인하여 김원봉은 지금도 오히려 김대지에 사사師事하여 그의 의견을 경청하고 있다고 한다.[24]

의열단은 양羊을 상징하는 인장印章을 사용했는데, 이 인장을 고안한 이가 김대지라고 알려져 있다.

의열단의 인장에는 양羊의 형체가 그려져 있다. 이것은 의열단의 '의義'의 글자에 기인한 것으로서 '의'는 '양羊'과 '아我'로 구성되며, 한편으로는 희생이라는 의미도 포함시킨 것으로 김대지의 고안에 따른 것이라고 한다. 그리고 단원과 비단원과의 우선순위의 설명을 요구하고, 그 당부를 시험하여 판정한다고 한다. 고로 이 설명이 적중한 자에 대해서는 곧 악수를 청하는 관계라고 한다.[25]

3장 ————
왜적을 타도하자

1. 실패로 끝난 첫 번째 거사

의열단이 지린성에서 결성되어 의열투쟁을 준비하고 있을 때 중국 대륙은 요동치고 있었다. 청나라(중국)는 1895년 청일전쟁에서 패배하여 일본과 시모노세키조약을 맺었는데, 조약 내용에 '조선에 대한 청나라의 종주권 파기, 요동(랴오둥) 반도와 대만(타이완), 펑호(평후) 섬 할양, 배상금 2백 냥 지불, 통상상의 특권 부여' 등이 포함되는 굴욕을 당했다.

청나라는 이에 앞서 프랑스와 치른 전쟁에서도 패배하여 월남 (베트남)의 종주권을 프랑스에 넘겨주는 등 '종이호랑이'로 전락했다. 이에 반발하여 캉유웨이(강유위)의 변법자강운동(1898), 서양 귀신들을 몰아내고 청조를 지키자는 의화단운동(1900)에 이어, 1911년 10월 10일 우창(무창)봉기를 시작으로 신해혁명이 일어나 청조가 무너지고 쑨원(손문)을 임시 대총통으로 하는 중화민국 임시정부가 수립되었다.

그러나 곧 군벌이 등장하여 위안스카이(원세개)가 대총통이 되고, 일본의 압력으로 '대중(對中) 21개조' 요구를 수락하는 등 매판성을 드러냄으로써 제2혁명을 촉발하기에 이르렀다. 이후 중국은 내전이 벌어지고 군벌이 할거하는 등 혼란 상태로 빠져들게 되었다.

1919년 한국의 3·1 혁명에 영향을 받은 베이징 대학 학생들이 중심이 된 학생시위가 전국으로 번지고, 일본 제국주의를 성토하는 학생·노동자·시민들이 참여하는 5·4 운동이 전개되었다. 민중의 위세에 눌린 중국 정부는 친일관료들을 파면하고 '21개조 요구'를 담은 베르사유 조약의 조인을 거부한다. 5·4 운동은 이후 중국에서 벌어진 반제국주의·반봉건주의 운동의 발화점이 되었다. 그러나 5·4 운동에도 불구하고 중국의 실권은 여전히 북양군벌과 서남군벌로 나뉘는 양대 군벌이 장악하고 있었다.

중국 대륙은 자주와 외세, 청조와 반청조, 민간 혁명세력과 군벌이 대치하는 상황으로 요동쳤다. 뒤이어 장제스(장개석) 중심의 국민당과 마오쩌둥이 이끄는 중국공산당이 태동하면서 대륙은 분열과 대결의 혼란상이 더욱 심화되었다.

중국 정세의 혼란상과 인민들의 반일감정 때문에 한국의 독립운동가들이 활동하기에는 적합한 상황이 만들어졌다. 안중근의 이토 히로부미 처단 의거(1909)로 중국 식자들과 인민들이 한국 독립운동가들을 우호적으로 바라보면서, 그동안 냉대하던 독립운동의 분위기도 바뀌었다.

김원봉과 의열단원들은 국내에서 3·1 혁명의 열기가 일제의 가혹한 탄압으로 점차 식어가는 것을 안타까워하면서, 국민의 항일감정을 다시 촉발하기 위해 의거를 서둘렀다. 거사에 가장 중요한 폭탄은 이미 준비해놓은 상태였다.

먼저, 준비한 폭탄은 국내에 들여보내기로 하고, 중국에서 소포우편으로 안둥현(안동현. 오늘날 단둥시) 중국 세관에 있는 영국인 포인 앞으로 보냈다. 그리고 곽재기가 뒤따라 상하이에서 기선으로 다롄(대련)으로 간 뒤, 기차로 갈아타고 안둥현에 도착했다. 그는 상하이에서 가지고 온 임시정부 외교차장 장건상의 서한을 포인에게 보여주고 미리 보낸 소포를 찾았다.

그 뒤 의열단의 연락기관으로 미리 정해둔 안둥현 원보상회 이병철을 통해 밀양의 김병환에게로 보냈다. 김병환은 밀양청년회 회장으로, 미곡상을 운영하는 의열단 동지였다. 그는 폭탄을 수수 가마니 20개 속에 나눠 넣은 뒤 안둥현 역전에 있는 운송점 신의공사로 보내도록 했다.[1]

의열단이 노리는 의거의 대상은 조선총독부, 경제적 약탈기관인 동양척식주식회사, 조선은행, 총독부의 선전기관인 매일신보사 등이었다.

조선총독부는 1910년 8월 29일, 한국을 병탄한 일제가 통감부를 폐지하고 설치한 더 강력한 통치기관이었다. 초대 총독은 조선통감으로 병탄을 성사시킨 육군대장 데라우치 마사타케寺內正毅가 임명됐다. 조선총독부는 일왕의 직속기관으로, 조선의 통치권을 휘두르는 사실상 점령군 사령부 격이었다.

조선총독부는 병탄 직후 데라우치 총독 암살미수 사건을 날조하여 민족지도자급 인사 600여 명을 검거한 것을 시작으로 각종 악법을 제정하여 폭압통치를 자행했다. 또한 1910년부터 1918년까지 토지조사사업을 내세워 농민들의 토지를 빼앗았을 뿐만 아니라 온갖 탄압과 수탈을 일삼아 한국인의 원부怨府가 되고 독립운동가들로부터 파괴대상 1순위가 되었다.

1916년 10월에 데라우치 마사타케가 물러가고 하세가와 요시미치長谷川好道 전 통감부 조선주차군 사령관이 2대 총독으로 부임했다. 그는 무단통치를 자행하다가 1919년 3·1 혁명 뒤 물러나고, 3대 총독으로 역시 군인 출신인 사이토 마코토齋藤實가 부임하여 가혹한 식민통치를 자행했다. 이런 조선총독부를 의열단이 첫 파괴대상으로 결정한 것은 당연한 일이었다.

조선총독부는 기관지로 《매일신보》를 발행했다. 1904년에 영국인 배설(베델의 한국 이름)이 창간하고, 박은식과 신채호가 주필을 맡아 항일민족지 역할을 한 《대한매일신보》를 일제가 병탄과 함께 빼앗아 '대한'이라는 제호를 빼고 《매일신보》로 이름을 바꾸어 발행했다. 《매일신보》는 일제의 한국 통치를 합리화하고 내선일체를 주장하는 등 민족정신을 말살하는 데 앞장섰다.

《매일신보》는 일제가 패망할 때까지 총독부의 홍보선전을 대변하는 기관지였다. '언론'이라 부르기도 민망한 이 신문은, '일본인과 조선인이 동인종이라는 것, 조선은 본래 독립한 역사가 없는 족속이라는 것, 조선인은 독립국가로 존속할 능력이 없다는 것, 그래서 일본의 점령지배정책이 합당하는 것' 등을 들어 일제의 식민통치를 합리화하고, 친일매국노들의 글을 실었다. 조선 민족의 원한이 가득 맺힌 신문이었다.

동양척식주식회사(동척)는 일제가 한국의 산업자본을 키우고 개발한다는 명분을 내세워 1908년에 설립했다. 그러나 진짜 속셈은 한국(인)의 경제를 독점·착취하기 위해 만들어진 회사였다. 제국의 회에서 관련법을 통과시킨 뒤, 서울에 본점을 두고 1천만 원의 자본으로 동척을 발족했다. 그러나 설립 때 내세운 명분과 달리 동척은 주로 한국인의 토지를 매수하는 데 힘을 기울였다. 1913년까지 동척이 사들인 토지가 4만 7천여 정보(1정보는 3,000평으로 약 9,917.4㎡이다)에 이르렀고, 1914년에는 농공農工은행에서 거액을 융자받아 전라도와 황해도의 비옥한 논밭을 헐값에 매수했다. 문중의 땅이나 국유지 등도 여러 가지 이유를 들어 거의 공짜로 빼앗았다.

이렇게 강제로 차지한 토지는 다시 한국 농민에게 소작을 주어 6할이 넘는 고율의 소작료를 벌어들이는가 하면, 이 땅에서 수확한 곡물을 빌려주고 추수 때 3할 이상의 고리를 거두어들여 일본으로 반출했다. 이 때문에 전통적으로 유지되어온 한국의 농촌 사회의 구조가 붕괴되면서 악덕지주와 소작인 관계로 급속히 대체되고, 동척은 한국 농민의 원수가 다름없는 대상이 되었다. 조선은행의 패악도 동척과 크게 다르지 않았다.

의열단의 특별한 장점은 행동(실천)이었다. 그들은 계획을 세우면 곧 실천에 옮겼다.

의열단을 설립한 뒤 첫 번째 거사로 1920년 3월에 조선 총독 등 적의 고관과 중요 관공서를 파괴하기로 계획을 세웠다. 그리고 이를 곧바로 실행에 옮겼다. 그러나 일제의 정보(첩보)망은 생각보다 촘촘하고 치밀했다. 거사를 위해 곽재기가 3월 중순에 만주 안둥현에서 밀양의 김병완에게 보낸 폭탄이 경기도 경찰국에 탐지되고 말았다. 결국 폭탄 3개를 빼앗기고, 곽재기 등은 용케 피신했으나 관계자 12명이 붙잡혔다.

　　그러나 의열단은 포기하지 않았다. 다시 5월 중순경에 의열단원 이성우가 중국에서 폭탄 13개와 권총 2정을 입수하여 안둥현의 한국 독립운동 아지트 역할을 해온 이륭양행^{怡隆洋行}을 통해 경남 진영의 강석원에게 보냈다. 하지만 이 또한 일경에 탐지되어 폭탄과 권총은 압수되고, 관계자 윤치형을 비롯해 6명이 검거되고 말았다.

　　의열단이 창단된 뒤 의욕적으로 추진했던 첫 번째 거사는 이처럼 폭탄과 무기 수송 과정에서 일제 경찰에 발각되면서 거사를 실행에 옮겨보지도 못하고 실패했다. 그리고 검거된 단원들과 관계자들은 혹독한 옥고를 치러야 했다.

　　이 사건은 당시 언론에 다음과 같이 보도되었다.

　　밀양사건이라 하면 세상에서 모두 아는 바이어니와 이 사건에 관한 곽재기 등은 검거된 이래로 경성지방법원에서 영도^{永島} 예심판사의 손에서 예심 중 며칠 전 한강 강변에서 그 폭발탄을 시험한 결과 그 효력이 확실한 것으로 인정되었다.

　　피고는 죄상이 판명되어 지난 3월에 예심을 마쳤는데, 이제 그 사건의 인물은 다음과 같다. 곽재기(곽경, 29), 이성우(22), 김기득(金寄蘭, 23), 박낙준(朴洛俊, 31), 황상규(黃尙奎, 30), 윤소룡(尹小龍, 尹世冑, 22), 김병환(金鉼煥, 32), 신철휴(申喆休, 24), 이주현(李周賢, 30), 윤치형(尹致衡, 29), 강상진(姜祥振, 35), 김재수(金在洙, 34), 곽영조(郭永祚, 31), 강원석(姜元錫, 32), 배중세(裵重世, 27) 등으로서, 밀양 안둥현 간의 연락을 통하여 조선총독부를 파괴하려던 폭발탄대를 검거한 것이다.[2]

2. 박재혁, 부산경찰서장을 처단하다

의열단이 독립운동의 수단으로 의열투쟁을 택한 것은, 적은 인력과 비용으로 적을 타격하고 큰 손실을 입힐 수 있는 방법이었기 때문이다. 안중근, 이봉창, 윤봉길 등의 의거가 대표적인 의열투쟁의 사례이다. 국치 이후 정규군은 물론 의병도 조직하기 어려운 처지에서 의열투쟁은 독립운동가들이 선택할 수 있는 최선의 수단이었다.

의열단이 어렵게 구해서 보낸 폭탄을 압수하고 단원들을 구속한 곳은 부산경찰서였다. 의열단은 이 사실을 알고, 이 일에 관련된 자들을 응징하기로 했다. 김원봉은 1920년 8월에 부산 출신 단원 박재혁朴載赫을 상하이로 불렀다. 싱가포르에 머물던 박재혁은 지체 없이 의열단 본부가 있는 상하이로 왔다. 의열단의 공약 10조 7항에는 "어느 때 어느 곳에서나 초회招會에 필응한다." 즉 언제 어디에 있든 부르면 온다는 내용이 들어 있었다.

박재혁은 1895년에 부산 범일동에서 태어났다. 어려서 아버지를 잃고, 어려운 환경에서도 학업을 계속하여 공립부산상업학교에 입학했다. 의협심이 강한 그는 부산상업학교 재학 시절에 최천택 등 학우 16명과 구세단救世團이라는 비밀결사를 조직하여, 매월 등사판 잡지를 발간해 경남 일대의 의식 있는 청년들을 규합했다. 그러던 중 일경에 조직이 포착되면서, 박재혁은 주도자들과 함께 붙잡혀 고문을 심하게 당한 뒤 풀려났다.

박재혁은 부산상업학교를 졸업한 뒤에도 이 지역 청년들과 은밀히 접촉하면서 항일운동을 계속했다. 그러다가 경북 왜관에서 친척이 경영하는 곡물무역상에 취직하지만, 독립운동의 뜻을 품고 1917년 6월에 상하이로 건너갔다. 이듬해 잠시 귀국했다가 싱가포르에 있는 남양무역회사에 다시 취업했다. 그리고 1920년 4월 상하이에서 김원봉을 만나 애국열변을 듣고 의열단에 가입하고, 조국 해방을 위하여 생명을 바치기로 다짐한다.

박재혁은 죽음을 각오하고 있었다. 김원봉은 상하이에 온 그에게 동지들의 복수를 위해 곧 부산으로 출발할 것을 명했다. "지금 곧 부산으로 가서 부산경찰서장을 죽이고 오시오." 그러나 부산경찰서장에 대한 김원봉의 참을 수 없는 분노와 증오는 그냥 서장을 죽이는 것만으로 만족할 수 없었다. 김원봉은 한마디 더 덧붙였다. "죽이되 그냥 죽일 것이 아니라 누구 손에, 누구에 의해, 무슨 까닭으로 죽지 않으면 안 되는가를 깨닫도록 단단히 그의 죄를 밝히도록 합시다."

그러나 훗날 김원봉은 자기가 말한 이 한마디가 혹시 살아 돌아올 수도 있었을 동지를 현장에서 붙잡히게 했다며, 해방된 고국에 돌아온 뒤에도 이 이야기가 나올 때마다 슬픔에 잠기곤 했다.[3]

박재혁은 김원봉에게서 폭탄 1개, 군자금 300원, 여비 50원을 받고, 일본을 거쳐 9월 7일경 부산으로 들어왔다.

9월 14일 아침, 박재혁은 중국인 고서적상으로 변장하고, 부산경찰서에 가서 서장에게 면담을 신청했다. 박재혁이 부산경찰서장 하시모토가 고서를 좋아한다는 정보를 듣고 사전에 중국 고서점을 돌며 고서를 잔뜩 싸 들고 간 터라 하시모토는 의심 없이 면담을 허락했다. 두 사람은 서장실에서 탁자 하나를 사이에 두고 마주 앉았

박재혁.

다. 박재혁은 고서적 보따리를 풀어놓았다.

아무것도 모르는 하시모토는 이것저것 고서적을 뒤적이며 구경하는 데 여념이 없었다. 그때 갑자기 박재혁이 의열단의 전단傳單을 내보이며 유창한 일본말로 "나는 상하이에서 온 의열단원이다. 네가 우리 동지를 잡아 우리 계획을 깨뜨린 까닭에 우리는 너를 죽이려 한다"라고 질타하고 나서 그에게 폭탄을 던졌다.

혼비백산한 하시모토는 미처 피하지도 못한 채 박재혁이 던진 폭탄 파편을 맞고 피투성이가 되어 쓰러졌다가, 병원으로 이송되던 중 죽었다. 이 폭발로 부산경찰서가 크게 파괴되고 일경 2명도 중상을 입었다. 이 거사는 의열단의 거사 중에서 가장 성공한 의거 중하나이다.

폭탄이 터질 때 튄 파편에 맞아 오른쪽 무릎뼈에 중상을 입은 박재혁은 현장에 달려온 일본 경찰에 붙잡혔다. 박재혁은 부산부립병원에서 응급치료를 받은 뒤 경찰서로 끌려가 혹독한 취조를 받았다. 그러나 상한 다리를 끌고서 재판을 받을 때는 당당하게 진술하여 검사와 법관들을 놀라게 했다.

1920년 11월 2일 부산지방법원은 박재혁에게 사형을 선고하고, 이듬해 2월 14일 대구복심법원은 무기형을 선고하지만, 3월 31일 경성고등법원이 다시 사형을 선고했다. 사형이 확정된 뒤 대구형무소에 수감된 박재혁은 거사 당시의 부상과 취조받을 때 당한 고문으로 몸은 이미 만신창이가 된 상태에서도 일체의 식음을 거부하는 단식으로 일관했다.

박재혁은 무도한 일제의 형률에 따라 죽느니 차라리 스스로 죽는 길을 택했다. 면회 온 친구에게 "내 뜻을 모두 이루었으니 지금 죽어도 여한이 없다"라고 토로하고, 친구가 단식을 중단하라고 권하자 "왜놈 손에 사형당하는 것이 싫다"라며 결기를 보였다. 일제 경찰은 억지로 입을 열어 음식을 집어넣으려 했으나 굳게 닫힌 입을 끝내 열지 못했다.

박재혁은 물 한 잔, 밥 한 톨을 먹지 않은 채 항거하다가 단식 9일 만인 1921년 5월 27일 대구감옥에서 장렬히 최후를 마쳤다. 27살의 창창한 나이였다. 박재혁의 장례는 부산진 좌천동 공동묘지에서 치러졌으나, 일제는 장례도 엄격히 통제하여 가족을 제외하고는 친구들마저 참석을 못 하게 하는 등 야만적인 모습을 그대로 드러냈다.

박재혁은 평소에 격언을 즐겨 썼다고 한다. 그가 즐겨 쓴 격언들을 보면 그의 인격을 엿볼 수 있다.

大丈夫義氣相許 小嫌不足介 (대장부의기상허 소렴부족개)
대장부 의기는 서로 믿음에 있으니, 작은 거리낌도 끼어들 수 없다.

一葉落而 知天下寒 (일엽낙이 지천하한)
잎새가 하나 지니 천하가 추워짐을 알겠다.

世間好物堅牢 彩雲易散琉璃碎 (세간호물견뢰 채운이산유리쇄)
세상인심은 굳고 단단함을 좋아하나, 색깔구름은 쉬 흩어지고 유리는
쉬 부서진다.[4]

3. 최수봉, 밀양경찰서에 폭탄을 던지다

의열단은 부산경찰서 폭파를 성공시킨 뒤 다시 의거의 대상으로 밀
양경찰서를 골랐다. 김원봉 등 여러 단원의 고향이 밀양이라는 점
이 작용했을 듯하다. 이들은 청소년기에 일제 경찰의 만행을 지켜
보고 들으면서 자랐다. 감수성이 가장 예민한 시기에 일본인 경찰
간부는 물론 조선인 출신 하급 경찰관이 주민들을 학대하고 착취하
는 모습을 지켜보면서 분개하지 않을 수 없었을 것이다. 특히 조선
인들이 일제에 부역하는 모습은 그들의 피를 더욱 끓게 만들었을
것이다.

또한 총독부 폭파미수 사건으로 밀양 출신 의열단원들이 여럿 붙잡혀 혹독한 고문을 당하고 있어서, 동지들의 복수를 하고 싶은 마음도 작용했을 터였다.

이 같은 인간적인 감정과 함께, 국내에서 3·1 혁명의 열기가 점차 식어가는 것을 더 이상 두고 볼 수 없다는 생각도 한몫을 했다. 일제에게는 여전히 조선 민족의 의기가 살아 있음을 보여주고, 동포들에게는 움츠리지 말고 항쟁의 투지를 불러일으키라고 독려하기 위해 밀양경찰서 폭파를 시도했다.

1920년 12월 27일 오전 10시 40분경, 경남 밀양경찰서에서는 서장 와타나베 스에지로가 간부 19명을 청사 안 사무실에 모아놓고 연말 특별경계를 당부하는 훈시를 하고 있었다. 바로 그때 폭탄이 터졌다. 첫 폭탄은 순사부장 오른팔에 맞고, 두 번째 폭탄은 마룻바닥에 떨어졌으나 폭발의 위력이 약해서 죽거나 다친 사람은 없었다.

폭탄을 던진 사람은 일경들이 우왕좌왕하는 사이에 경찰서를 빠져나와 피신했다. 그러나 곧 경찰의 추적을 받고 쫓기다가 근처 민가로 숨었지만, 일본 경찰들이 포위망을 좁혀오자 민가 부엌에 있던 식도로 자기의 목을 찔렀다. 뒤쫓던 일본 순사 2명이 쓰러진 용의자를 붙잡았다. 그는 피를 많이 흘려 실신한 상태였지만, 병원에서 응급처치를 받고 2주 뒤 간신히 회복했다.

폭탄을 던진 사람은 밀양 출신 의열단원 최수봉崔壽鳳이었다. 그는 1894년 3월 3일, 밀양군 삼남면에서 태어났다. 마을 서당에서 한문과 신지식을 배우고, 1910년에 사립 동화학교에 편입학했다. 동화학교에 다니던 2년 동안 전홍표 교장한테서 나라사랑 정신과

최수봉.

역사 교육을 받았다.

　최수봉은 1913년에 평양으로 가서 숭실학교에 입학했다. 이곳에서 자주독립의 정신이 강한 고인덕을 만나 사귀면서 민족의식이 더욱 고취되었다. 고인덕이 7살이 많았으나 나이 차이를 넘어 둘은 동지관계를 맺었다.

　최수봉은 숭실학교 4년 과정 중 3년만 다니고 중퇴했다. 일본의 식민지 교육에 흥미를 잃었기 때문이다. 중퇴한 뒤 평양과 정주에서 광부와 집배원으로 일하면서 독립운동의 기회를 찾았다. 1918년에는 만주로 건너가 펑톈과 안둥을 오가면서 독립운동을 함께할 동지를 찾았으나 여의치 않았다.

　1919년, 최수봉은 다시 고향으로 돌아왔다. 밀양에서도 3·1 독립만세시위가 여러 차례 벌어졌다. 최수봉도 장터에 나가서 만세를 불렀다. 그 무렵 의열단원 김상윤을 만나고, 이듬해에 역시 의열단원인 이종암을 만났다. 이들 셋이 머리를 맞댄 끝에 밀양경찰서를 폭파하기로 뜻을 모았다.

1919년 12월 26일, 최수봉은 이종암에게서 폭탄 2개를 건네받았다. 그리고 다음 날 경찰서장이 간부 직원을 모아놓고 훈시한다는 첩보를 입수했다. 최수봉은 현장에 몰래 침투하여 폭탄을 던진 뒤 피신하다가 발각되어 뒤쫓는 일경에게 붙잡히고 말았다.

일제는 최수봉의 재판을 속전속결로 처리했다. 경찰서 폭발이라는 사건을 되도록 빨리 처리하기 위해서였다. 1921년 2월 1심에서는 무기징역이 선고되었으나, 4월에 열린 2심에서는 사형이 선고되었다. 최수봉은 재판과정에서 당당하게 진술했다. 왜적의 경찰서를 폭파하지도 못하고, 자결도 실패한 채 왜적에게 모욕을 당하고 있는 게 분하다고 설파하면서, 자신의 행동은 조선의 자주독립을 위한 거사였음을 거리낌없이 말했다. 이런 그의 당당한 진술 때문에 1심의 무기형이 2심에서 사형으로 바뀌었다. 최수봉은 1921년 7월 8일에 대구감옥에서 순국했다. 27살의 젊은 나이에 독립 제단에 생명을 바쳤다.

일제는 밀양청년회가 준비한 장례식을 막고, 장례식을 준비한 관계자들을 잡아들여 조사했다. 최수봉의 마지막 가는 길까지 막은 것이다. 한 연구자는 최수봉의 밀양경찰서 폭파 의거의 역사적 의의를 다음과 같이 말한다.

밀양경찰서 투탄 거사는 돌발적인 것이 아니었고, 혼자만의 것도 아니었다는 점이다. 그 누구도 예상치 못했던 때와 곳에서 단신으로 감행된 것임은 맞지만, 그렇더라도 일회성의 개인 의거로만 보기보다는 더 큰 시·공간적 및 운동사적 맥락 속에 위치시켜볼 필요가 있는 것이다. 그랬을 때 밀양 지역사의 어떤 단면, 즉 멀게는 사명대사 유정의 의병 충렬정신을 이어받는 민족운동 전통과 가까이는 일합사一合社 및 (대한) 광복회 조직을 통해 은밀히 이어져 온 1910년대 항일독립운동의 기맥, 그리고 그 속에서 움직여간 전홍표·김대지·황상규 등 청년지사들의 동향과 그 좌표들이 의미를 갖고 중요해진다.

또한 그 의거는 석 달 전의 밀양주민 경찰서 습격 사건과 연접되는 것이었고, 밀양 출신 청년들이 창립을 주도하고 대거 참여한 의열단의 초기 투쟁사, 그리고 그것이 부산·경남의 항일운동사와 접속되던 부분, 즉 '밀양 폭탄 사건'과 박재혁 의거 역시 그 맥락의 한 부분으로서 중요한 것이다.

의열단의 제1차 국내총공격 계획은 실패하고 말았지만 검거망을 피해 잠행하던 김상윤과 이종암이 최수봉을 의열단원 동지로 만들고 폭탄거사를 추동했으니, 실행은 혼자였으나 기획과 준비는 의열단 차원의 집단적인 것이었다. 그러므로 최수봉 의거는 개인단독 거사로 보이지만 기실은 여러 단원이 직접 관여한 '의열단 거사'였던 것이다.[5]

4. 김익상, 조선총독부에 폭탄을 던지다

의열단이 1차로 제거하려는 목표는 조선 총독과 총독부였다. 일제도 의열단의 '목표'를 이렇게 파악하고 있었다.

"우리 단이 노리는 곳은 동경·경성의 2개소로서 우선 조선 총독을 죽이기를 대대로 5, 6명에 미치게 되면 반드시 그 후계자가 되려는 자가 없게 될 것이고, 동경 시민을 놀라게 함이 매년 2회에 달하면 독립 문제는 반드시 그들 사이에서 재창되어 결국은 일본 국민 스스로가 한국 통치를 포기하게 될 것임은 명약관화한 일이다."[6]

박재혁의 부산 의거가 성공한 뒤 김원봉은 의열단 본부를 상하이에서 베이징으로 옮겼다. 일제의 추적을 피하고 새로운 단원을 충원하여 조직의 기반을 확충하려는 의도였다. 거듭 살피거니와 의열단의 특장特長은 행동(실천)에 있었다. 의열단은 곧 다시 행동을 준비했다.

1차로 시도했다가 뜻을 이루지 못한 조선총독부를 폭파하는 게 목표였다. 초대 통감으로 부임한 이토 히로부미는 1907년 2월 서울 남산(오늘날 숭의여전 부근) 왜성대에 르네상스풍의 목조 2층으로 통감부 청사를 지었다. 한국병탄과 함께 인원이 늘어나고 업무가 많아지면서 통감부의 각 부서는 본부 건물에서 분리하여 별관에 배치했다. 병탄 직후인 1910년 10월 1일, 일제가 통감부 청사 현판을 조선총독부로 바꿔 내걸면서 이 건물은 명실공히 조선을 지배하는 원부怨府로 자리 잡았다.

1921년 9월 12일 오전 10시경, 한 청년이 전기공 차림으로 조선총독부 통용문을 지나 유유히 청사 안으로 들어갔다. 그리고 2층으로 올라가 총독 집무실로 보이는 방에 폭탄을 던졌다. 폭탄은 터지지 않았다. 청년은 다음 방문을 열고 다시 두 번째 폭탄을 던졌

김익상.

다. 요란한 폭음과 함께 마룻바닥과 탁자와 유리창 등이 파괴되었다. 총독부 청사는 순식간에 아비규환으로 변했다.

폭탄을 던진 사람은 의열단원 김익상金益相이었다. 총독 집무실로 짐작되는 방에 폭탄을 던진 그는, 혼비백산하여 허둥대는 일경들에게 진짜 전기공인 것처럼 위험하다고 소리치면서 유유히 총독부 건물을 빠져나왔다. 여간한 담력이 아니면 하기 어려운 일이었다. 그의 지혜 또한 돋보이는 순간이었다.

일제의 검문을 피하려고 철공원으로 변장한 그는 용산역에서 기차를 타고 평양으로 갔다. 평양에서 일본인 행세를 하며 며칠 숨어 지내다가 신의주를 거쳐 1주일 만에 베이징에 도착했다.

비록 총독 처단과 청사 폭파라는 당초의 목표를 이루지는 못했지만, 대낮에 그것도 총독부의 외곽이 아닌 청사 안에까지 들어가 폭탄을 던져서 일제의 간담을 서늘하게 만들어놓고, 검문검색이 삼엄한 국경을 무사히 건너 의열단 본부에 도착했다. 김익상의 의열투쟁은 1개 사단 병력이라도 해내기 어려운 장쾌한 의거였다. 의열단의 의거 중에서도 손꼽히는 거사에 속한다.

의거의 주인공 김익상은 1895년 경기도 고양군 공덕리(오늘날 서울시 마포구 공덕동)에서 조실부모한 어려운 환경에서 자랐다. 그러나 공부하려는 열의가 남달라서 평양 숭실학교를 거쳐 기독교 계열 학교에서 교사생활을 했다. 그러다가 서울의 연초공장에 취직해서 기계 감독으로 일하기도 했다.

25살 때에 만주 펑텐에 새로 만들어진 회사의 지점으로 전근하여 근무하다가, 비행사가 되고자 하는 꿈을 안고 비행학교가 있는 광둥으로 갔다. 그러나 학교는 이미 폐교되고 없었다.

비행사의 꿈을 접은 김익상은 상하이로 건너가 생계를 위해 전차 감독을 하기도 했다. 그러다가 다시 베이징으로 옮겨 독립운동의 기회를 찾던 중 유림 출신 독립운동가 김창숙을 만났다. 김창숙을 통해 김원봉과 만나게 되고, 김원봉의 우국충정에서 나오는 열변에 감동해 의열단에 입단하여 사이토 총독을 암살하고 총독부를 폭파하는 거사에 나서게 되었다.

1921년 9월 10일, 김익상은 폭탄과 권총을 지니고 베이징을 떠나 서울로 향했다. 일본인 학생으로 변장하고 펑텐을 거쳐 안둥으로 가는 열차에서는 마침 아기를 안고 있는 젊은 여성 옆에 앉아 부부인 것처럼 행세해서 일경의 감시를 피했다. 그는 무사히 국경을 통과하고 신의주를 거쳐 서울에 도착했다. 거사 당일인 12일 오전, 전기설비 수리 신청을 받고 온 전기수리공으로 행세하며 유유히 청사 2층까지 올라가서 총독실로 짐작되는 방에 폭탄을 던졌다. 그러나 안타깝게도 첫 번째 방은 비서실이었고 두 번째 방은 회계과 사무실이었다.

그러나 총독부 폭파 의거는 7개월 뒤 상하이 황푸탄 의거가 일어날 때까지 주역이 누구인지 알려지지 않은 채 미궁에 빠질 만큼 일제를 공포에 떨게 한 신출귀몰한 거사였다.

김익상이 무사히 돌아온 날 밤, 베이징 정양먼(정양문) 밖 동지들의 숙소에서는 한잔 술로 축배를 들며 기뻐한 것은 말할 것도 없었다. 김익상은 일제에 엄청난 충격을 주고 당당하게 해외로 빠져나갔으나, 경성 시내는 그야말로 공포 분위기에 휩싸였다.

그날 김익상이 왜성대에서 빠져나간 뒤에야 일제는 비로소 그 전기수리공이 범인이었다는 것을 알게 된다. 일제는 그 전기수리공이 검정 저고리에 흰 바지 차림이었고, 나이는 서른 살 정도 되어 보였고, 일어가 유창하다는 등의 몇 가지 단서를 빌미로 서울의 온 시민을 들볶았다. 더구나 그날 남산에 올라갔던 시민들은 어른과 아이 할 것 없이 모조리 잡혀서 곤욕을 당했다.[7]

5. 일본 육군대장 저격

의열단은 국내에만 머무르지 않고 중국과 일본을 넘나들며 활동했다. 일제의 우두머리들이 있는 곳이면 때와 장소를 가리지 않았다. 의열단은 그야말로 '동양 3국'을 무대로 삼아 왜적과 밀정, 친일파를 처단하고 기관을 폭파했다.

상하이는 대한민국 임시정부가 자리 잡고 있어서 일제가 그만큼 병력과 물력을 많이 쏟아붓고 특별히 신경을 쓰는 곳이었다. 일본 육군대장 다나카 기이치(田中義一, 전중의일)는 한민족에게 죄를 많이 지은 인물이었다. 악명높은 창저우(장주) 군벌의 우두머리로서 일제의 대외팽창정책과 해외 식민지 확장을 주창하는 군부의 대표적인 전쟁론자였다.

그는 또한 1920년 10월에 이른바 훈춘사건을 조작하여 간도를 침공하고, 이 지역의 한국인들을 무수히 학살한 경신참변을 지휘한 인물이었다. 뒷날의 일이지만, 의열단원들의 저격을 받고도 요행히 살아남은 다나카는 일본의 총리대신이 되어 대륙 침략을 총지휘하고, 중국에 주둔한 관동군에 명령하여 만주 군벌 장줘린(장작림)을 암살케 한 장본인이기도 하다.

중국 신문은 다나카가 필리핀을 방문하고 돌아가는 길에 싱가포르와 홍콩을 거쳐 상하이에 들른다는 기사를 보도했다. 의열단원들을 흥분시키는 뉴스였다. 이것은 1909년 10월 이토 히로부미가 하얼빈에 온다는 소식을 들은 안중근과 단지동맹원들의 심경과 다르지 않았을 것이다.

때는 1922년 3월 초순 어느 날.

장소는 상하이 불조계佛租界 주가교 모 중국인의 이발소 2층.

모인 동지는 김원봉, 김상윤, 이종암, 김세우, 서상락, 김익상, 오성윤 등 몇 사람.

김원봉의 말이다. "이달 20일경에 일본에서 가장 이름난 전중의일
田中義一이란 육군대장 일행이 이리로 온단다. 그놈을 어떻게 해치우잔
말야."

"그래! 분명한가? 그놈들이 어떻게 여기로 와?"

"아마 남양군도를 먹고 싶던 모양이지!"

"거기는 왜 갔던지, 필리핀에서 이리로 온대!"

"군벌의 괴수니까 또 무슨 계교를 꾸미려고 돌아다니는 모양이지!"[8]

다나카는 그렇게 의열단의 그물망에 걸려들었다. 놓쳐서는 안
되는 일제 '군벌의 괴수'였다. 의열단은 곧바로 작전을 세웠다. '의열
단 부단장' 이종암과 총독부를 폭파한 영웅 김상익, 의열단의 맹장
오성륜이 거사에 자청하고 나섰다. 의열단의 또 하나의 특장은 의
거가 결정되면 단원들이 스스로 다투어 나선다는 점이다.

3월 28일, 상하이 주재 일본 총영사를 필두로 수십 명의 고관과 육·해
군 장병 및 거류민을 포함한 다수의 일본인들, 그리고 각국 외교사절
단이 영접 차 도열해 있는 가운데 전중을 태운 여객선이 오후 3시 반
경에 황포탄 세관 마두의 잔교 앞에 도착했다.

이윽고 모습을 드러낸 전중의일이 하선하여 육상에서 몇 발자국 걸
음을 옮기기 시작했을 때, 오성륜의 권총이 불을 뿜어 두 발이 발사되
었다. 그런데 불운하게도 서양 여인 한 사람이 잰걸음으로 전중의일을
추월하여 앞서 나오다 그 탄환에 맞아 쓰러졌다.

깜짝 놀란 전중의일이 대기 중인 자동차를 향해 달음박질치자, 김

익상이 그를 겨누어 권총 두 발을 쏘았는데 빗맞아 모자만 꿰뚫었다. 이에 김익상은 재빨리 폭탄을 꺼내어 전중에게 던졌는데, 그만 불발되고 말았다. 긴박한 상황에서 너무 서두르다보니, 안전핀을 먼저 뽑아야 하는 걸 깜빡했던 것이다.

그 사이에 전중이 황급히 차에 올라타 출발하려 하자, 우왕좌왕하는 군중을 헤치고 앞으로 나아간 이종암이 힘껏 폭탄을 던졌다. 폭탄은 다행히 자동차 앞바퀴에 적중했는데, 어찌 된 일인지 바로 터지질 않았고, 옆에 서 있던 영국 군인이 강물 속으로 차넣어버렸다.[9]

1908년 3월, 장인환·전명운은 대한제국 외부고문으로 위촉되고서도 일제를 찬양한 미국인 스티븐스를 샌프란시스코 오클랜드역에서 처단했다. 두 사람은 우연히 같은 장소에서 같은 인물을 저격했다. 그러나 오성륜, 이종암, 김익상의 의거는 실패했다. 운이 따르지 않았던 것 같다.

거사 뒤 이종암은 피신하는 데 성공했으나 김익상과 오성륜은 붙잡혔다. 일본 총영사관 경찰로 넘겨진 두 사람은 심하게 고문당하고, 조선인 총독부 악질 경부 김태석이 국내에서 건너와 한 달 넘게 조사했다. 이때 조선총독부에 들어가 폭탄을 던진 이가 김익상이라는 사실이 드러났다.

영사관 구치소에 갇힌 오성륜은 같은 방에 있던 일본인 사상범 다무라 주이치(田村忠一, 전촌충일)와 협력해 탈출에 성공한 뒤, 홍콩과 독일, 소련을 돌아 1926년에 의열단에 복귀한다. 그러나 김익상은 일본으로 압송되어 1심에서는 무기형을, 2심에서는 사형을 선고받았다. 임시정부 외무총장 조소앙은 일본 외무대신에게 사형 판결의 부당성을 신랄하게 지적하는 항의문을 발송했다.

일제 재판정에서 판사가 김익상에게 물었다.
"만약에 오성윤이 쏜 탄환이 전중 대장에게 맞았더라면 피고는 안 쏠 작정이었더냐?"
"천만에! 그래도 나는 나대로 또 쏠 작정이었다."
마지막으로 또 이런 말을 했다.
"마지막이니 무엇이나 피고에게 유리한 증거가 있으면 말해라."
김익상은 벙글벙글 웃으면서,
"나에게 이익되는 점은 조선이 독립하는 것이다."[10]

김익상은 이후 무기형으로 감형되었다가 다시 20년으로 감형되고, 1943년에 투옥된 지 21년 만에 석방되었다. 그러나 얼마 뒤 조선총독부 형사에게 끌려간 뒤 종적이 묘연해졌다. 암살되었을 것이다.

4장

신채호, 「의열단선언」 짓다

1. 김원봉, 신채호를 찾아 베이징으로

의열단의 잇따른 폭렬투쟁은 일제의 억압과 수탈에도 숨죽이고 살아야 했던 한국 민중에게는 물론 독립운동가들에게도 새로운 희망과 용기의 메시지였다. 그러나 의열단의 이러한 독립운동을 불편해하는 이들도 없지 않았다.

이른바 '외교론'을 기치로 임시정부를 이끌던 이승만 계열은 의열단의 활동에 불편한 심기를 감추지 않았다. 특히 일본은 말할 것도 없지만 서방 언론에서도 조선의 식민지 상태를 이해하지 못하고 의열단의 투쟁을 일반적인 테러행위라고 인식하고 비난했다.

특히 상하이 황푸탄(황포탄, 오늘날 와이탄) 의거 당시 오성륜이 다나카를 저격할 때 그를 앞질러 뛰어가던 서양 여성이 총에 맞아 절명하면서 비난여론은 더욱 커졌다.

그렇지 않아도 의열단에서는 오래전부터 자신들의 격렬한 의열투쟁의 대의大義를 밝히는 명분이 필요하다는 것을 절감하고 있었다. 구국의 일념으로 생명을 건 의거가 테러리스트의 행동으로 비난받는 것이 너무 억울했기 때문이다.

김원봉과 의열단원들은 의열투쟁을 전개하면서 내외정세를 살피는 한편 학습도 게을리하지 않았다. 의열단에서 나온 각종 성명서나 문건은 아나키스트 유자명이 기초한 작품이 많았지만, 결국 김원봉의 손을 거쳐서 공표되었다. 단원들은 이념적으로도 민족주의, 공화주의, 아나키즘 등을 수용하거나 실천하면서 학습한 흔적이 적지 않다.

　　김원봉이 의열단 투쟁을 맹렬하고 활기차게 전개하면서도, "암살과 파괴만이 능사가 아니다. 선전이 뒤를 따르지 않을 때, 일반 민중은 행동에 나타난 폭력만을 보고 그 폭력 속에 들어 있는 바 정신을 이해하지 못할 것이다"[1]라는 이유에서 의열단의 '정신'을 문서로 만들 필요가 있다고 생각했다. 그래서 찾게 된 사람이 신채호였다.

　　신채호는 망명 초기부터 무장투쟁론을 제기하면서 임시정부와는 달리 틈만 나면 직접행동에도 나섰던 언론인·사학자이다. 신채호에 관해서는 국내에서부터 익히 들어서 알았고, 최근 베이징의 활동 소식도 듣고 있었다. "진작부터 의열단이 주장하는 바를 문서로 작성하여, 이를 널리 천하에 공표할 뜻을 가지고 있었던"[2] 김원봉은 1922년 신채호를 만나러 베이징으로 갔다. 그때 김원봉은 상하이에 머물고 있었다.

　　김원봉은 어느 인터뷰에서 신채호를 만나러 가는 소회와 신채호에 대해 이렇게 말했다. "이번 북경 길에 있어, 그의 가장 큰 기쁨은 단재 신채호 선생과의 회견이다. 단재는 세상이 다 아는 사학계의 태두泰斗로, 왜적의 통치 아래 사는 것을 떳떳지 않게 생각하여,

해외로 망명한 지사다."[3]

　김원봉은 신채호를 만나기 전에 유자명 등으로부터 다시 소개를 받았는데 그때 "그렇다, 이분이다! 우리는 단재 선생에게 글을 청하기로 하자!" 하고 무릎을 쳤다[4]고 한다. 당시 중국에는 한국의 제제다사濟濟多士의 학자와 언론인, 문필가 들이 독립운동을 하고 있었다. 구한말 때부터 이미 유명한 학자와 언론인을 비롯하여 개화과정에서 신학문을 한 신예 학자들에 이르기까지 유력 인사들이 적지 않았다. 그 가운데서 신채호에게 의열단선언을 쓰도록 선정한 것은, 역시 두 사람의 노선과 투쟁방식이 상통했기 때문이었을 것이다.

　1922년 말, 신채호가 머무는 베이징의 거처에 한 청년이 찾아왔다. 일제 기관원들이 눈이 뒤집혀서 쫓던 김원봉이었다. 약관 25살의 김원봉은 일제의 간담을 서늘케 하는 의열단 단장이었다. 1921년 5월 상하이에서 신채호와 함께 반이승만 운동에 참여했던 터라 서로 얼굴은 알고 있었다.

　김원봉은 1921년 4월에 신채호가 주도한 이승만의 위임통치청원에 대한 '성토문'에 반임시정부 계열 인사 54명과 함께 공동서명하는 등 신채호와는 무장투쟁 노선을 같이해왔다.

　김원봉은 국내에서부터 신채호의 명성을 익히 듣고, 무장투쟁론의 대선배로서 사숙하고 있었다. 김원봉은 이때 상하이에서 일본군을 궤멸시키기 위한 폭탄을 만들기 위해 준비하면서 베이징에 들러 신채호를 찾은 것이다.

2. 신채호의 「의열단선언」

의열단은 국내외에서 일제에 가공할, 그리고 신출귀몰한 타격을 감행했다. 이에 의열단은 더욱 성능이 좋은 폭탄을 만들고자 상하이에서 은밀히 준비하고 있었다. 이와 함께 암살과 파괴에 따르는 선전활동이 중요하다는 사실을 깨달았다. 김원봉이 신채호를 찾은 것도 이런 까닭 때문이었다.

이렇게 하여 신채호와 김원봉이 만나게 되고, 한국독립운동사의 항일선언문 중 백미인 「조선혁명선언」이 집필되는 계기가 마련되었다. 그리고 의열단의 '암살과 파괴' 활동에 철학과 사상이 '포장'되었다.

서로 안 지 수일에, 약산은 그의 학식과 지조를 높이 우러러, 인격적으로 가장 숭배할 수 있는 분이라 생각했거니와, 단재 역시 이 젊은 애국자에 대하여는 아끼고 사랑하는 마음이 유달리 두터웠다.

이는 이미 오래된 일이거니와 약산은 진작부터 의열단이 주장하는 바를 문서로 작성하여 이를 널리 천하에 공표할 뜻을 가지고 있었다.

암살과 파괴만이 능사가 아니다. 행동만이 있고 선전이 뒤를 따르지 않을 때, 일반 민중은 행동에 나타난 폭력만을 보고 그 폭력 속에 들어 있는 바 정신을 이해하지 못할 것이다.

부절不絕하는 폭력과 함께 또한 꾸준한 선전과 선동과 함께 계몽이 반드시 있어야 한다.

이제 단재와 만나 간담상조하는 자리에서 그는 문득 이 생각을 하고, "그렇다. 이분이다! 우리는 단재 선생에게 글을 청하기로 하자!" 하고 무릎을 쳤다.

약산은 어느 날 단재를 보고 말했다.

"저희는 지금 상하이에서 왜적을 무찌를 폭탄을 만들고 있습니다. 한번 같이 가셔서 구경 안 하시겠습니까? 겸하여 우리 의열단의 혁명선언도 선생님이 초하여 주셨으면 좋겠습니다."

그 말에 단재는 대답했다.

"좋은 말씀일세. 그럼 같이 가보세."

이리하여 며칠 후 단재는 약산을 따라 상하이로 향했던 것이다.[5]

상하이(상해)에 내려온 신채호는 폭탄 만드는 시설을 살펴보고, 1개월여 동안 여관방에 앉아서 한국독립운동사의 불후의 명작, 「조선혁명선언(의열단선언)」을 집필했다(여기서는 「의열단선언」으로 표기한다).

신채호의 「의열단선언」 집필 과정에서 시종 참여했던 유자명은 「의열단선언」을 쓰게 된 또 다른 배경을 이렇게 밝혔다. "의열단이 성립된 뒤로부터 5년 동안에 투쟁을 계속했으나 의열단 본체의 혁명적 목표와 정치적 주장을 발표한 적이 없어서 의열단의 이름까지도 세상에 드러나지 못했던 것이다."[6]

그래서 의열단은 선언서로 자기의 주장을 발표하게 되었다. 베이징에 있는 신채호를 상하이로 청해와서 「의열단선언」을 쓰게 한 뒤 1923년 1월에 이를 발표했다.

신채호의 글은 그가 《황성신문》 편집주임을 지낼 때부터 조선에서 유명했다. 그래서 애국문인으로 유명한 최남선도 "단재의 글

상하이에서 신채호, 신석우, 신규식(왼쪽부터).

은 장강대해長江大海와 같은 힘을 가진 것"이라고 찬양했었다.[7]

　　의열단원들은 신채호의 민족혼과 의열정신이 펄펄 뛰는 대문
장을 읽고 감격했다. 그러나 누구보다 감격하고 가장 흡족해한 사
람은 역시 김원봉이었다. 자신의 집필자 선택이 옳았음을 자신하
고, 이후 모든 의열투쟁에는 반드시 이 「의열단선언」을 살포하도록
조치했다. 그뿐만 아니라 의열단원들에게 이를 필독서로 지정하여

단원들이 잘 습득하여 지행합일知行合一의 정신을 갖도록 했다. 김원봉은 인쇄소에 「의열단선언」의 인쇄를 부탁하고, 별도로 「조선총독부 소속 관공리에게」라는 문서를 작성하여 인쇄하게 했다. 이 두 문건은 국내외로 수송되어 동지들에게 전달되었다.

> 조선총독부 소속 관공리에게
>
> 조선총독부 소속 관리 제군, 강도 일본의 총독부 정치하에 기생하는 관공리 제군, 제군은 제군의 선조로부터 자손에 이르기까지 움직일 수 없는 한국 민족의 일분자가 아닌가. 만약 한국 민족의 일분자라고 하면 설령 구복口腹과 처자를 위해 강도 일본에 노예적 관공리 생애를 한다고 할지라도 강도 일본의 총독정치가 아민족我民族의 구적仇敵임을 알지라. 따라서 아我들의 혁명운동은 곧 강도 일본의 총독정치를 파괴하고, 한국 민족을 구제하려고 하는 운동임을 알지라. 이를 안다면 우리의 혁명운동을 방해하지 않을 것을 믿는다. 그런데도 방해하는 자가 있다고 하면 우리는 이러한 도배의 생명을 용서하지 않을 것이다.
>
> 4256년(1923년) 1월
>
> 의열단[8]

3. 일제는 한민족 생존의 적이다

「의열단선언」은 5개 부문으로 되어 있다. 제1장은 일본을 조선의 국호와 정권과 생존을 박탈해간 강도로 규정하고, 이를 타도하기 위한 혁명이 정당한 수단임을 천명했다.

서두에서 "강도 일본이 우리의 국토를 없이하여 우리의 정권을 빼앗으며 우리의 생존적 필요조건을 다 박탈했다. 경제의 생명인 산림·천택川澤·철도·광산·어장 (중략) 내지 소공업 원료까지 다 빼앗아 일체의 생산기능을 칼로 버이며 도끼로 끊고 토지세·가옥세·인구세·가축세·백일세百一稅·지방세·주초세酒草稅·비료세·종자세·영업세·청결세·소득세 (중략) 기타 각종 잡세가 축일 증가하여 혈액은 있는 대로 다 빨아가고"라고 격렬하게 일제의 식민통치를 '강도' 행위로 규정한다. 서두부터가 3·1 독립선언에 비해 투쟁적이며 일제에 대한 적대 인식을 분명하게 명시했다. 제1장에서는 일제의 한국 침략의 경제적 수탈 측면에 초점을 두고, 국문·국사 등 민족말살정책을 고발하면서 일제를 한민족 생존의 적으로 가차 없이 선언한다.

제1장은 이어 일제의 잔학상을 이렇게 성토한다. "'딸깍발이' 등쌀에 우리 민족은 발 디딜 땅이 없어 산으로 물로 서간도로 북간도로 시베리아의 황야로 몰리어 아귀餓鬼부터 유귀流鬼가 될 뿐이며 강도 일본이 헌병정치, 경찰정치를 여행하야 우리 민족이 촌보의 행동도 임의로 못 하고 언론·출판·결사·집회의 일체 자유가 없어 고통과 분한이 있으면 벙어리의 가슴이나 만질 뿐이요, 행복이나 자유의 세계에는 눈뜬 소경이 되고 자녀가 나면 '일어를 국어라 일문을 국문이라' 하는 노예양성소─학교로 보내고 조선 사람으로 혹 조선 역사를 읽게 된다 하면 '단군을 무誣하야 소잔명존素盞鳴尊의 형제라' 하여 '삼한시대 한강 이남을 일본 영지'라 한 일본놈들의 적은

대로 읽게 되며 신문이나 잡지를 본다 하면 강도정치를 찬미하는 반 일본문화한 노예적 문자뿐이며 똑똑한 자제가 난다 하면 환경의 압박에서 염세절망의 타락자가 되거나 그렇지 않다면 '음모사건'의 명칭하에 감옥에 구류되야 주뢰(周牢, 주리)를 틀다·가쇄(枷鎖, 목과 발에 씌우는 쇠사슬)·담금질·채찍질·전기질·바늘로 손톱 밑 발톱 밑을 쑤시는·수족을 달아매는·콧구멍에 물 붓는·생식기에 심지를 박는 모든 악형 곧 야만 전제국의 형률사전에도 없는 갖은 악형을 다 당하고 죽거나 요행히 살아서 옥문을 나온대야 종신불구의 폐질자가 될 뿐이라."

총독정치의 야만성은 계속 이어진다. "발명 창작의 본능은 생활의 곤란에서 단절하여 진취 활발의 기상은 경우의 압박에서 소멸되야, '찍도쩍도' 못 하게 각 방면의 속박·편태(鞭笞, 채찍과 곤봉)·구박·압제를 받아 환해(環海, 이 세상) 삼천리가 일개 대감옥이 되야 우리 민족은 아조 인류의 자각을 잃을 뿐만 아니라 곧 자동적 본능까지 잃어 노예부터 기계가 되야 강도 수중의 사용품이 되고 말 뿐이며, 강도 일본이 우리의 생명을 초개로 보아 을사 이후 13도(道)의 의병나던 각 지방에서 일본 군대의 행한 폭행도 이로 다 적을 수 없거니와 즉 최근 3·1 운동 이후 수원·선천 (중략) 등의 국내 각지부터 북간도·서간도·노령·연해주 각초까지 약탈한다, 부녀를 오욕한다, 욕을 끊는다, 산 채로 묻는다, 불에 사른다, 혹 일신을 두 동가리에 내여 죽인다, 아동을 악형한다, 부녀의 생식기를 파괴한다, 하야 할 수 있는 데까지 참혹한 수단을 씌어도 공포와 전율로 우리 민족을 압박하여 인간의 '산송장'을 만들랴 하는도다."

총독정치의 야만성을 이보다 더 적나라하게 질타한 글을 찾기란 쉽지 않다. 의열단원들은 이 선언문을 읽으면서 일제 타도에 온몸을 아낌없이 던지고, 일제 당국은 의열 현장에 살포된 이 선언문을 수거하기에 급급했다. 선언문 제1장의 말미는 다음과 같은 대문장으로 마무리된다.

"이상의 사실에 거據하야 우리는 일본 강도정치 곧 이족異族 통치가 우리 조선 민족 생존의 적임을 선언하는 동시에 우리 혁명수단으로 우리 생존의 적인 강도 일본을 살벌殺伐함이 곧 우리의 정당한 수단임을 선언하노라."

4. 강도정치에 타협하거나 기생하는 자는 우리의 적이다

「의열단선언」 제2장에서는 3·1 혁명 이후 국내에 대두된 자치론, 내정독립론, 참정권론 및 문화운동을 일제와 협력하려는 '적'으로 규정하고, 이를 매섭게 규탄한다.

내정독립이나 참정권이나 자치를 운동하는 자—누구이냐?

너희들이 '동양평화', '한국독립보전' 등을 담보한 맹약이 먹도 마르지 아니하여 삼천리 강토를 집어먹던 역사를 잊었느냐? '조선 인민 생명재산보호', '조선 인민 행복증진' 신명(申明, 되풀이해서 말함)한 선언이 땅에 떨어지지 아니하야 2천만의 생명이 지옥에 빠지던 실체를 못 보느냐? 3·1 운동 이후에도 강도 일본이 또 우리의 독립운동을 완화시키라고 송병준·민원식 등 12 매국노를 시키어 이따위 광론狂論을 부름이니 이에 부화하는 자—맹인이 아니면 어찌 간적이 아니냐?

3·1 혁명 이후 국내외에서 대두된 대일 유화론자들에 대한 신채호의 질타는 매섭다. 일찍이 신라의 최치원이 당나라 반란군 두목 황소黃巢를 질타하는 글을 써서 말에서 거꾸러뜨리고, 한말 매천 황현이 친일 매국노들을 규탄하여 반역도배들이 몸을 부르르 떨었다는, 사필史筆의 맥을 잇는 글이다.

설혹 강도 일본이 과연 관대한 도량이 있어 개연히 차등의 요구를 허락한다 하자, 소위 내정독립을 찾고 이권을 찾지 못하면 조선 민족은 일반의 아귀가 될 뿐이 아니냐? 참정권을 획득한다 하자, 자국의 무단계급의 혈액까지 착취하는 자본주의 강도국의 식민지 인민이 되야 기개(幾個, 한 사람 한 사람 모두) 노예대의사(奴隸代議士, 남의 집 노예처럼 말을 듣는 대의원)의 선출로 어찌 아사의 화를 구하겠느냐? 자치를 얻는다 하자. 그 하종何種의 자치임은 물문하고 일본이 그 강도적 침략주의의 초패인 '제국'이란 명칭이 어찌 구구한 자치의 허명으로써 민족의 생존을 유지하겠느냐?

설혹 강도 일본이 돌연히 불보살이 되야 일조에 총독부를 철폐하고 각종 이권을 다—우리에게 환부하며 내정외교를 다 우리의 자유에 맡기고 일본의 군대와 경찰을 일시에 철환하여 일본의 이주민을 일시에 소환하고 다만 허명의 종주권만 가진다 할지라도 우리가 만일 과거의 기억이 전멸하지 아니했다 하면 일본을 종주국으로 봉대한다 함이 '치욕'이란 명사^{名詞}를 아는 인류로는 못 할지니라.

독립운동가 이정규는 자신의 회고담에서 신채호를 "그의 성격은 한마디로 '무사기^{無邪氣}하다'고 표현할 수 있다"라고 했다. 무사기, 즉 조금도 간사한 기가 없다는 말은 그의 글에도 그대로 어울린다. 신채호의 글은 소절에 얽매이지 않고 대의·정론에 거침없기 때문이다.

일본 강도 정치하에서 문화 운동을 부르는 자─누구이냐? 문화는 산업과 문물의 발달한 총적^{總積}을 가르치는 명사니 경제약탈의 제도하에서 생존권이 박탈된 민족은 그 종족의 보존도 의문이거늘 하물며 문화 발전의 가능성이 있으랴? 쇠망한 인도족, 유태족도 문화가 있다 하지만 1은 금전의 힘으로 그 조선^{祖先}의 종교적 유업을 계속함이며, 1은 그 토지의 광^廣과 인구의 중^衆으로 상고^{上古}의 자유발달한 여택을 보수함이니, 어데 문맹(蚊虻, 모기와 등에)같이 시랑(豺狼, 승냥이와 이리)같이 인혈을 빨다가 골수까지 깨무는 강도 일본의 입에 물린 조선 같은 데서 문화를 발전, 혹 보수한 전례가 있더냐?

검열·압수 모든 압박 중에 기개 신문·잡지를 가지고 '문화운동'의 목탁으로 자명(自鳴, 자부함)하며 강도의 비위에 거슬리지 아니할 만한 언론이나 주창하야 이것을 문화발전의 과정으로 본다 하면 그 문화발전이 도리어 조선의 불행인가 하노라.

이상의 이유에 거하야 우리는 우리의 생존의 적인 강도 일본과 타협하랴는 자(내정독립·자치·참정권론자)나 강도정치하에서 기생하랴는 주의를 가진 자(문화운동자)나 다 우리의 적임을 선언하노라.

3·1 혁명 후 국내에서는 이른바 '문화운동론'이 제기되었다. 일제가 3·1 항쟁의 거센 민족적 저항을 겪으면서 더 이상 무단통치로는 한국인을 다스리기 어렵다는 것을 깨닫고, 전술적인 변화, 즉 문화정치를 내세웠다. 그 일환으로 몇 개 일간신문의 발행을 허가하고, 문화단체, 문화운동도 허용했다.

민족주의 우파 인사 상당수가 내정독립론, 자치론, 참정권론, 문화주의 따위를 내세우며 총독정치 외곽에 참여하게 되면서 무장투쟁론은 급속히 쇠락해졌다. 신채호의 선언문 제2장은 바로 이에 대한 허구성을 정연하면서도 날카롭게 통박한 것이다.

5. 외교론·준비론 미몽을 버리고 민중직접혁명을 선언하노라

제3장은 임시정부의 외교론, 실력양성론, 준비론 등의 허실투성이인 독립운동방략을 비판하는 내용이다. 이승만 등 미주파의 외교론과 안창호 등의 준비론을 비판하고, 아울러 이동휘 등 러시아나 코민테른과 제휴하려는 세력도 비판한다.

강도 일본의 구축을 주장하는 가운데 또 여좌如左한 논자들이 있으니,
제1은 외교론이니 이조 5백년 문약정치가 '외교'로써 호국의 장책長策
을 삼아 더욱 그 말세에 무심하야 갑신 이래 유신당·수구당의 성쇄가
거의 외원外援의 유무에서 판결되며 위정자의 정책은 오직 갑국을 인
하야 을국을 제(制. 제어함)함에 불과하얏고, 그 의뢰의 습성이 일반 정치
사회에 전염되야 즉 갑오 갑신 양 전역戰役에 일본이 누십만의 생명과
누억만의 재산을 희생하야 청·로 양국을 물리고 조선에 대하야 강도
적 침략주의를 관철하야 하는데 우리 조선의 '조국을 사랑한다 민족을
건지랴 한다' 하는 이들은 일검일탄(一劍一彈, 칼 한 자루 탄환 하나)으로 혼용
탐포한 관리나 국적國賊에게 던지지 못하고 공함(公函, 공적인 편지)이나 열
국 공관에 던지며 장서長書나 일본 정부에 보내야 국세의 고약孤弱을
애소하야 국가존망·민족사활의 대문제를 외국인, 심지어 적국인의 처
분으로 기다렸도다.

독립운동을 한다면서 칼 한 번, 총 한 방 쏘지 않고 편지질이
나 하고 외국, 심지어 적국의 처분이나 기다리는 세력을 성토한다.

그래서 을사조약, 경술합병 곧 '조선'이란 이름이 생긴 뒤 몇천 년 만의
처음 당하던 치욕에 조선 민족의 분노적 표시가 겨우 하얼빈의 총,* 종
현鐘峴의 칼,** 산림유생의 의병이 되고 말았도다.

---

*   안중근 의사가 이토 히로부미를 총살한 일.
** 이재명 의사가 이완용을 칼로 찌른 일.

아! 과거 수십 년 역사야말로 용자勇者로 보면 타매(唾罵, 침 뱉고 욕함) 할 역사가 될 뿐이며, 인자仁者로 보면 상심할 역사가 될 뿐이다. 그러고도 국망 이후 해외로 나아가는 모모 지사들의 사상이 무엇보다도 먼저 '외교'가 그 제1장 제1조가 되며 국내 인민의 독립운동을 선동하는 방법도 '미래의 일·미 전쟁, 일·로 전쟁 등 기회'가 거의 천편일률의 문장이었고, 최근 3·1 운동에 일반 인사의 '평화회의·국제연맹'에 대한 과거의 선전이 도리어 2천만 민중의 분용奮勇 전진의 위기를 타소(打消, 태워서 없앰)하는 매개가 될 뿐이도다.

국세가 약한 것만을 빌미 삼아 국치를 겪으면서도 적국과 제대로 싸우지 못하는 우리 역사에 침 뱉고 상심하는 심경이며, 천편일률적인 외국 의존, 외교론 따위가 오히려 민중의 의기를 없애고 있다고 질타한다.

제2는 준비론이니 을사조약 당시에 열국 공관에 빗발치듯 하던 종이쪽으로, 넘어가는 국권을 붙잡지 못하며 정미년의 헤이그 밀사도 독립회복의 복음을 안고 오지 못하매 이에 차차 외교에 대하야 의문이 되고 전쟁 아니면 안 되겠다는 판단이 생기었다. 그러나 군인도 없고 무기도 없이 무엇으로써 전쟁하겠느냐? 산림유생들은 춘추대의에 승패를 불계하고 의병을 모집하야 아관대의(峩冠大衣, 큰 갓에 소매 넓은 도포)로 지휘의 대장이 되며 사냥 포수의 화승대를 몰아가지고 조·일전쟁의 전투선에 나섰지만 신문쪽이나 본 이들 곧 시세를 짐작한다는 이들은 그리할 용기가 아니난다. 이에 "금일금시로 곧 일본과 전쟁한다는 것은 망발이다. 총도 장만하고, 돈도 장만하고, 대포도 장만하고, 장관將官이나 사졸감까지라도 다 장만한 뒤에야 일본과 전쟁한다" 함이니 이것이 이른바 준비론 곧 독립전쟁을 준비하고자 함이다.

신채호는 독립운동방략 중 외교론과 준비론자들을 대단히 불신했다. 당시 만주 일대에서는 우리 독립군들이 청산리 전투와 봉오동 전투 등 혈전을 벌이고 있을 때 비현실적인 준비론과 외교론으로 국민의 의기를 떨어트리고 있었다. 단재는 이들의 허망과 공론을 질타했다.

경술 이후 각 지사들이 혹 서북간도의 삼림을 더듬으며 혹 시베리아의 찬바람에 배부르며, 혹 남북경으로 돌아다니며, 혹 미주나 하와이로 들어가며, 혹 경향에 출몰하야 십여 성상 내외 각지에서 목이 터질 만치 준비! 준비!를 불렀지만 그 소득이 몇 개 불완전한 학교와 실력 없는 회會뿐이었었다. 그러나 그들의 성력의 부족이 아니라 실은 그 주장의 착오이다. 강도 일본이 정치 경제 양 방면으로 구박을 주어 경제가 날로 곤란하고 생산기관이 전부 박탈되야 의식의 방책도 단절되는 때에 무엇으로? 어떻게? 실업을 발전하며? 교육을 호가장하며? 더구나 어데서? 얼마나? 군인을 양성하며? 양성한들 일본 전투력의 100분지 1의 비교라도 되게 할 수 있느냐? 실로 일장의 잠꼬대가 될 뿐이로다.
이상의 이유에 의하야 우리는 '외교' '준비' 등의 미몽을 버리고 민중 직접혁명의 수단을 취함을 선언하노라.

신채호는 진정한 민족해방운동의 방법은 '민중직접혁명'의 방법뿐이라는 사실을 과학적으로 분석하고 이를 주창한다.

6. 양병 10만이 일 척의 작탄만 못하나니

제4장은 일제를 몰아내려는 새로운 혁명이념으로 '민중·폭력'의 두 요소를 바탕으로 아나키즘적 민중혁명과 폭력의 철학을 제시한다. "조선 민족의 생존을 유지하자면 강도 일본을 구축할지며 강도 일본을 구축하자면 오직 혁명으로써 할 뿐이니 혁명이 아니고는 강도 일본을 구축할 방법이 없는 바이다"라고 전제한다.

우리가 혁명에 종사하랴면 어느 방면부터 착수하겠느냐뇨? 구시대의 혁명으로 말하면 인민은 국가의 구예가 되고 그 이상의 인민을 지배하는 상전 곧 특수세력이 있어 그 소위 혁명이란 것은 특수세력의 명칭에 불과하얏다.

신채호는 이 부분에서 과거의 혁명이 지배세력 교체에 불과함으로써 민중들에게는 아무런 변화의 의미도 없었다고 말하고, 새로운 혁명 즉 '민중혁명론'을 제기한다.

금일 혁명으로 말하면 민중이 곧 민중 자기를 위하여 하는 혁명인고로 '민중혁명'이나 '직접혁명'이라 칭함이며, 민중직접혁명인고로 그 비등

팽창의 열도가 숫자상 강약비교의 관념을 타파하며 그 결과의 성패가 매양 전쟁학상의 정궤定軌에 일출逸出하야 무전무병無錢無兵한 민중으로 백만의 군대와 억만의 무력을 가진 제왕도 타도하며 왜구도 구축하나니 그러므로 우리 혁명의 제일보는 민중각오의 요구니라.

신채호는 이어서 민중혁명의 방법론을 제시한다.

"(일제의) 모든 압박에 졸리어 살랴니 살 수 없고 죽으랴 하야도 죽을 바를 모르는 판에 만일 그 압박의 주인主因 되는 강도정치의 시설자인 강도들을 격폐하고 강도의 일체 시설을 파괴하고 복음이 사해에 전하며 만중萬衆이 동정의 눈물을 부리어 이에 인인人人이 그 '아사' 이외에 오히려 혁명이란 일로가 남아 있음을 깨달아 용자는 그 의분에 못 이기어 약자는 그 고통에 못 견디어 모다 이 길로 모아들어 계속적으로 진행하며, 보편적으로 전념하야 거국일치의 대혁명이 되면 간활잔포(奸猾殘暴, 간사·교활·잔악·포악)한 강도 일본이 필경 구축되는, 그러므로 우리의 민중을 환성喚醒하야 강도의 통치를 타도하고 우리 민족의 신생명을 개척하자면 양병십만이 일척一擲의 작탄炸彈만 못하며 억천 장 신문잡지가 일회 폭동만 못할지니라.

「의열단선언」은 의열단선언문답게 철저하게 의열혁명론을 주창한다. 양병 십만이 폭탄투척 하나만 못하고 억천 장 신문잡지가 민중의 혁명적 폭동만 못하다고 주장한다. 신채호는 폭력적 암살, 파괴, 폭동 등의 목적물을 다음과 같이 열거한다.

1. 조선 총독 및 각 관공서
2. 일본 천황 및 각 관공리
3. 정탐노, 매국적
4. 적의 일체 시설물

7. 새로운 조선을 건설하자

제5장은 다섯 가지 파괴와 다섯 가지 건설의 목표를 구체적으로 제시했다. '5파괴'의 대상은 '이족통치異族統治, 특권계급, 경제약탈제도, 사회적 불평균, 노예적 문화사상'이며, '5건설'의 목표는 '고유적 조선, 자유적 조선 민중, 민중적 조선, 민중적 사회, 민중적 문화'라고 선언했다.

이 선언문은 "혁명의 길은 파괴부터 개척할지니라. 그러나 파괴만 하랴고 파괴하는 것이 아니라 건설하랴고 파괴하는 것이니 만일 건설할 줄 모르면 파괴할지도 모를지니라. 건설과 파괴가 다만 형식상에서 보아 구별될 뿐이요, 정신상에서는 파괴가 곧 건설이니 이를테면 우리가 일본 세력을 파괴하랴는 것"을 제시하여 앞서 인용한 '5파괴의 대상'을 들었다.

이제 파괴와 건설이 하나이요 둘이 아닌 줄 알진대 현재 조선 민중은 오즉 민중적 폭력으로 신조선 건설의 장애인 강도 일본 세력을 파괴할 것뿐인 줄을 알진대 조선 민중이 한편이 되고 일본 강도가 한편이 되야 네가 망하지 아니하면 내가 망하게 된 '외나무다리'에 선 줄 알진대 우리 2천만 민중은 일치로 폭력파괴의 길로 나아갈지니라.

　민중은 우리 혁명의 대본영이다.

　폭력은 우리 혁명의 유일무기이다.

　우리는 민중 속에 가서 민중과 휴수(攜手, 손을 끌다)하야,

　부절하는 폭력·암살·파괴·폭동으로써,

　강도 일본의 통치를 타도하고,

　우리 생활에 불합리한 일체 제도를 개조하야,

　인류로써 인류를 압박지 못하며 사회로써 사회를 박삭지 못하는,

　이상적인 조선을 건설할지니라.

　신채호의 「의열단선언」은 항일운동기의 모든 독립운동가들과 한국의 전 민족구성원들에게 독립에 대한 확신과 목표를 정확하게 분석하고 제시해준 '민족해방전쟁의 선전포고문'이었다.[9]

　「의열단선언」이 발표된 뒤에 상하이에 있는 조선 독립운동가들은 대부분 좋은 반응을 보였다. 당시에 상하이에는 이동녕, 이시영, 안창호, 김구, 김규식, 조완구, 여운형, 김백연 등의 애국지사인 혁명 선배들이 있었으며, 조선 혁명자들의 자녀를 교육하기 위하여 인성학교仁成學校를 세워놓고 있어서 그 학교의 교사들과 학생들도 있었다.

　"나는 항상 이동녕, 이시영, 김구, 이완구 등 네 선생과 연락하고 있게 되어서 「의열단선언」을 그 선생들에게 보내주었다. 조완구 선생은 그 선언을 본 뒤에 '이 선언에는 우리 민족적 정의심을 표현

한 것'"이라고 말하면서 "이 글은 단재가 쓴 것 같다"[10]고 했다.

유자명은 신채호의 「의열단선언」이 다음의 여섯 가지 내용을 표현한 것이라고 덧붙였다.

1. 5천 년의 역사를 가지고 있던 문명한 조선 민족이 일본 제국주의의 침략으로 망하게 된 원인과 경과를 역사적으로 설명한 것이다.
2. 나라가 망한 결과는 2천만 인민이 일본의 노예로 되었고, 3천리 화려강산이 인간지옥으로 된 것이다.
3. 조선 인민이 일본 침략에 대하여 영용하게 투쟁해온 과정을 역사적으로 설명한 것이다.
4. 일본 군국주의에 대하여 폭력혁명의 의의를 적극적으로 주장한 것이다.
5. 민족해방을 위해서는 민중을 각오시켜야 된다. 우리의 폭력혁명운동은 우리의 민중을 각오시키기 위한 것이다.
6. 우리가 일본 군국주의에 대한 투쟁은 국가의 독립과 민족의 해방을 이룩할 때까지 굳세게 싸워야 한다.[11]

「의열단선언」은 의열단에 새로운 활기와 투지를 심어주었다. 이전까지의 활동이 다소 즉흥적이고 비체계적인 투쟁이었던 데 비해 「의열단선언」이 완성되면서 의열단은 항일투쟁 노선을 한층 더 정당화하는가 하면 이념적 지표도 갖출 수 있게 되었다. "「의열단선언」에서 구체화된 민중직접혁명론은 의열단의 향후 진로를 규정했으며, 의열단원 자신이 민중직접혁명의 선도적 역할을 담당해야 한

다는 필연성을 제기했다. 또한 이 규정은 의열단의 노선 재정립과
방향전환을 예고하는 것이었다."[12]

8. 의열단 총회 열어 결의를 다지다

1923년은 의열단에는 여러 가지로 의미가 있는 해였다. 「의열단선
언」이 마련되고, 1월에 의열단원 김상옥이 종로경찰서에 폭탄을 던
지는 의열투쟁을 벌였다. 3월에는 의열단원 김시현, 남정각, 유석현
이 무기와 폭탄을 국내로 반입하려다가 적발되는 사건이 있었다. 5
월에는 상하이에서 독립운동 세력의 대동단결을 도모하는 국민대
표회의가 소집되었다.

　이와 같은 상황에서 의열단은 6월에 상하이에서 의열단 총회
를 열었다. 의열단이 1919년 11월에 창단된 이래 단원 총회를 연 것
은 이때가 처음이었다. 총회에서는 그동안 활동에 대한 경과보고와
새로운 투쟁방략을 논의했다. 다음은 총회 때 단원들에게 배포한
'활동수칙'이다.

　　첫째, 의열단원은 입단한 날부터 생명·재산·명예·부모·처자·형제를
　　　　일체 희생에 바치고, 오직 의열단의 주의·목적인 조선독립을 위
　　　　해 결사 모험으로써 활동한다.
　　둘째, 단원은 각기 특징에 따라 다음의 기술을 실제로 연습하고 연구
　　　　할 의무가 있다. 검술, 사격술, 폭탄 제조술, 탐정술.

셋째, 암살·방화·파괴·폭동 등에 대한 기밀과 계획은 간부회의에서 지휘한다.

넷째, 활동 중 체포당하는 단원이 발생할 때에는 반드시 복수 수단을 강구하며, 단원을 체포한 자나 단원에게 형벌을 선고한 자는 반드시 암살한다.

다섯째, 암살 대상 인물과 파괴 대상 건물은 의열단 활동 목표에 근거하여 실행한다. 특히 '조선 귀족'으로서 나라를 망하게 하고 백성의 앙화를 초래한 대가로 많은 재산을 소유하고도, 의연에 응하지 않는 자는 기어이 금년 안으로 처단한다.

여섯째, 의열단 명칭을 빙자하고 금전을 강청하여 의열단의 명의를 더럽히는 자는 반드시 엄벌한다.

일곱째, 주요 기밀 사항은 간부회의에서 결의한 후 공표하지 않고 해당 단원에게 출동을 명령한다.[13]

9. '불멸의 문헌'이라는 역사적 평가를 받다

신채호가 민족주의자에서 아나키스트로 전환해가던 '과도기'에 집필한 「의열단선언」은 1920년대 초반 이후 민족주의 독립운동노선과 독립운동 전반에 걸쳐 커다란 영향을 미치고, '강도 일본'에도 정치적·도덕적으로 막대한 영향을 끼쳤다.

의열단은 이 선언문이 채택된 시기를 전후하여 더욱 가열하게 의열투쟁을 전개했고, 일제는 의열단을 공포의 대상으로 두려워하게 되었다. 실제로 의열투쟁의 결과 일제는 적지 않은 인명이 살상되었고, 많은 공공기관이 파괴되었다.

1923년 1월 12일, 의열단원 김상옥은 종로경찰서에 폭탄을 던지고 나서 며칠 뒤 일경들에 포위되어 3시간 반 동안 접전을 벌였으나, 끝내 총탄이 떨어져 더 이상 저항할 수 없게 되자 마지막 남은 한 발로 스스로 목숨을 끊었다.

1924년 1월 5일, 의열단원 김지섭은 일본 궁성에 폭탄을 던지고자 시도하다가 도쿄 니주바시 사쿠라다몬에 폭탄을 던졌으나 불발된 뒤 붙잡혀 일본 감옥에서 옥사했다.

1926년 12월 18일, 의열단원 나석주는 동양척식주식회사와 조선식산은행에 폭탄을 던지고 권총을 난사하여 사원 여러 명을 사살하고, 경기도 경찰부 경부보를 처단한 다음 일경의 추격을 받게 되자 권총으로 자결했다.

그 밖에도 제3차 폭탄 국내반입 계획, 대구 부호 암살 계획, 베이징 밀정 암살 계획, 이종암 사건 등 의열단이 계획하고 실행한 의거는 계속되었다.

「의열단선언」이 우리 독립운동사에 끼친 영향과 그 역할을 한 연구자는 다음의 다섯 가지로 정리했다.

첫째, 의열단을 비롯하여 독립운동단체들에게 이념과 신념을 부여하고, 그들의 독립운동을 크게 고취했다. 의열단원들은 일제에 대한 싸움에서 폭탄과 함께 「조선혁명선언」을 들고 혈투를 전개했다. 비단 의열단원만이 아니었다. 모든 독립운동가들이 「조선혁명선언」을 구하여 읽고 감격하여 독립운동에 떨쳐나서게 되었다.

둘째, 「조선혁명선언」은 3·1운동 후에 대두한 자치론·내정독립론·참정권론 등 일제와의 타협주의를 분쇄하는 데 결정적 공헌을 했다. 독립운동사에서 1920년대의 특징의 하나는 국내의 민족주의 독립운동노선의 일부에 완전독립을 체념한 자치론자들이 대두하여 일제와의 타협론을 제창함으로써 완전독립론과 자치론과 사이에 대립투쟁이 전개된 상태에 있었다. 「조선혁명선언」은 이러한 대립투쟁에서 민족주의 독립운동노선의 완전독립론, 절대독립론이 압도적으로 승리케 하는 데 결정적 역할을 했다. 자치론을 철저히 분쇄하고 완전독립과 절대독립을 추구하는 민족협동전선인 신간회의 노선을 정립하는 데도 일정한 영향을 끼치었다.

셋째, 일제의 강도적 식민지 통치는 혁명에 의해서만 축출할 수 있으며, 독립운동가들이 바로 민족혁명운동가임을 가르쳐주었다. 이 '선언' 이후에 민족주의 독립운동가들이 스스로 혁명가라고 자처하고 독립운동을 혁명운동으로 인식하게 된 것은 이 선언과 무관한 것이 아니었다. 이 '선언'을 통하여 모든 독립운동가들에게 한국의 독립운동이 바로 한국의 민족혁명운동임을 가르쳐주고, 혁명적 민족주의가 있을 수 있음을 가르쳐준 것은 한국의 민족주의 독립운동의 사상적 발전에 큰 기여를 한 것이었다.

넷째, 당시의 한국민족주의와 민족주의 독립운동노선으로 하여금 당시 '시민적 성격'을 탈피하여 '민중'을 발견하게 하는 데 커다란 기여를 했다. 단재는 이 '선언'에서 종래의 사회진화론적 관점들과 이에 기초한 시민적 민족주의를 극복하여 민중적 민족주의를 전개했다. 이 '선언' 이후에는 조소앙 및 임시정부의 삼균주의에서 볼 수 있는 바와 같이 민족주의 독립운동노선의 대부분이 민중적 민족주의를 지향했다.

다섯째, 이 '선언'은 한국 민족의 생존의 조건까지 철저히 박탈하는 강도적 일본 제국주의에 대해서는 폭력 등 모든 수단을 동원한 투쟁이 정당함을 가르쳐주어 그 후의 민족주의 독립운동의 방법의 선택에 큰 영향을 끼쳤다. '선언' 이후에 의열단뿐만 아니라 김구 영도하의 상하이 임시정부까지 단재가 합리화하고 정당화한 폭력수단을 채용하게 된 것은 이 '선언'의 영향과 결코 무관한 것이 아니었다.[14]

이 무렵 의열단은 국내외에서 가장 활발하게 항일투쟁을 전개했고, 많은 관심과 호응을 받았다. 그래서 애국청년들이 자발적으로 의열단에 참여했다. 1924년에 의열단 자금을 모금하기 위해 귀국했다가 일제에 붙잡힌 김정현은 재판을 받다가 재판장이 "의열단의 가입수속은 어떤가?"라고 묻자, "단원 세 사람의 보증이 있어야 한다"[15]라고 답변했다.

1923년 10월 12일, 상하이에서 단원 160명이 모인 가운데 의열단원의 위로연이 열렸다. 이날 김원봉은 단원들에게 강력한 결의를 다지는 축사를 했다. 다음은 이날 채택한 성명의 요지이다.

첫째, 의열단원은 종신적 혁명 정신의 소유자이며, 중도 배신자가 발생하면 의열단의 비밀보지를 위해 먼저 처단한다.

둘째, 무리하게 남의 금전을 **빼앗거나** 사혐*으로 사람을 죽이는 단원은 엄중히 처벌한다.

셋째, 진행 사업은 일본과 국내를 목표로 각 간부의 지휘를 받아 실행할 것이며, 중국·만주 지역의 '간악배'는 추후 척결토록 함으로써 종래 사업에 차질이 발생하지 않도록 한다.[16]

의열단은 이념과 체제가 확고한 독립운동의 전위조직으로, 독립운동 진영의 신뢰와 외경畏敬을 받으며 투쟁에 나섰다. 일제에게는 가장 두려운 공포의 존재로, 국민에게는 희망의 대명사로 떠올랐다.

---

* 사혐(私嫌)이란 개인적인 혐의를 말한다.

5장

이어지는 의열투쟁

1. 박열, 일왕 부자 처단을 기도하다

1920년대 초기에는 1919년 3·1 혁명의 열기가 살아 있어서 국내외를 가리지 않고 항일투쟁이 활발하게 전개되었다. 특히 무장투쟁과 폭렬투쟁이 중심이 되었다. 1920년 6월의 봉오동 전투, 10월의 청산리 전투에서 우리 항일군은 화력 등 여러 가지 불리한 여건에서도 일본 정규군을 크게 무찔렀다. 이 전투들은 역사에 길이 남을 대첩이었다.

여기에 의열단원 박재혁의 부산경찰서장 처단, 최수봉의 밀양경찰서 폭탄 의거, 김익상의 총독부 폭탄 의거, 김익상·오성륜·이종암의 일본 육군대장 다나카 게이치 저격 사건 등 의열단의 의거가 잇따랐다.

1921년 한 해 동안 만주에서는 독립군과 일본군의 교전이 73회 벌어지고, 국내에서는 일본 경찰관서 습격 사건이 91건이나 발생했다. 9월에 부산노동자 총파업이 일어나고, 11월에 일본 도쿄에서 박열·김약수 등이 흑도회를 창립했다.

1922년 8월에 남만주의 한족회와 광복군총영이 환런(환인)현에서 무장독립운동단체 대한통군부로 통합했다가 10월에 대한통의부로 이름을 바꾸고 무장투쟁을 강화했다. 대한통의부는 한때 군사가 3,000명이 넘을 만큼 강력한 무장단체였다. 같은 해 11월 국내에서 민립대학설립운동, 1923년 4월 백정들의 형평사운동이 일어나고, 8월 만주에서 무장단체 참의부가 조직되었다.

이렇듯 3·1 혁명의 열기가 가시지 않은 1923년 9월 2일, 아나키스트 박열朴烈이 도쿄에서 일왕 부자를 처단하려고 준비하다가 일본 경찰에 검거되는 사건이 벌어졌다. 이 사건은 박열과 일본인 부인 가네코 후미코金子文子와 '불령선인' 회원들의 의거로 알려졌지만, 사실은 의열단과 연계되어 추진된 사건이었다.

일본 정부는 박열 의거를 '대역사건'으로 몰아 박열 부부에게 사형을 선고했다가 무기형으로 감형했다. 박열은 1945년 일제가 패망한 뒤 23년 만에 석방되었으나 가네코는 옥중에서 의문의 죽임을 당했다.

박열은 공판진술에서 자신이 의열단원임을 밝혔다. 다음은 1923년 4월 11일 도쿄지방재판소에서 열린 제8회 심문조서 내용이다.

문: 피고는 의열단에 가입되어 있는가?

답: 의열단과 관계는 있다.

문: 의열단의 주의主義는?

답: 의열단은 일본 자본주의적 제국에 대해 폭력으로써 대항하는 단체다.

문: 허무사상의 피고가 어째서 의열단과 제휴하게 되었는가?

답: 공통의 문제 때문이다.

문: 공통의 문제 때문이란?

답: 의열단이 일본의 자본주의적 제국주의에 반대하는 점에서 내 사상 감정에 거의 일치하기 때문이다.

문: 피고가 지난번 어느 사명을 가진 한 조선인이 외국에서 피고를 방문해온 결과 상하이의 모처로부터 폭탄 수 개, 총, 수은 등을 수입하는 것을 계획한 일이 있다고 진술했던 그 조선인은 김한인가?

답: 그렇지 않다. 나는 당시 어떻게든 폭탄을 입수하여 빨리 내 계획을 추진하고 싶다고 생각하고 있었으므로 지난번 말한 바와 같은 관계의 조선인 청년 쪽에게만 기대하고 있을 수가 없어서 별도로 김한 군과 지난번 말해두었던 바와 같은 관계를 맺은 것이었다. 그러나 김상옥 사건 때문에 나는 김한 군 쪽은 물론 그 조선인 청년과의 관계를 끊지 않으면 안 되게 되었던 것이다. 그러므로 잠시 후에 제3단계로 김중한 씨와의 관계가 생긴 것이다.

문: 이소홍은 피고와 김한과의 연락관계를 알고 있는가?

답: 이 씨는 그 관계를 조금도 모른다.

문: 김한으로부터 피고인 앞의 암호문서는 누가 피고에게 전해주었는가?

답: 그것은 말하지 않겠다.[1]

이 조서를 보면, 박열은 자신이 의열단과 '관계'하고 있다고 진술했다. 의열단의 거사가 잇따르고 있었기 때문에 이 단체의 단원이라는 사실이 자신에게 불리한 정황이었는데도 이를 인정했다. 박열이 언제 어떤 경로로 의열단에 입단했는지는 밝혀지지 않았다. 박열은 검사가 가네코 후미코도 의열단에 가입해 있었는지를 묻자 "가네코 후미코는 내가 폭탄 건에 대해 김한 군과 교섭하고 있던 때부터 간접적으로는 의열단과 관계하고 있었다고 말할 수 있지만 직접적으로 의열단에 가입한 것은 아니다"[2]라고 밝혔다.

의열단원 김한 등을 통해 중국에서 폭탄을 반입하여 일왕 메이지明治와 왕세자를 처단하려다가 사전에 정보가 누설되어 동지들과 함께 구속된 박열은 경상북도 문경군 마석면에서 농부의 아들로 태어났다. 15살에 서울로 올라와 경성고보 사범과에 다닐 때 3·1혁명 시위에 참여했는데, 이를 이유로 학교에서 퇴학당했다. 그는 그해에 일본으로 건너가 고학으로 세이소쿠正則 영어학교에 다니고, 노동을 하면서 아나키스트 단체 흑도회를 조직했다. 또한 그는 항일비밀결사인 불령사不逞社를 조직하고, 기관지 《불령선인》을 발행하면서 항일운동을 벌였다.

박열은 일왕을 조선은 물론 일본 국민에게도 제거되어야 할 '악의 상징'으로 인식하고, 처단하기로 한다. 일제의 조서에 따르면, 박열은 제10회 공판 때 심문을 받으며 이렇게 말했다.

나는 일본의 천황, 황태자 개인에 대해서는 어떤 원한도 가지고 있지 않다. 그러나 내가 일본의 황실, 특히 천황, 황태자를 대상으로 삼은 가장 중요한 첫 번째 이유는, 일본 국민에게 일본의 황실이 얼마나 일본 국민에게서 고혈을 갈취하는 권력자의 간판 격이고, 또 일본 국민

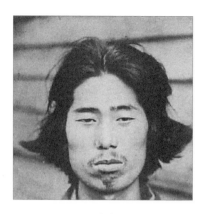
박열.

들이 미신처럼 믿고 있고 신성시하는 것, 신격화하는 것의 정체가 사악한 귀신과 같은 존재임을 알리고, 일본 황실의 진상을 밝혀서 그 신성함을 땅에 떨어뜨리기 위함이었다.

두 번째 이유는 조선 민족에게 있어서 일반적으로 일본 황실은 모든 것의 실권자이며 민족의 증오의 대상이기 때문에 이 황실을 무너뜨려서 조선 민족에게 혁명적이고 독립적인 열정을 자극하기 위해서였다.

세 번째는 침체되어 있는 일본의 사회운동가들에게 혁명적인 기운을 불어넣기 위해서였다. 일본 천황은 병이 들었지만 황태자와 함께 황실의 표면적이고 대표적인 존재이다. 특히 내가 작년 가을 황태자의 결혼식에 폭탄을 사용할 계획을 가지고 있었던 것은 조선 민족의 일본에 대한 의지를 세계에 표명하기에 최적의 시기라고 생각했기 때문이다.[3]

박열은 1922년 가을에 왕세자 결혼식이 있다는 정보를 입수하고, 이때 일왕과 왕세자를 폭살하고자 불령사 회원인 김한을 통해 상하이 의열단과 접촉했다. 그러나 의열단원 김상옥이 종로경찰서에 폭탄을 던진 뒤 경찰과 총격전 끝에 자결하는 일이 벌어지면서, 이 사건으로 김한도 혐의를 받게 되고, 김한이 박열에게 폭탄을 구해주겠다고 한 약속도 무산되었다.

첫 번째 시도가 무산되자 박열은 다시 폭탄을 입수하기로 했는데, 이 일의 책임은 김중한이 맡았다. 그런데 김중한이 일본인 애인에게 자신이 맡은 임무를 자랑삼아 이야기했다가 사건이 노출되고 만다. 결국 이 때문에 계획을 실행해보기도 전에 박열을 비롯해 그의 동지들은 검거되어 국사범으로 법정에 서게 되었다.

박열은 일제 재판장에게 다음과 같이 네 가지를 요구하는데, 그중 두 가지가 수용된다. 이러한 일은 일본 사법사상 처음 있는 '사건'이었다.

첫째, 나 박열은 피고로서 법정에 서는 것이 아니다. 너 재판관이 일본의 천황을 대표해서 법정에 서는 것인 이상, 나는 조선 민족을 대표해서 법정에 서는 것이다. 천황을 대표하는 일본의 재판관이 법관을 쓰고 법의를 입는다면, 나도 조선 민족을 대표하는 입장에서 조선의 왕관을 쓰고 조선의 왕의를 입는 것을 허락할 것.

둘째, 나 박열은 피고로서 법정에 서는 것이 아니라 조선 민족을 대표하여 일본이 조국 조선을 강탈한 강도 행위를 탄핵하고자 법정에 서는 것이기 때문에 재판관이 일본의 천황을 대표해서 나의 질문에 답변하라. 즉 내가 법정에 서는 취지를 내가 선언하도록 해달라는 것이다.

셋째, 나 박열은 일어를 사용하고 싶지 않다. 그러므로 조선어를 사용
하고 조선어로 말하도록 해달라. 조선어로 말할 터이니 통역을
준비할 것.

넷째, 일본의 법정이 일본의 천황을 대표한다고 해서 재판관은 높은
곳에 앉고, 일본의 천황에게 재판받는 나 박열은 낮은 곳에 앉는
터이다. 그러나 나는 다른 소위 피고와는 다른 사람이다. 때문에
내 좌석을 너희 일인 판사의 좌석과 동등하게 만들어달라.[4]

일본 대심원 심판부는 여러 날 숙의한 끝에 첫째와 둘째 요구
조건을 들어주고, 셋째는 재판부가 여론을 들어 거부하고, 넷째는
박열이 철회했다. 이리하여 박열은 조선 국왕을 상징하는 의복을
갖추고 재판에 임했다.

2. 김상옥, 종로경찰서에 폭탄 던진 뒤 일경과 전투

1923년 1월 12일 저녁 8시경, 서울 종로경찰서에 폭탄이 떨어졌다.
폭탄의 성능이 약했던지 건물이 크게 파손되지는 않았으나, 유리창
이 깨지고, 건물 앞을 지나가던 기자 등 7명이 파편에 맞아 다치는
등 조선총독부를 혼비백산하게 만들기에는 충분했다. 조선총독부
에서는 폭탄을 누가 던졌는지조차 갈피를 잡지 못했고, 폭탄을 던
진 이의 행방마저 묘연했다.

서울의 한복판에 자리 잡은 종로경찰서는 독립운동가들에게는 총독부에 버금가는 원부(怨府, 뭇 사람의 원한의 대상이 되는 단체나 기관)였다. 황푸탄 의거에 참여했던 김익상이 잡혀가서 사형당한 곳도 이곳이었다. 의열단에게 종로경찰서는 마땅히 '파괴해야 할 대상'이었다. 3·1 혁명 뒤 총독으로 부임한 사이토는 이른바 '문화정책'이라는 미명으로 무단통치를 자행하고, 독립만세시위로 수감된 시민·학생들을 가혹하게 고문하여 더 악명이 높았다.

총독부를 긴장하게 만든 종로경찰서 투탄 사건은 의열단과 임시정부의 합작품이었다. 임시정부 요인 이시영, 이동휘, 김구, 조소앙 등은 1922년 11월 중순에 조선 총독과 고관을 처단하고 중요 기관을 폭파할 계획을 세웠다. 이때 이 계획의 적임자로 의열단원인 김상옥과 안홍한이 뽑혔는데, 이들이 스스로 지원한 것이다.

김상옥은 1890년에 서울에서 태어났다. 아버지가 일찍 돌아가 홀어머니 밑에서 어렵게 자랐다. 집이 가난해서 제대로 공부하지 못했으나, 심지가 곧고 의협심이 강해 청년 시절부터 대한광복단에 들어가 활동하고, 3·1 혁명 때는 손수 태극기를 만들어 북한산 정상에 꽂는 등 항일운동을 벌였다.

김상옥은 일제가 압박해오자 이를 피해 중국으로 망명하게 된다. 그는 베이징과 상하이에서 독립운동가들을 두루 만나는데, 특히 김원봉을 만난 뒤 그의 항일정신에 감명을 받고 의열단에 가입한다. 이후 독립운동을 위한 자금을 마련하는 임무를 맡고 국내로 파견되었다. 그는 거사용으로 의열단에서 준비한 권총 3정과 실탄 500발, 살포용 「의열단선언」을 지니고, 1922년 겨울에 꽁꽁 얼어붙

김상옥.

은 압록강을 밤중에 걸어서 건넜다. 그리고 경의선 간이역에서 몸을 숨긴 채 석탄수송차에 올라타고 12월 1일에 일산역에 내리면서 서울로 잠입하는 데 성공한다. 거사용 폭탄은 다른 의열단원을 통해 별도로 전달받기로 이미 약속이 되어 있었다.

김상옥은 사이토 총독이 업무 협의차 도쿄로 간다는 정보를 알아냈다. 하늘이 준 기회였다. 김상옥은 사이토가 기차를 타는 서울역을 은밀히 답사하며 그를 제거할 기회를 노렸다. 1월 17일 저녁, 이날도 서울역사와 주변을 돌아보고 은신처로 돌아와서 막 잠이 들려고 할 때였다. 이상한 낌새에 문틈으로 내다보니 일본 경찰이 김상옥의 은신처로 몰려오고 있었다.

뒤늦게 종로경찰서에 폭탄을 던진 사람이 김상옥이라는 사실을 파악한 총독부가 경찰을 풀어 그의 행적을 뒤쫓아 은신처를 포위하기에 이른 것이다. 김상옥은 망설이지 않았다. 권총을 뽑아 맨 앞에 있는 자를 쏘았다. 종로경찰서 형사 다무라였다. 이어서 종로서의 이마세 경부, 동대문서의 우메다 경부가 차례로 김상옥의 총탄에 맞아 쓰러졌다. 종로경찰서 투탄 사건이 일어난 지 5일 만의 일이었다.

김상옥은 다행히 은신처에서 벗어난 뒤, 뒤쫓는 일제 경찰의 추적을 피해 남산으로 올라갔다. 남산은 온통 눈으로 덮여 있었다. 짚신을 거꾸로 신고 눈길을 뛰어 일제 경찰의 눈을 피하는 기지를 발휘하여 간신히 또 다른 은신처에 숨었다. 그러나 일제 경찰의 추적은 집요했다.

일제는 김상옥의 가족과 지인들의 뒤를 밟아 김상옥이 있는 은신처를 알아냈다. 마침내 1월 18일 새벽, 일제는 무장경찰 400여 명을 풀어 효자동 일대를 뒤졌다. 그리고 그가 은신해 있던 이혜수 동지의 효제동 집을 겹겹이 포위했다. 선발대, 형사대, 기마대, 자동차대까지 엄청난 병력이 동원되었다.

김상옥은 이번에도 망설이지 않았다. 양손에 권총을 쥐고 이들과 대결했다. 1 대 400여 명의 대결이었다. 서부 활극에서도 보기 어려운 구도였다. 일제강점기 우리 독립운동가(의열단원)와 일제가 서울 한복판에서 무장대결한 것은 이것이 처음이자 마지막이었다.

김상옥은 쌍권총에서 탄환이 떨어질 때까지 효제동 골목을 누비며 일제 경찰들에게 총탄을 퍼부었다. 시가전은 3시간 동안이나 계속되었다. 그 누구의 지원도 받지 못하는 최악의 상황에서 김상옥의 총탄은 점점 바닥을 드러냈다. 끝내 총탄이 떨어지자 김상옥은 최후의 선택을 했다. 그는 마지막 남은 총탄으로 자신의 머리를 쏘아 자결했다. 이날 시가전에서 죽은 일제 경찰은 약 15명이었다. 김상옥이 순국한 뒤 총독부 검의관이 검시한 결과 김상옥의 몸에는 수십 발의 총탄이 박혀 있었다. 총탄 수십 발을 맞고도 마지막까지 총을 놓지 않고 일제와 싸우면서 의열단원의 치열함과 용맹함을 만천하에 여실히 보여주었다.

종로경찰서에 폭탄을 던진 사람은 김상옥이 아니라 황해도 출신의 김상환이라는 지적도 있다(《사상계》, 제146호, 유광열). 그러나 연구자들은 대부분 김상옥이 맞다고 본다. 김상옥을 도왔던 친지와 지인, 동지들이 일제 경찰에 끌려가 혹독한 고문을 당했고, 임시정부와 의열단의 국내 조직은 무너졌다. 김상옥이 일제 경찰들과 치열한 시가전을 벌이던 상황을 의열단 부단장 이종암은 다음과 같이 이야기한다.

상옥은 할 수 없이 근처 변소로 들어가서 응전했다. 왜경들은 변소를 향해 일제 사격이다. 상옥은 그 속에서도 응전했다. 그러나 탄환이 없어졌다. 꼭 두 개밖에 없다. 할 수 없이 제 머리를 제 손으로 쏘아 자결했다.

서울 한복판에서 단신으로 수백의 무장경관을 상대로 싸우다 죽은 것은 김상옥 이외에는 전무후무한 일이다.

피투성이가 된 유해를 친족들이 염殮하는데 몸에 수십 발의 총상이 있었고, 특히 다리 아래 많았다. 사로잡기 위해서 왜경들이 주로 아래를 쓴 것이리라. (중략) 김상옥의 유족으로는 70이 된 노모와 아우 김춘원, 부인 정씨와 1남 1녀가 있었다 한다.

김상옥의 6일간의 항전은 조선 천지를 울렸다. 그 용감무쌍한 정신은 우리 민족의 뼈에 사무쳐 있고 피에 섞여 흐르고 있으리라.[5]

3. 동양척식주식회사 폭파를 시도하다

"정보는 국력이다"라는 말은 예나 이제나 변할 수 없는 사실이다. 강대국일수록 정보력이 막강하고, 국제사회는 여전히 정보전이 치열하며, 정보력에 따라 국가의 명운이 갈리기도 한다.

일제의 정보력은 막강했다. 국내외에 포진한 정보과 형사들과 정확한 숫자도 파악하기 어려운 수많은 밀정을 풀어 수시로 우리 독립운동가(단체)들의 동향을 파악했다. 단체에 사쿠라(사이비 인물)를 투입하여 정보를 수집하는 경우도 없지 않았다.

독립운동사를 연구하다보면 일제의 정보자료를 살피는 경우가 적지 않다. 독립운동은 그 자체가 기밀사항이어서 대부분 기록과 자료를 남기지 않는다. 임시정부처럼 일정한 장소에서 기구를 갖추고 공론과정을 거치는 기관은 기록과 자료를 남기지만, 의열단처럼 수시로 '본부'를 옮기거나 지하화하는 조직은 문서를 남기지 않는 것이 불문율처럼 되었다. 그래서 단원이 몇 명인지, 자신이 어느 계열인지를 알 도리가 없고 또 굳이 알려고도 하지 않았다. 그야말로 비선조직이고 점조직이었다.

이런 상황이어서 일제의 각종 정보자료는 큰 도움이 된다. 일본은 기록문화에 충실한 족속이고, 특히 군경의 우리 독립운동가 추적보고서는 혀를 내두를 정도이다. 물론 허위, 과장, 축소, 왜곡된 경우도 없지 않다.

굳이 이런 이야기를 하는 것은 '황옥^{黃玉} 사건'을 총독부의 정보문서인 『고등경찰 요사』(이하 『요사』)가 매우 구체적으로 다루고 있기 때문이다. 『요사』에 따르면, 총독부 경무국 예하 경기도 경찰부 고등과 소속 현직 경부인 황옥이 의열단의 비밀 단원이었다고 한다.

의열단은 거듭된 의거에도 목표에는 크게 이르지 못하고 소중한 단원들이 희생되었다. 거사를 위해서는 자금이 필요했는데, 자금을 마련하는 일도 쉽지 않았다. 그래서 군자금 조달 및 일제 요인 암살과 총독부 등의 폭파 계획을 연계하는 새로운 담대한 계획을 세웠다.

이번 계획에는 의열단이 1차로 목표했던 총독 외에도 정무총감과 경무국장 등 총독부 핵심과, 총독부와 동양척식주식회사, 조선은행 외에 총독정치의 새로운 기관으로 막중한 역할을 하는 경성우편국, 경성전기회사 등을 목표로 추가했다. 단발적인 거사가 아니라 일시에 적의 심장부를 파멸시키려는 장대한 계획이었다.

의열단은 이번 거사를 이르쿠츠크파 고려공산당 요원과 함께 추진했다. 정확히 말하면 의열단원이면서 이르쿠츠크파 고려공산당원이기도 한 인사들과 합작했다. 이와 관련해서는 설명이 조금 필요하다.

1917년 러시아 혁명 이후 사회주의 이데올로기는 한국 독립운동 진영에도 밀려왔다. 1921년 상하이에서 이동휘를 중심으로 사회주의 단체가 결성되었다. 이동휘가 종전의 한인사회당을 모체로 하여 만든 상하이파 고려공산당이다. 같은 해 연해주 이르쿠츠크에서 김철훈이 중심이 되어 이르쿠츠크파 고려공산당이 결성되었다.

상하이파 고려공산당과 이르쿠츠크파 고려공산당은 서로 대립하면서 소련 정부와 코민테른으로부터 정통성을 인정받고 지원을 얻고자 경쟁도 하고 반목도 하는 한편, 한인 무장부대의 통수권을 둘러싸고 대립하여 '자유시 참변'이라는 비극을 낳기도 했다.

이르쿠츠크파 고려공산당은 1921년 상하이에 지부를 설치하고, 김만겸·여운형·조동우 등이 위원으로 활동했고, 별도로 고려공산청년동맹을 결성하여 박헌영·김단야·임원근 등이 주요 간부로 일했다. 한편 상하이파 고려공산당은 한인사회당 대표 이동휘가 임시정부 국무총리에 취임함으로써 초기 임시정부는 민족주의와 사회주의 연합정부 형태를 갖췄다. 그러나 얼마 뒤 이동휘는 측근이 소련 정부로부터 지원받기로 한 독립운동자금 2백만 루블 중 40만 루블을 임의로 사용했다는 이유 등으로 물의를 빚고 임시정부를 떠났다.

코민테른은 상하이파 고려공산당과 이르쿠츠크파 고려공산당의 대립과 관련해, '일국일당'의 원칙에 따라 1922년 12월에 두 파를 모두 해산시킨다. 그런 뒤 꼬르뷰로(고려국)를 설치하고, 통일된 조직을 갖추도록 했다. 이동휘 측이 소련에서 가져온 40만 루블이 독립운동단체에 배분되고, 의열단에도 일정액이 지원되었다(이 부분은 뒤에서 다시 다룬다).

의열단은 이르쿠츠크파 고려공산당 소속 단원들과 합작하여 국내에서 거대한 '사업'을 진행하기로 했다. 그 중심에 나중에 의열단 베이징 지부장이 된 김시현과 일제의 현직 경찰 간부 황옥이 있었다.

1920년 9월 밀양폭탄사건 관련 혐의로 피체되어 1년간 복역하고 출옥 후 상하이로 건너가서 고려공산당원이 된 김시현은 모스크바 극동인민대표대회에 참석하고 돌아온 1922년 5월경, 국내에서의 일대 암살파괴 거사를 단행하여 독립운동의 새 기운을 불러일으킬 것을 구상하고, 당원 동지이고 임시정부 외무차장이며 의열단 고문이기도 한 장건상과 의논했다.

이어서 장건상이 김원봉에게 연락하여 상의한 결과, 그의 구상대로 대규모의 총공격형 암살파괴 거사를 추진하여 실행하기로 쉽게 합의되었다. 이에 따라 김원봉이 천진에서 추진과정 전반에 걸쳐 총지휘하고, 김시현이 무기반입과 거사실행을 책임지는 행동대장 역을 맡기로 했다.[6]

거사준비는 신속하게 추진되었다. 김시현, 황옥, 유석현 등은 3월 초 톈진에서 거사용 폭탄과 무기 등을 넘겨받아 3월 중순에 서울로 무사히 들어왔다. 그러나 관계자 25명 중 18명이 붙잡히고, 폭탄과 무기를 모두 빼앗기고 만다. 총독부 정보보고서에는 이와 관련해 다음과 같이 기록되어 있다.

김원봉을 단장으로 하는 의열단이 러시아공산당으로부터 자금공급을 받아 요로대관의 암살과 건축물 파괴를 단행함으로써 조선을 적화함과 동시에 독립운동을 야기하려 한 일대음모사건을 계획하고 있음을, 경기도경찰부·평안북도경찰부 및 신의주경찰서에서 탐지했다.

먼저 1923년 3월 14일 평안북도경찰부 및 신의주경찰서는 안동경찰서(만주)와 협력하여 조선일보 안동지국장 홍종우 외 5명의 관계자를 검거했다. 동시에 파괴용·방화용 및 암살용 3종류의 폭탄 18개, 「조선혁명선언」 및 「조선총독부 소속 관공리에게」라는 제목을 단 불온문서 660부도 압수했고,

또 경기도경찰부에서도 미리 탐지해둔 바에 따라 그달 15일 이들의 검거에 착수하여 관계자 12명을 검거함과 함께, 경성 시내에서 각종 폭탄 18개(신의주 것과 합쳐서 36개)·폭탄장치용 시계 6개·뇌관 6개·권총 5정과 「조선혁명선언」 및 「조선총독부 소속 관공리에게」라는 제목을 붙인 불온문서 249부를 압수했고,

신의주경찰서는 3월 28일, 경기도경찰부는 3월 29일에 이 사건을 그들의 신병과 함께 소관 검사에게 송치했다.[7]

일제 정보자료에서 "러시아공산당으로부터 자금공급을 받아"라고 한 부분은, 앞서 말한 이동휘가 소련 정부에서 받은 독립운동 자금을 일컫는 것 같다. 의열단은 일제를 타도하는 데는 악마와도 손을 잡는다고 공언할 정도로 항일투쟁에 모든 것을 걸었다.

4. 일제 정보자료에 나타난 의거 준비 과정

의열단이 대규모로 총독부 요인을 처단하고 수탈기관을 폭파하기 위한 시도는 이렇게 좌절되고 말았다. 3·1 혁명 뒤 일제의 정보역량은 갈수록 강화되고, 여러 차례 혼쭐이 난 의열단을 더 철저히 감시하는가 하면 정보(첩보)가 더욱 늘어난 결과였다.

　이 사건을 다룬 일제의 정보보고서는 치밀하다. 언론이 통제되던 때라 당시의 상황을 자세히 알기 위해서는 일제의 정보자료를 참고하는 것도 한 방법이다.

　단장 김원봉은 1922년 6월 천진天津에 있던 단원 최용덕과 양건호로 하여금, 조선 내의 교통상황 및 폭탄수송방법의 연구·시찰을 겸하여 조선무산자동맹 회장 김한과 만나게 하여 그가 폭탄 밀수입·투척 실행에 진정으로 뜻이 있는가를 확인하고 돌아오도록 명하여, 계획의 첫 번째 일에 착수했다.

　남영득은 명에 따라 그달 말 조선에 들어가 김한과 면회하여, 재삼 교섭을 거듭하여 마침내 김을 움직여 이 계획의 실행을 받아들이도록 했다. 김한은 이를 받아들이는 조건으로, 폭탄의 수송을 안동(만주)까지는 김원봉이 담당하고 안동 이남은 자기의 부하로 이를 담당케 하기로 했다. (중략)

　마침 1월 12일 경성부종로경찰서에 폭탄을 투척한 사건이 있어서 경기도경찰부 경부 황옥이 이 투척사건을 조사하기 위해 2월 8일 천진에 출장 온 것을 듣고, 이 기회에 황옥을 한패로 끌어들여, 폭탄을 가장 안전하게 조선 내에 비밀로 들여놓으려고 했다. 그달 9일 김시현 자신이 안동에 가서 홍종우와 여러 가지로 협의한 결과, 홍의 소개로 폭탄 운반자로 조선일보 평북지국원 백영무를 데리고 그달 24일경 안동을 출발하여 천진으로 되돌아갔다.

그리고 김시현은 천진 프랑스 조계에 있는 중국 여관에 들고 백은 그곳 창바젠에 잠복하도록 해두었다. 한편 김원봉은 남영득으로 하여금 황옥 일행을 천진으로 마중 나가게 했다. 그리고 황을 중국 여관에 끌어들여 그곳에서 황옥에게 자기들 일당에 가담하도록 권고하여 그가 이 일에 가담하게 되자 황옥은 김원봉의 부하인 유석현을 2월 15일 상해로 파견했고 같은 달 25일 동지 김덕과 함께 폭탄을 휴대하여 천진에 오도록 했다.

3월 4일 김원봉·김시현·황옥 등은 그 폭탄 등을 크고 작은 2개의 가방에 넣고, 이것을 백영무·이현준 2명으로 하여금 기차로 안동의 홍종우 집으로 운반하도록 하여, 홍과 조영자 등이 이를 보관하도록 맡겼다.

다음 날 5일에는 그들 일당에 가담한 황옥과 김시현 2명이 단장 김원봉에게 이후의 성공을 서약하고, 폭탄 등이 들어 있는 가방 3개를 가지고 천진을 출발해서 7일 안동에 도착하여, 그 가방을 전번처럼 홍종우 집으로 운반하여 조영자 등이 보관하도록 했다.

다음 날 8일 홍종우는 파괴용 폭탄 3개, 백영무는 2개, 이오길은 1개, 계 6개를 호주머니 또는 품속에 넣고 모두가 인력거로 신의주로 건너와 백영무 집에 비밀로 운반하고 안동으로 되돌아갔다. 다음 날 9일 황옥·김시현·김인순·홍종우·벡영무 및 이오길의 6명은 홍종우 집에 폭탄 10개를 남겨두고, 다른 방화용 및 암살용 폭탄 20개, 파괴용 폭탄 뇌관 6개와 그 폭탄장치용 시계 6개, 권총 5정과 그 실탄 155발 및 「조선혁명선언」 1권, 「조선총독부 소속 관공리에게」라는 인쇄물 248 매를 가지고 11일 경성에 돌아왔다. 폭탄 5개는 소형가방에 넣어 김사용에게 주고, 권총 5정과 탄환 155발은 조황에게 모든 사정을 밝히고 감추어두도록 했다. 「조선총독부 소속 관공리에게」라는 제목을 붙인 불온문서는, 그 후 그달 15일에 황옥이 이경희에게 주어 각 도지사와 경찰부에 우송케 했다.

그리고 김시현·김태규는 신의주에 운반하여 둔 물품 가운데서 파괴용 3개·방화용 1개·암살용 9개, 계 폭탄 13개를 조선고리짝에 넣어 짐으로 묶어 3월 11일에 신의주역으로부터 철도편으로 경성부 효자동 21번지 조황 집으로 발송하고 다음 날 12일 나머지 폭탄을 손바구니에 담아 신의주 조동근 집에 가져가서 사정을 이야기하고 이것의 은닉을 부탁하고 맡겼다. 조동근은 이것이 발각될까 겁이 나서 첩 김초선으로 하여금 이웃에 있는 자형 김우선 집에 운반케 했다.

폭탄의 은닉을 마친 김시현·김태규의 두 사람은 동지 이현준·이오길과 함께 그달 12일 경성으로 출발했다. 그런데 김시현은 도중 기차 안에서 차 내에 근무하는 경찰관에게 검문을 당하여 일단 양책역에 하차하도록 명령을 받았기 때문에 일행보다 하루 늦은 13일에 경성에 도착했다. 그리고 이현준·이오길·유석현의 3명은 조황 집에 잠복하여 동지가 상해로부터 경성으로 오는 것을 기다려, 실행에 착수하기로 하고 그 시기를 기다리기로 했다.

이렇게 되어 평안북도경찰부 및 신의주경찰서는 안동경찰서와 협력하여 검거에 착수하여 홍종우 등을 체포했다. 동시에 그자 집에서 폭탄 10개를 발견했고, 그 후 신의주에서 발견한 것과 합친 18개를 압수했다. 한편 경기도경찰부에서도 이미 탐지해둔 바에 따라 그달 15일 관계 피고들을 체포하고, 동시에 폭탄 18개를 압수했다.

이보다 앞서 김원봉은 실행비용의 부족을 느꼈기 때문에, 조선에 있는 동지 권정필 및 천진에 머물던 남영득에 대하여 경성에서 군자금을 모집하도록 명령했다. 이 두 사람은 동지 류병하·류시태에게 이 취지를 말하고 공모하여, 2월 21·23·24일 3회에 걸쳐서 경성부 내자동 192번지 이인희 집에 침입하고 협박해서 50원을 강탈하고 다시 돈을 더 받기로 약조했다. 그렇지만 이것 역시 실패로 끝나고 종로경찰서에 체포되었다.[8]

5. 김지섭, 일왕궁 입구에 폭탄을 던지다

끊임없이 시도했다
그때마다 실패했다
늘 다시 시도했다
또 실패했다
이번에는 세련되게.

사뮈엘 베케트의 시구이다. 어느 시대나 혁명가의 과업은 실패의 연속이다. 성공은 쉽지 않다. 독립운동가들의 활동 역시 실패의 연속이다. 의열단도 마찬가지였다. 그러나 이들의 실패는 일반적인 의미의 '실패'와는 격과 결이 다르다.

일제 수괴와 수탈기관을 처단·폭파하는 '시도' 자체가 독립운동의 과정이었기 때문이다. 다행히 성공했으면 더욱 효과가 있었겠지만 실패했어도, 일제에게는 그만큼 타격이 되고, 조선 민중에게는 자부심과 더불어 독립정신을 키워주었다.

1923년 9월 1일, 일본 간토·시즈오카·야마나시 지방에서 큰 지진이 일어났다. 간토대지진이었다. 집 12만 채가 무너지고 43만 채가 불탔으며, 사망·행불자가 45만 명에 이르렀다. 일본 정부는 계엄령을 선포하고 사태수습에 나섰으나 혼란이 더욱 심해지자 국민의 불만을 다른 곳으로 돌리기 위해 조선인과 사회주의자들이 폭동을 일으키려 한다는 소문을 조직적으로 퍼뜨렸다.

이에 격분한 민간인들이 자경단을 조직하여 경찰과 함께 조선인을 닥치는 대로 구속하고 구타하고 학살했다. 이때 희생된 한인이 6천 명 또는 7천 명 등이라는 설이 있지만, 지금까지도 그 정확한 숫자가 밝혀지지 않았다.

한민족이라면 너나 할 것 없이 분개하지 않을 수 없는 일제의 만행이었다. 의열단에서는 즉각 보복응징을 결정했다.

이때, 왜적의 손에 학살당한 우리 동포가, 실로 수천 명에 이르는 것이다.

이, 하늘이 또한 크게 성낼 일에, 어찌 사람이 홀로 관대할 수 있겠느냐? 이 소식이 한번 전하여지자, 민족의 진노는 컸다. 더욱이, 조선의 혁명을 위하여 살고, 조선의 혁명을 위하여 죽기로 맹세한 의열단 동지들의 가슴은 타고, 피는 끓었다.

약산이 바야흐로 보복할 방도를 생각하고 있을 때, 마침, 들리는 소문에 신년벽두, 동경에 의회가 열리고, 조선 총독 이하 각 대관이 모두 이에 참석하리라 한다.

도저히 그대로 지나쳐버릴 수 없는 절호의 기회다.[9]

의열단은 즉각 행동에 들어갔다. 39살의 안동 출신 단원 김지섭金祉燮이 자원했다. 여러 명의 단원을 밀파하여 왕궁과 도쿄 시내를 불바다로 만들고 싶었지만, 그럴 만한 경비가 없었다. 김지섭은 한 해 전 김시현, 황옥 등과 국내 거사에 참가했다가 용케 피신하여 중국 본부로 건너왔다가 이번 거사에 다시 나서게 되었다.

1923년 12월 20일, 그는 권총과 폭탄 3개를 품고 상하이 건너편 푸둥(浦東) 부두에서 일본 이쓰이물산 소속 석탄운반선 텐조오산마루를 타고 일본으로 갔다.

김지섭은 일본으로 가는 배 밑바닥의 석탄 무더기 속에서 12일간이나 악전고투한 끝에 1923년 12월 31일에 목적지에 도착했다. 그는 일본인 고바야시의 주선으로 무사히 상륙한 뒤 야하타 본정本町에 있는 여관 비젠야에서 3일을 묵었다. 그러나 곧 여비가 떨어져 회중시계와 담요를 전당포에 잡혀 근근이 지내며 도쿄행 열차를 타게 되었다. 그의 호주머니 속에는 권총 한 자루와 폭탄 세 개가 들어 있었으므로 만약 일경에게 붙잡히면 자폭할 각오였다.[10]

김지섭은 제국의회가 연기되었다는 신문기사를 보고 전략을 바꾸어 왕궁에 폭탄을 던지기로 했다. 1924년 1월 5일 저녁, 그는 마침 여행을 온 일본 시골사람 두 명과 일행인 것처럼 가장하고 왕궁 앞 니주바시二重橋 사쿠라다몬櫻田門에 접근하여 폭탄을 던졌다. 폭탄은 니주바시 한복판에 떨어졌으나 터지지 않았다. 다시 니주바시 난간에 올라가 두 번째 폭탄을 던졌으나 역시 불발이었고, 이어 던진 세 번째 폭탄도 마찬가지였다.

폭탄이 터지지 않은 것은 일본으로 밀항하는 동안 12일간이나 습기 찬 배 밑바닥에서 지낸 탓에 폭탄에 녹이 슬었기 때문이었다. 비록 목표를 달성하는 데에는 실패했지만, 일제가 당한 충격은 이만저만이 아니었다. 제국의 성지라는 왕궁 입구에까지 의열단원이 나타나 세 차례나 폭탄을 던졌다는 사실에 경악한 것이다.

김지섭은 결국 순찰을 하던 일제 경찰에 붙잡혔다. 일제 법정에 선 김지섭은 당당하고 의연했다. 왜 제국의회에 폭탄을 던지려고 했는지, 일왕궁을 폭파하려는 의도가 무엇인지를 단호하고 정연하게 말했다.

그는,

"총독의 통치 아래서, 우리 조선 사람들은, 실로, 개나 도야지만도 못한 생활을 하고 있는 것이다."

하는 말로 위시하여, 중추원의 한갓 괴뢰기관에 지나지 않음을 폭로하고, '동양척식주식회사가 조선인을 경제적으로 파멸시키려는 횡포'며, '물가등귀의 모순'과, '교육, 사법, 경찰 등 모든 제도의 불합리'를 일일이 실례를 들어 통론하고,

"이 같은 사실은, 일본 안에 있는 일반 일본인들은, 전연, 알지 못하고 있는 일이오. 나는 이것을 한번 알려주고 싶었소. 물론, 몇 개의 폭탄이 궁성 부근에서 터졌다 하여, 일본의 위정자들이, 곧 반성하리라고 믿은 것은 아니오. 그러나 나는, 적어도 일본의 무산대중들이 크게 각성하는 바 있어, 다시는 관리배들에게 속는 일 없이, 우리와 함께 손을 맞잡고, 세계평화를 위하여 싸워주기를 기대했소."

그리고 최후로,

"우리 조선인은 조선의 독립을 절대로 요구하오. 우리는 이 일을 위하여서는, 이미, 독립선언서에서도 말한 바와 같이, '최후의 일인一人이 최후의 일각까지' 싸우고야 말 것이오."[11]

일제는 1924년 9월 9일 김지섭에게 무기형을 선고하고 이듬해 8월 12일 공소심에서 이를 확정했다. 김지섭은 당일부터 옥중단식을 벌여 저항하고, 극도로 쇠약해진 몸으로 극심한 고문을 당한 끝에 1928년 2월 24일에 지바형무소에서 순국했다.

6. 이인홍과 이기환, 밀정 김달하를 처단하다

의열단 '7가살'의 여섯째 항은 적탐敵探, 즉 밀정이다. 필자가 친일반민족행위진상규명위원회 위원으로 활동하면서 가장 애를 먹었던 일 중의 하나는 밀정에 관한 분야였다. 밀정은 행적은 있는데 존재는 보이지 않는 '그림자 없는 실체'에 속한 부류이다.

밀정의 악행과 범죄, 즉 반민족행위는 악질 문인·언론인·경찰·관료에 못지않았다. 그들은 곳곳에 있었다. 독립운동가들에게는 이들이 가장 타매唾罵의 대상이었다.

밀정은 독립운동단체에 끼어들어 서로 이간질을 하거나 일제 경찰에 정보를 제공하는 등 악행을 일삼았다.

대표적인 밀정이 김달하金達河였다. 평북 의주 출신으로 한말 서우학회와 서북학회에서 민족운동을 했는데, 국치 이후 변신하여 베이징으로 밀파되었다. 민족운동을 했던 전력 때문에 그는 이상재와 김창숙 등의 신임을 받으며 독립운동 진영 인사들과 자주 어울렸다. 그는 북양군벌의 부관으로 있으면서 이런 밀정 노릇을 했다.

1922년 봄에 이상재가 김활란과 서울에서 베이징으로 와서 김달하의 집에 머물렀다. 해방 뒤 이화여대 총장을 지낸 김활란은 김달하의 처제였다. 이들은 베이징에서 열린 만국기독교청년대회에 참석하기 위해 왔던 참이었다. 김창숙은 김달하를 이회영과 신채호에게도 소개했고, 안창호와도 만나게 했다.

김달하는 김창숙을 은밀히 만나, 귀국해서 경학원 부제학에 취임할 것을 제의했다. 경학원은 일제가 유림을 회유하고자 설립한 어용기관이었다. 그는 이미 총독부로부터 내락을 받았다고 덧붙였다. 독립운동가들이 타국에서 망명생활을 하느라 궁핍한 실정을 파고들어 전향시키려는 고급 밀정이었다. 김창숙은 독립운동 진영에 김달하의 실체를 알렸다. 김달하의 밀정 행각은 이것 말고도 여러 건이 더 있었다.

김달하의 처단은 의열단과 다물단이 합동으로 작전을 펼쳤다.

다물단多勿団은 이회영, 신채호, 김창숙, 유자명 등 아나키스트 인사들이 주축이 되어 베이징에서 조직한 독립운동 비밀단체였다. 의열단의 목적과 크게 다르지 않았다. 의열단의 고문 역할을 해온 유자명이 다물단과 의열단의 연대를 주선했다.

두 단체는 밀정 중에서도 가장 악질인 김달하를 처단하기로 결정했다. 행동대원으로는 의열단원 이인홍과 다물단원 이기환이 뽑혔다. 김달하의 죄상을 낱낱이 밝히는 '사형선언문'도 마련했다.

1925년 3월 30일 오후 여섯 시 가량하여서다. 이인홍은 또 한 명 동지와 더불어, 이 가증한 경견警犬 김달하를 그의 처소로 찾아갔다. 당시, 김은 안정문내安定門內 차련호동車輦胡同 서구내로북西口內路北 문패 23호에 살고 있었다.

문을 두드리니 하인이 안으로서 나와, 누구시냐, 묻는다. 두 동지는 긴말 않고, 곧 그에게 달려들어, 뒷결박을 지우고, 입에다는 재갈을 물려, 한구석에 틀어박아 놓은 채, 안으로 들어갔다.

가족과 함께 방 안에 있던 김달하가, "누구냐?" 외치며, 자리에서 벌떡 몸을 일으킨다. 이인홍은, 그의 손이 바지 포켓으로 들어가는 것을 보자,

"꿈쩍 말아!"

한마디 하고, 손에 단총을 꺼내 들며, 그의 앞으로 갔다. 그리고 그가 그자의 바지 포켓에 들어 있는 단총을 압수하는 사이에, 또 한 명 동지 이기환은, 그 가족들을 차례로 묶었다. "네게 이를 말이 있다. 이리 나오너라!"

그들은 김달하를 이끌고, 따로 떨어져 있는 뒤채로 갔다. 그리고, 품으로써 한 장 문서를 꺼내어 탁자 위에 펴놓았다. 곧 의열단에서 내린 사형선고서다.

밀정의 얼굴이 파랗게 질렸다.

"내, 한번 읽으마. 네, 자세 들어라!"

이인홍은 선언하고, 곧 선고서를 낭독했다.

그곳에는, 그의 이제까지의 온갖 죄상이 ……(원본 판독 불가) 나라와 동포를 반역하고, 주구가 되어, 우리 혁명운동을 어떻게 파괴하여왔나? 얼마나 많은 동지들을 왜적의 손에 넘겨주었나? 하는 것이, 세세히 기록되어 있었다.[12]

이인홍과 이기환은 김달하를 민족을 배신한 죄인으로 단죄하고 현장에서 처단했다. 베이징에서 발행된 일간지 《징바오(경보)》는 김달하의 죄상을 이렇게 밝혔다.

김달하란 자는 한국인인데 일본의 사냥꾼 노릇을 한다고 이름이 났다. 그는 북경에 몇 년 동안 있으면서 전적으로 한국 독립군의 비밀을 정탐하여 일본 사람에게 보고하는 것을 직업으로 삼았다. 그러므로 한국 독립군은 그 사람의 행실이 이렇다는 것을 알고 일찌감치 이런 사냥개를 죽여 후환을 없애려고 했다. 그러므로 30일 오후 6시쯤 한국독립군 몇 명이 그의 집에 가서 대문을 두드려 열고…….[13]

김달하 처단의 후유증이 만만치 않았다. 독립운동가에게는 민족반역자의 처단이라는 의거이지만, 중국 국내법상으로는 살인행위였다. 중국 경찰이 이회영의 딸 규숙을 체포했다. 이회영은 만주에 신흥무관학교를 세워 경영하다가 상하이 임시정부 의정원 의원으로 참여하고, 베이징으로 옮겨 신채호, 김창숙, 유자명, 이을규 등과 재중국 조선무정부주의자연맹을 결성하여 활동하면서 의열단을 돕고 있었다. 베이징의 이회영 거처는 이념을 초월하여 독립운동가들의 집합소 역할을 했다.

이규숙은 다물단과 의열단원의 의거를 돕고자 김달하의 집 구조를 살피기 위해 몇 차례 현장을 방문했던 것이 중국 경찰의 수사과정에서 드러났다. 이규숙은 중국 경찰에 검거되어 1년여 동안 옥살이를 했다.

김달하 처단의 두 주역 중 이인홍은 이후 황푸(黃埔)군관학교를 졸업하고 북벌에 참가한 데 이어, 의열단이 중심이 된 조선의용대의 총무부장에 선임되어 항일투쟁을 계속했다. 그러던 중 폐결핵을 앓아 병상에서 8·15 해방을 맞았다. 해방 이듬해 여름, 마침내 배를 타고 귀국길에 올랐으나 병세가 악화되어 끝내 해방된 조국 땅을 밟지 못한 채 배 안에서 숨을 거뒀다.

이인홍과 달리 이기환의 행방은 사건 이후 알려진 바가 없다.

7. 이종암 등의 군자금 모금 의거

해외의 독립운동단체가 하나같이 겪은 일이지만, 특히 의열단은 재정적인 어려움이 극심했다. 거사를 준비하고 실행하는 데는 자금이 필요했다. 폭탄 등 무기를 구입하고, 단원을 국내나 일본이나 중국 등 여러 지역으로 파견하려면 적지 않은 자금이 들었다.

총독정치가 강화되면서 국내에 사는 애국지사들은 감시가 더 심해지고, 일반 국민도 차츰 체제순응적인 분위기로 변해가면서, '군자금'을 마련하는 일이 쉽지 않았다.

> 1924년 하반기 이후로 의열단의 투쟁동력은 상당히 감퇴되어가고 있었다. 자금난은 풀릴 기미가 보이지 않았고, 암살파괴운동 노선 자체에 대한 비난과 공격이 공산당과 사회주의 계열 운동자들로부터 가해져왔다. 설상가상 격의 그런 상태는 1년 이상 지속되었다.[14]

혁명가들의 투지는 길이 막히면 터널을 뚫고, 적에게 포위되면 몸을 던져 활로를 찾는 것을 본질로 한다. 일제강점기 의열단은 혁명가들이었다. 대부분 혁명가로서 사명이 투철했으며, 한편으로는 아나키스트들이기도 했다. 그들은 죽으러 가는 길에 망설이지 않았고, 서로 먼저 가겠다고 하는 지원자가 많아 제비뽑기로 순서를 정하는 일도 있었다.

이즈음 의열단 본부에서는 일본 도쿄에 결사대를 보내 왕궁과 요로를 폭파하는 전략을 짰다. 그것이 조국해방투쟁에 가장 효과적이며, 폭렬투쟁을 비판하는 이들에게 암살과 파괴운동의 실효성을 보여줄 수 있는 길이라고 판단했기 때문이다.

도쿄 거사에 이종암이 자원했다. 그는 먼저 국내로 들어와서

군자금을 마련한 뒤, 단독으로 일본에 건너가 거사를 실행하겠다는
계획을 세웠다.

　1925년 7월 11일, 단신으로 입국했다. 폭탄 2개와 권총 및 탄환 50발,
　혁명선언서 100매를 가지고 자금만 여의하면 일본으로 직행할 결심으
　로 만반의 준비를 해가지고 잠입했다. (중략) 밀양으로 가서 몇 동지를
　만나봤다. 첫 번째 총공격 때 검속되었던 동지들은 대개 출옥되어 있
　었다.[15]

　이종암은 옛 동지들을 은밀히 만나 자신의 계획을 설명하고
군자금을 모금하는 일을 논의했다. 그리고 대구에 있는 본가에 들
렀는데, 아버지는 몇 해 전에 별세했다는 슬픈 소식이 기다리고 있
을 뿐이었다. 그 와중에 다행히도 달성군의 배공세가 1만 원, 하동
군의 박종원이 5천 원을 지원하기로 했다. 비밀 연락망을 통해 10
월 15일 이들로부터 군자금을 받기로 하고, 이종암은 달성군 노곡
동 동지 이기양의 별가에서 신병치료를 받았다. 그동안 국경을 넘
고 수백 리를 걷느라 몸이 많이 쇠해졌기 때문이다.
　그러나 이종암의 은신처에 모습을 드러낸 것은 생각지도 못한
일제 경찰들이었다. 11월 11일, 경북경찰서 경찰관 여러 명이 들이
닥쳐 이종암이 지니고 있던 무기와 「의열단선언」을 압수하고 이종
암을 검속했다. 이때 잡혀간 사람은 12명이었는데, 은밀히 접촉했
던 사람 대부분이 붙잡혔다.
　이들은 모두 재판에 회부되었다. 이종암은 의열단 활동을 하

면서 양건호梁建浩라는 가명을 사용했다. 그래서 재판기록에는 가명
으로 되어 있다.

> 주범자인 양梁은 의열단의 금후의 활동에 미칠 만한 사항은 어디까지
> 나 진술을 피하고, 겨우 국외에서의 행동과 오늘날까지의 범행으로 공
> 판정에서 드러난 관계사건에 대해서만 마지못해 진술했을 뿐이었다.
> 특히 1920년 12월 최경학의 밀양경찰서 폭탄투척사건과 같은 것에 그
> 가 관여했다는 것은 별도로 기술한 바와 같이 그때 그의 행동과 주위
> 정황으로 미루어보아 거의 단정하기에 어려움이 없는데도 불구하고,
> 그는 끝내 이를 부인하고 있었다.[16]

검사는 이종암에게 무기형을 구형하면서 "피고 종암은 의열
단 부장副將으로 대정 6년 국외로 탈출한 후 지금까지 독립운동에만
열중해왔고 장래에도 할 터이니 이것 한 가지만으로도 적어도 10년
이상의 형에 해당하는 것인즉 절대로 10년 이하로 내려오지 않도록
처형하시기를"[17] 바란다고 덧붙였다.

구속된 11명 중 9명이 기소되어 혹독한 고문을 당하고, 1926년
12월 21일 선고공판에서 이종암은 13년, 배중세는 1년, 한봉인은 8
개월(집행유예 2년)이 선고되었다. 이에 앞서 구속 중이던 고인덕은 고
문에 저항하다가 자결을 기도한 끝에 1926년 12월 21일에 감옥에서
숨을 거뒀다.

이종암은 옥중에서 결핵을 앓게 되고, 1930년 5월에 가출옥했
으나 한 달 뒤 숨을 거두고 만다. 이는 사실상 옥사나 다름없었다.

이종암에 앞서 대구형무소에서 40살을 일기로 옥사한 의열단원 고인덕 기록에 당시 사건이 거론된다.

고인덕은 본래 밀양군 밀양면 내2동에서 출생하여, 22세 때, 대구 계성학교에 입학하여 공부한 후, 1918년 11월에, 세사의 그릇됨을 보고 개연히 고향을 떠나 만주로 가서, 길림과 상해 등지로 돌아다니며 독립운동을 맹렬히 하다가,

기미년에 조선 내지에서 3·1 운동이 일어남을 보고, 동지 이종암·김원봉과 모의한 후, 동년 3월경에 다수의 폭탄을 밀양으로 밀수입하여다가 폭파의 봉화를 밀양에서부터 들려 했으나, 일이 중간에 발각되어, 그것으로 대구지방법원에서 징역 3년의 판결을 받고 복역하다가,

1년 6개월 만에 가출옥이 된 후, 얼마 아니되어, 그는 또한 ○○사건으로 해외에 특파원을 보낼 때에, 그 여비가 없음을 보고, 가산을 방매하여 3천 원을 만들어 제공했으며, 그 후, 또한 이번 의열단 사건이 발각되매, 그의 연루인 관계로 오랜 동안 영어의 고초를 받다가, 드디어, 옥중에서 심장마비를 일으키어 그와 같이 영면했다는바, 밀양 그의 본집에는, 그의 부인 이복수 씨(39)와, 그의 장남 요한(要漢, 13)과 차남 종규(鍾圭, 3)와 딸 둘이 있다 한다.

그의 흉보가 한번 들리매 밀양에 있는 그의 가족은 물론이요, 밀양 청년 수십 명이 일부러 대구까지 와서 망인의 유해를 받아가지고 돌아갔는데, 그 부인 이씨와 그의 친제 금식 군의 애처로운 울음소리는 멀리 구소(九霄[편주: 구천(九泉)])에 사무쳤으며, 유해를 영접하러 온 그의 친우들도 조루(吊淚)를 금치 못했다더라.[18]

8. 나석주, 동양척식주식회사와 식산은행에 폭탄 던지다

1926년 12월 28일 오후 2시경, 중국인 복장을 한 청년이 서울 남대문 부근의 조선식산은행(식산은행)과 동양척식주식회사(동척)에 폭탄한 개씩을 던졌다. 먼저 식산은행에 폭탄을 던졌으나 터지지 않자재빨리 인근 동척 건물로 들어가 폭탄을 던졌다. 그러나 이 또한 불발이었다. 두 곳에 폭탄을 던진 이는 의열단원 나석주였다.

여기저기서 일본 경찰들이 뛰쳐나오자 나석주는 권총을 뽑아들고는 총독부 경부보 등 일본인 7명에게 총탄을 퍼부었다. 그런 뒤모여든 군중에게 "우리 2천만 민중아! 나는 2천만 민중의 자유와 행복을 위하여 희생한다. 나는 조국의 자유를 위하여 분투했다. 2천만민중아! 분투하여 쉬지 말아라"라는 말을 마친 뒤 마지막 남은 한방으로 스스로 목숨을 끊었다.

서울의 한복판에서 대낮에 일제의 조선수탈기관 두 곳에 폭탄을 던지고, 일제 경찰 등 7명에게 총격을 가한 뒤 스스로 복부에 총을 쏴 자결한 나석주는 황해도 재령 출신의 의열단원으로 그때 나이 35살이었다.

나석주 의거는 이동녕, 김구, 신채호, 김원봉, 김창숙, 유자명등 독립운동의 기라성 같은 인물들과, 임시정부와 의열단 그리고유림독립운동 계열이 연대한 거사였다. 우리나라 의열투쟁에 이렇게 다양한 인물과 단체가 연계한 것은 처음 있는 일이었다.

독립운동 지도자들은 1920년대 후반기에 접어들면서 항일투쟁이 점차 약화하는 것을 안타깝게 여기며 모종의 거사를 준비했다. 의열단도 같은 생각이었다.

1925년 봄, 김창숙과 이회영은 내몽골에 독립운동기지를 건설하고 무관학교를 설립하기로 했다. 부지를 매입하고 황무지를 개간하는 데 필요한 자금을 마련하고자 김창숙이 은밀히 귀국했다. 그러나 모금액이 3,500원에 불과해, 전략을 바꾸기로 했다.

김창숙은 1926년 4월에 베이징에서 상하이로 건너가 김구 등과 만나 청년결사대를 국내로 보내어 친일파를 박멸하고 적의 심장부를 폭파하자고 제안했다. 이를 마다할 김구가 아니었다. 김구는 나석주와 함께 의열단원 이화익을 추천했다.

나석주는 당시 중국군 장교로 복무하다가 전역한 의열단원이었다. 그는 김구가 국내에서 활동할 때 황해도 안악에 세운 양산학교의 학생으로, 두 사람은 학교 설립자와 애제자 사이였다. 나석주는 이 학교를 졸업한 뒤 3·1 만세시위에 참여했다가 옥고를 치렀다. 출옥한 뒤에는 동지 5명과 비밀결사 '권총단'을 만들어, 원성이 높은 은율군수 등을 처단한 의열청년이다.

일경의 검거망을 피해 홀로 탈출한 나석주는 상하이 임시정부를 찾아가 경무국장인 김구에게 군자금을 전달한 뒤 임시정부 경호원으로 근무했다. 얼마 뒤 김구의 주선으로 허난(하남)성 한단(한단)에 있는 중국군관학교로 파견되어 군사교육을 받고, 중국군 장교로 임관되어 육군강무당에서 복무하다가 전역했다. 그는 틈이 나면 김구를 찾아가 나라 찾는 일에 쓰임새가 되겠다고 다짐했다.

그러던 어느 날 나석주는 의열단에 가입했다. "그가 의열단원인 유자명의 소개로 약산과 서로 만난 것은 그 이듬해, 곧 1926년 5월 ……(원본 판독 불가) 천진에서다. 두 혁명가는 서로 만남이 너무 늦었음을 한탄하고, 앞으로 손을 맞잡아 운동에 종사하기를 굳게 언약했다. 나석주가 의열단에 가맹한 것은 바로 이때이다."[19]

김구와 신채호, 김창숙, 김원봉이 합작한 거사에 천거된 나석주는 국내로 들어와 의거를 감행하고 순국했다. 김창숙이 국내에서 군자금 모집이 소액에 그치자 다시 중국으로 돌아와 추진한 거사 준비 과정을 일제 정보문서에는 다음과 같이 세밀하게 기록되어 있다.

김창숙은 자금모집에 응하지 않는 부호의 암살을 계획하여 일단 중국에 건너갔다.

그러나 얼마 후 조선에 있는 동지가 검거되었다는 정보를 접하고 둔병제 등의 지구적인 독립운동방법이 바닥부터 무너진 데에 분개하여 중국에 건너간 후 그곳의 의열단원 한봉근과 류우근을 불러놓고 조선 내의 유림으로부터 모은 3,000여 원 중 1,500원을 단의 활동자금으로 제공하기로 약속하고 우선 권총 구입비로 현금 400원을 그들에게 주었다.

한봉근은 이것으로 권총 7정·실탄 490발을 구입하여 정세로에게 보관하도록 하고, 폭탄은 신채호가 보관 중인 2개로 충당하기로 했다. 그리하여 1926년 7월 21일 천진에서 김창숙·류우근·한봉근·나석주·이승춘이 회합하여 흉행을 실행하기 위하여 류우근·한봉근·나석주·이승춘의 4명이 조선으로 가기를 결의하고, 김창숙은 휴대한 현금 1100원을 그들에게 주었다.

그런데 그 후 조선에 들어가는 방법에 관하여 날짜가 걸려 그들은 자금의 대부분을 소비했기 때문에 나羅와 이李만이 조선에 들어가기로 결정하고, 우선 나석주가 단신으로 조선에 들어가 이를 거사했음이 판명되었다.[20]

거사 뒤 자결을 시도한 나석주는 급히 병원으로 이송되었으나 곧 순국했다. 이 거사에서 큰 역할을 했던 김창숙은 1927년 2월에 밀정의 제보로 일경에 붙잡히고, 국내로 압송되어 14년형을 선고받고, 또 다른 이유로 일제 패망 때까지 옥고를 치렀다. 죄목은 나석주 의거 배후조종 혐의였다.

나석주와 함께 거사하기로 했던 이승춘은 베이징에서 일경에게 붙잡혀 15년형을 선고받고 신의주형무소에 수감되었다. 이승춘을 통해 나석주가 거사 때 사용한 폭탄이 소련제이며, 압수한 10연발 권총과 탄환이 스페인제라는 것이 알려져 일경을 다시 한번 놀라게 했다.

9. 이해명, '변절'한 박용만 처단

의열단이 밀정을 처단한 의거 중에는 항일투사 박용만朴容萬 암살 사건이 있었다. 서재필, 안창호, 이승만 등과 함께 초기 미주 한인 사회에서 명망이 높았던 박용만은 무장투쟁론을 제기하면서 미국 네브래스카에 한인소년병학교를 세우고, 하와이에 대조선국민군단을 조직한 데 이어, 임시정부에서 외무총장과 군무총장 등을 역임한 항일투사였다.

　박용만은 이승만의 외교론에 반대하며 베이징에서 이회영, 신채호 등과 군사통일촉성회를 조직하는가 하면 군사통일회의를 개최하는 등 꾸준히 무장투쟁을 준비하고, 대조선독립단을 결성하는 등 독립운동을 벌였다. 암살당하기 전에는 중국에서 대륙농간공사公司를 설립하여 활동하던 중이었다.

　그런데 의열단은 1928년 10월 16일, 베이징에서 원산 출신 단원 이해명李海鳴을 통해 박용만을 암살했다. 이유는 박용만이 1924년 만주 창춘(장춘)으로 가서 일본 영사를 만나고 국내로 들어가 조선 총독을 만나 돈을 받는 등 변절했다는 혐의를 받고 있었기 때문이었다.

　박용만은, 상하이 임시정부의 초대 외무부장과 다음에 군무부장을 차례로 지냈고, 북경서 군사통일회를 소집한 일도 있어, 소위 독립운동의 열렬한 지사로, 당시 명성이 가히 혁혁한 바가 있던 사람이다.

　그러나 그의 뜻은 굳지 못했다. 그의 절개는, 결코, 송죽에다 비길 것이 아니었다.

　어느 틈엔가, 그가, 왜적들과 비밀한 왕래가 있다는 정보를 받고, 이래, 의열단은 은근히 그의 동정을 감시하여왔다.

　그리고 마침내, 그와 북경외무성 촉탁 목등木藤이란 자와 사이에 은밀한 교섭이 있음을 적실히 알았다.

　얼마 있다, 이 변절한 자는, 국내로 들어가 조선 총독 제등실(濟藤實,

사이토 미노루)이와 만났다. 우리는 그들 사이에 있은 밀담의 내용을 알지 못한다. 그러나, 전일의 소위 애국지사가, 오늘날에는 강도 일본의 주구가 되어, 옛 동지들을 왜적에게 팔려는 의논이었음은, 다시 의심할 여지가 없는 일이다.

제등齊藤이와 밀담을 마친 그는, 곧, 서울을 떠나, 잠깐 해삼위(오늘날 블라디보스토크)를 들러서 북경으로 돌아왔다. 그리고, 개척사업을 하겠노라 하여, 대륙농간공사라는 것을 만들어놓았다.

의열단은 이 추악한 변절자를 그대로 두어둘 수 없었다. 그들은 이자에게, 마침내 사형을 선고하기에 이르렀다.[21]

중국 공안에 구속된 이해명은 재판에 넘겨져 '조선의 애국자'라는 정상이 참작되어 4년형을 선고받고 복역한 뒤 황푸군관학교에 입학했다. 그리고 북벌에 참여하고, 조선의용대에서 활동하다가 김원봉 등과 함께 한국광복군에서 활약했다.

박용만의 행적과 관련해서는 상반된 주장이 따른다. 먼저, 언론인 송건호의 견해이다.

대륙농간공사라는 것을 만들어 민족 백년대계의 기초를 닦고자 했다 하더라도, 또 아무리 사업에 현혹되었다 하더라도 총독부의 잔꾀에 넘어가 기십만 원의 지원을 받겠다고 했다니 사실이라면 기가 막힌 잘못이라 하지 않을 수 없다. 아니면 사상적으로 후퇴한 것이라 할까, 왜적들의 모략에 빠져들어간 것이라 할까, 도대체 구구하게 전해지는 말들은 어느 것 하나 확실하지가 않다.

하물며 지원은 약속뿐 여비조로 2만 원만 받고 나왔다니 그런 망신이 또 어디 있겠는가. 이것이 헛된 소문이고 박용만 자신이 직접 앞에 나서서 하지 않았다 하더라도 마찬가지로 망신스러운 일이다.

어쨌든 의열단으로서는 본래의 창단이념으로 봐서 당연한 일을 했다고 볼 수 있겠다. 아니 민족정신을 고무하는 훌륭한 일을 했다고 의열단사를 꾸밀 것이다.[22]

그러나 한국 교원대 명예교수 한용원은 송건호의 논지와 전혀 다른 자료를 제시한다.

1983년 국사편찬위원회가 발간한 『한국독립운동사 자료집―중국 인사 증언』에 의하면 중국국사관 관장 황계육黃季陸과 한국 측 이선근, 박영준, 권태휴, 윤병석 등이 참석한 좌담회에서 만주사변(1931년) 직전 소련 정부가 극동에 대해 강력한 공세를 취하자 북중국 일간지北中國 日刊紙, Northern China Daily News 주필들이 중심이 되어 소련이 만주와 한반도로 나오는 것을 막기 위한 9개국 비밀회의를 개최한 바 있는데, 동 회의에서 소련의 남하南下와 동침東侵을 막는 데 만주 일대를 완충지대로 해서 한국독립운동의 임시정부 영내로 경계를 설정하자고 결정을 했으며, 그 자리에 국민당 정부의 대표와 일본의 민간인이 참가했고, 박용만 씨도 참가했다.

이러한 맥락에서 소련의 남하를 막기 위해 박용만 씨가 비사秘使로서 총독을 만나러 간 것이었다. 그런데 도쿄 정부에서는 박용만의 참가를 승인했으나 서울의 총독이 박용만 씨를 잡아 가두려고 했기 때문에 가두지 말고 그대로 내보내라고 지시했다.

이로 인해 박 씨는 3일간 서울에서 머무르게 되었고, 조선 총독은 만주와 북경에 있던 일본군사령부의 오열五列들을 시켜서 "박용만이 서울에서 총독인 사이토와 밀담한 것은 박 씨가 만주에 갖고 있던 농장의 이권교섭을 하고 간 것이었다"는 소문을 퍼트리게 했다는 것이다.[23]

6장

의열단의 의기와 자료(사료)

1. 머리에는 민족주의, 가슴에는 아나키즘

의열단원들은 하나같이 '주의자'들이었다. 일제강점기에 일제는 민족주의자, 공산주의자, 아나키스트들을 '주의자'라고 불렀다. '불령선인'과 비슷한 의미였다. 의열단이 가장 치열하게 활동했던 1920년대는 중국, 조선, 일본 할 것 없이 동북아시아권에도 공산주의와 아나키즘이 사회에 널리 퍼져 있었다.

　의열단원들은 공산주의 이념보다 아나키즘에 더욱 매료되었다. 머리에는 조국 해방을 목표로 하는 민족주의가, 가슴에는 낭만주의와 허무주의까지 깃을 사린 아나키즘이 자리 잡고 있었다. 단원들이 대부분 생명을 건 투쟁을 하면서도 내적으로는 휴머니즘과 낭만을 품고 있어서 두려움을 모르고 비겁하지도 않았다.

　그들은 거의 종교적인 열광으로 테러 활동을 숭상했다. 죽음을 두려워하지 않는 정예 용사들로서 오직 모험적인 행동만이 능히 일제의 식민통치를 뒤엎을 수 있다고 굳게 믿었고, 망국의 치욕을 자기들이 피로써 능히 씻을 수 있다고 믿었다. 하여, 그들은 일제의 요인을 암살하고 특무와 반역자들을 처단하는 것을 주요한 행동강령으로 삼았으며 가슴속에서 불타던 적개심은 그들에게 환락과 아울러 비극을 가져다주었다.[1]

일제강점기에는 김병로, 허헌 등과 함께 독립운동가들의 변론을 맡았고, 해방된 뒤에는 이승만 정부에서 법무장관 등을 지낸 이인李仁은 의열단 사건의 변호사로서 지켜본 재판광경을 다음과 같이 들려준다.

법정에서 만난 애국지사들은 그 사람됨이 모두 의젓해서 모두를 놀라게 했다. 그중에서 김시현·유석현은 헌칠하게 잘생긴 청년들인데, 조금도 자기를 내세워 선전하려는 티가 없고, 반면에 비굴한 내색도 없었다. 나는 이들을 보면서 저렇게 티없는 청년이 관공서를 부수고 일인을 죽이는 데 앞장서온 사람들이라고 얼른 믿어지지가 않았다. 이에 비하면 홍종우는 힘이 장사요, 25관은 됨직한 위장부偉丈夫로, 그 의젓한 품이 법정을 압도하는 듯했다.

이들은 모두가 재판장 앞에서 이로정연理路整然하게 거사하려던 본뜻을 밝히고 또박또박 할 말만을 간단히 하는 것이었다. 다만 황옥만은 의거행동에 가담한 것이 아니라고 극구 변명을 했다. 그러나 황옥의 변명은 한마디도 인정이 되지 않았다.[2]

그들은 재판정에서도 결코 비굴하게 행동하지 않았고, 당당하게 의거의 당위를 진술했다. 안중근이 뤼순 법정을 일제 타도와 이

토 히로부미의 죄상을 밝히는 기회로 이용하고자 했던 것과 다르지
않았다.

　이종암 등과 군자금 모금 거사에 나섰다가 붙잡힌 의열단원
구여순은 1924년 2월에 경성지방법원에서 재판을 받았다. 나가시마
長島 판사가 주심을 맡고 히라야마平山 검사가 신문했는데, 구여순의
대답에서 의열단원의 당당함과 떳떳함이 느껴진다(총독정치 시대의 언론
이어서 더 격렬한 발언은 싣지 못했거나 정제되었을 것을 감안해야 할 것이다).

　　문: 독립사상을 지금도 품고 있느냐?

　　답: 지금이라도 조선 독립이 된다면 다른 것은 물론이고 생명까지 바
　　　　칠 용의가 있다.

　　문: 의열단의 취지는 무엇인가?

　　답: 조선 독립이 되기까지 암살과 파괴를 계속하는 일이다. 파괴란 일
　　　　본인 살해뿐 아니라 시설을 파괴하는 것이며, 일본적인 모든 제도와
　　　　모든 인습까지 파괴하는 것이다.

　　문: 의열단의 가입수속은 어떠한가?

　　답: 단원 세 사람의 보증이 있어야 한다.

　　문: 피고는 누구의 보증으로 입단했는가?

　　답: 이상일, 이종암, 송호宋虎 세 사람의 보증으로 입단했다.

　　문: 피고는 언제 입단했는가?

　　답: 1923년 여름이다.

　　문: 피고가 맡은 책임은 무엇인가?

　　답: 내 책임은 군자금 모집하는 일이다.

문: 폭탄은 누가 만든 것이냐?

답: 이탈리아 사람이 만든다고 들었다.[3]

    나석주 의거 배후 조종자로 몰려 국내로 압송되어 일제 법정에 선 의열단의 간부 김창숙은 한인 변호사 김용무와 손지은이 감옥에까지 접견을 와서 자신들이 변론에 나서겠다며 위임서에 서명해달라고 거듭 청했다. 그러나 김창숙은 변호사를 세우면 일제의 사법제도를 인정하게 된다는 이유로 이를 거절하면서 시 한 수를 지었다. 이때 지은 시가 〈변호사를 사절함〉이다.

    병든 이 몸은 구차히 살기를 구하지 않았는데

    어찌 알았으리 달성達城의 옥에 갇혀 해를 넘길 줄

    어머님은 돌아가시고 자식도 죽어 집이 망했으매

    노처와 자부의 울음소리 꿈결에도 소스라치네

    기구한 사방득謝枋得은 도피한들 즐거운 곳이 어디이며

    강개한 문천상文天祥은 죽어도 영광을 얻었도다

    인간의 운명은 하늘을 매였으니

    병든 이 몸은 구차히 살기를 구하지 않노라

    병든 이 몸은 구차히 살기를 구하지 않았는데

    어찌 알았으리 달성의 옥에 누워 신음하고 있을 줄

    풍진 세상 실컷 맛보아 이가 시린데

    야단법석 떠는 인심이 뼛골까지 오싹하게 하네

포로 신세의 광태狂態를 어찌 욕되다 이르리오

바른 도리를 얻어야 죽음도 영광인 줄 알리라

그대들의 구구한 변호를 사양하노니

병든 이 몸은 구차히 살기를 구하지 않노라.[4]

  의열단원들의 기개가 이러했다. 꺾일지언정 휘어지지 않았고, 목숨을 빼앗길망정 신념을 버리지 않았다. 그래서 배신자나 투항자가 거의 없었다. 조선 초기 사육신과 생육신의 정신이 그들에게 이어졌던 것일까.

2. '조선 독립에 모든 것 바친다'

역사는 기록으로 이어진다. 그런데 어쩌다 기록이 없는 역사도 있다. 우리 독립운동가들은 어지간해서는 기록을 남기지 않았다. 미주 지역에서는 그렇지 않았으나 국내나 중국, 러시아, 일본 등지에서 벌인 독립운동은 대부분 목숨을 건 싸움이었다. 누구 한 사람이라도 붙잡히면 그가 남긴 기록이 다른 동지들에게 피해를 주는 건 물론이고 자칫 조직 전체가 노출될 우려가 있었다. 그러다보니 기록을 남길 수가 없었다.

  이런 모습은 조선시대에도 크게 다르지 않았다. 거듭되는 사화와 붕당으로 언제 정세가 바뀌어 필화를 입을지 몰랐기에, 행세깨나 하는 사람들도 정치(정사)와 관련된 언급은 하지 않고 음풍농월의 시문詩文을 남기는 경우가 많았다.

의열단은 일제의 주적主敵이었다. 그래서 의열단이 남긴 기록은 많지 않다. 또 전체 단원들의 집회도 별로 없었다. 그러나 단편적으로나마 남아 있는 기록도 있다.

1923년 6월, 중국 상하이에서 의열단 총회가 열렸다. 당시 의열단은 신채호의 「의열단선언(조선혁명선언)」이 작성되고, 김상옥의 종로경찰서 투탄 의거, 김시현·유석현 등의 폭탄·무기 국내반입 의거 등으로 한창 기세를 올리고 있을 때이다.

독립운동세력의 대동단결을 도모하는 국민대표회의가 5월에 상하이에서 열리고 있었다. 의열단은 이에 맞춰 총회를 열었다. 그동안의 활동 경과보고와 앞으로의 투쟁방향 등이 논의되고, '의열단 활동수칙'을 단원들에게 배포되었다.

의열단 활동수칙

첫째, 의열단원은 입단한 날부터 생명·재산·명예·부모·처자·형제를 일체 희생에 바치고, 오직 의열단의 주의·목적인 조선 독립을 위해 결사 모험으로써 활동한다.

둘째, 단원은 각기 특징에 따라 다음의 기술을 실제로 연습하고 연구할 의무가 있다. 검술, 사격술, 폭탄 제조술, 탐정술.

셋째, 암살·방화·파괴·폭동 등에 대한 기밀과 계획은 간부회의에서 지휘한다.

넷째, 활동 중 체포당하는 단원이 발생할 때는 반드시 복수수단을 강구하며, 단원을 체포한 자나 단원에게 형벌을 선고한 자는 반드시 암살한다.

다섯째, 암살 대상 인물과 파괴 대상 건물은 의열단 활동목표에 근거
하여 실행한다. 특히 '조선 귀족'으로서 나라를 망하게 하고 백성
의 앙화를 초래한 대가로 많은 재산을 소유하고도, 의연에 응하
지 않는 자는 기어이 금년 안으로 처단한다.

여섯째, 의열단 명칭을 빙자하고 금전을 강청하여 의열단의 명의를 더
럽히는 자는 반드시 엄벌한다.

일곱째, 주요 기밀 사항은 간부회의에서 결의한 후 공표하지 않고 해
당 단원에게 출동을 명령한다.[5]

의열단은 1923년 10월 12일 상하이에서 단원 160명이 참석한
가운데 위로연을 열었다. 6월의 의열단 총회에 이어 열린 집회였다.
의열단은 이날 내부의 의지를 다지고, 향후 사업을 밝히는 성명을
채택했는데, 주요 내용은 다음과 같다.

첫째, 의열단원은 종신적 혁명정신의 소유자이며, 중도 배신자가 발생
하면 본단의 비밀 유지를 위해 먼저 처단한다.

둘째, 무리하게 남의 금전을 빼앗거나 사혐으로 사람을 죽이는 단원은
엄중히 처벌한다.

셋째, 진행 사업은 일본과 국내를 목표로 각 간부 지휘하에 실행할 것
이며, 중국·만주 지역의 '간악배'는 추후 척결토록 함으로써 종
래 사업에 차질이 발생하지 않도록 한다.[6]

이로써 의열단은 이념과 체제가 확고한 독립운동의 전위조직으로 독립운동 진영의 신뢰와 외경畏敬을 받으며 더욱 적극적으로 투쟁에 나섰다. 또 일제에게는 가장 두려운 공포의 대상으로, 조선 국민에게는 희망의 대명사로 떠올랐다.

3. '오직 자유를 위한 행동뿐이다'

김원봉은 이 총회 자리에서 폭력투쟁에 대한 정당성을 거듭 천명했다.

> 우리 동포가 조국광복운동을 개시한 이래 혹은 임시정부를 조직하고 혹은 광복군대를 조직하고 혹은 공산당과 제휴하고 혹은 국민대표회의를 개최하는 등 여러 가지 궁책을 강구함이 이미 몇 해인데 그간 무엇을 얻은 바가 있었는가.
>
> 돌이켜 보면 실로 이것은 선조와명(蟬噪蛙鳴, 매미와 개구리가 시끄럽게 운다)으로 모두 일시의 공소空騷에 그쳤다. 예부터 혁명이란 것은 정규군 또는 공선전空宣傳에 의하여 그 목적을 달성하는 것이 아니고 모름지기 결사決死의 사士와 폭탄의 위력을 기다리는 수밖에 다른 길이 없다는 것은 모든 혁명적 역사가 증명하는 바로서, 상하이 또는 만주 지방에서 여하히 망동하여도 도저히 우리들 목적에 일보를 나가게 할 수 있게 하는 것이 아니다. 조국을 위해 이 대임을 완수할 수 있는 자는 우리 의열단을 버리고 단연코 다른 데서 이를 구할 수 없다.[7]

의열단은 1924년 1월, 「의열단선언」과는 별도의 격문을 작성하여 단원들의 '행동강령'으로 제시했다.

의열단 행동강령

세계에 우리 민족처럼 온갖 압박과 모든 고통에서 신음하는 자가 또 있을까? 환해環海 삼천리가 일대 감옥을 성成했으며 이천만 민중의 운명이 참혹한 학살귀의 수중에서 지배된다. 우리는 빨리 해방되어 자유를 찾지 못하면 영구히 감망滅亡의 함정에 빠지고 말 것이다.

우리는 오랫동안 강도 일본의 통치 밑에서 노예와 같이 굴종하고 우마와 같이 구사되어 '피'와 '기름'을 있는 대로 짜내어 강도들을 살찌웠으며 무수한 생명도 희생되었다. 갈수록 가로에서 헤매고 악형, 고문에 기절되고 감옥에서 죽어가고 교수대에서 사라지는 이가 얼마나 되는가? ⑷중략⑴

약탈, 박삭은 날로 심하고 경제공황은 극도에 달하여 우리는 곧 '가마에 든 고기'의 운명에 이르렀다.

아? 우리는 자살하지 않으면 곧 학살을 당할 것이다.

만일 여기에서 벗어나려면 다만 급격한 혁명의 길밖에는 없다.

우리가 노예, 아사, 악형, 감옥, 교수대, 학살의 연쇄순환 중에서 후자는 전자에 속續하고 자녀는 부모를 수隨하여 영구망감永久亡滅의 함정으로 향하는 ⑷중략⑴.

마치 도살장으로 몰리어가는 양의 무리와 같은 ⑷중략⑴ 운명에서 해방되려면 오직 폭력적 혁명밖에는 다시 길이 없다.

우리는 자유를 찾지 못하면 영구히 멸망될 것을 알았다. 그러면 자유를 위하여 몸 바칠 뿐이다. 자유의 값은 오직 '피와 눈물'이다. 자유는 은혜로써 받을 것이 아니오 힘으로써 싸워서 취할 것이다. 우리에게 얽매인 '쇠줄'은 우리의 손으로 끊어버려야 된다. 우리의 생활은 오직 자유를 위하는 싸움뿐이다.

　오라! 온갖 수단과 모든 무기로 싸우자. 완전한 독립과 자유가 올 때까지 싸우자! 싸우는 날에 자유는 온다.[8]

4. 의열단의 '3·1 혁명 10주년 선언'

의열단의 흔치 않은 자료(사료)에는 1929년 3·1 혁명 10주년을 맞아 발표한 「3·1 10주 선언」이 있다. '조선 노농 및 일반 피압박 피착취 대중 및 그 대표자로서의 조선혁명가에게'라는 부제가 붙은 이 문건은 워싱턴에 살던 방선주 씨가 미국 국립기록보존소에서 발굴한 500여 점에 이르는 「상하이 공동조계 공부국 경무처, 한인독립운동 관계문서」 중에서 나왔다.

　상하이에서는 3·1 혁명 10주년을 맞아 1929년 2월에 의열단과 중국본부 한인청년동맹 상하이지부, 상하이 각 단체연합회, 상하이 한국여자구락부 등 4개 단체가 각각 별도의 성명을 발표했다.

　의열단의 '선언'은 크게 세 부분으로 나누어 전개된다. 서두에서는 국치 10년 동안 독립운동에 큰 성과가 없고 일제의 압박은 더욱 심해지고 있다고 진단하고, 두 번째 단락에서는 독립운동 진영의 분열상과 농민·노동자 등 일반 대중에 기반을 두지 못한 취약점을 이야기하고, 마지막 부분에서는 이 같은 맹점을 반성하면서 분열주의자, 반폭력론자, 개량주의자, 타협론자를 타도하고 노농대중을 기반으로 하는 광범위한 조직과 기반으로 독립운동전선을 통일할 것을 촉구한다.

이 문건의 기초자는 밝혀지지 않았다. 신채호나 유자명 또는 김원봉이 아닐까 싶지만, 이는 어디까지나 추론일 뿐이다. 「3·1 10주 선언」은 원문 그대로 옮긴다.

제군!

3월 1일!

조선 전민족의 '독립만세' 성으로써 터지고 불가승수不可勝數의 형제자매의 선혈로써 물들어진 '3·1'일은 오늘로써 십주년을 마지한다. 해마다 해마다 이날을 마질 때마다, 우리는 분한과 자참自慙과 결의를 한 번씩 더 새롭게 하엿스며 더 침절하게 하엿지마는, 십주의 오늘에는 그 분원과 자참과 결의가 더 한층 심하지 아니할 수 업다.

그것은 십주가 일주나 이주보다 더 긴 세월의 단위인 째문이며, 우리가 혁명운동으로부터 어든 체험이 최근에 이르러 더욱 심각하게 되엇기 째문이며 또 공적적으로 심하여진 압박착취에 의하야 우리의 분한이 싸러서 더욱 통절하여젓기 째문이다.

제군!

십년을 두고서 우리의 투쟁은 무엇을 해결하엿는가? 조선을 야수와 가치 짓밟는 일본 제국주의는 과연 얼마나 타파되엇는가? 노농 및 일반대중의 생활은 모든 방면에 잇서서 과연 얼마나 해방되엇는가?

우리는 아모것도 해결하지 못헷다. 공장과 광산에서는 노동자와 광부, 농촌에서는 농민, 도시에서는 수공업자 및 소상인, 학교 내외에서는 지식계급, 전국의 모든 방면의 생활에 잇서서는 전민족의, 그리고 감옥, 경찰서 및 해외에 잇서서는 무수한 혁명가의 한과 분이 전보다 기십배나 더하다.

삼천리 전반도는 더 심한 피착취 피압박의 눈물의 심연으로 화햇다. '3·1' 운동 이후, 아니 그전부터 오늘날까지 우리가 죽음으로써 피로써 그 이외 모든 혁명사업에 잇서서의 간난으로써 심은 거룩한 종자는 아즉 조금도 수확되지 못햇다.

제군!

그러면 우리의 해방운동은 그 심연에 잇서서 절망의 것이냐? 아니다. 천만번 아니다. 제군의 조곰이라도 낙망하여서는 아니된다. 일본 제국주의의 힘은 아즉은 우리의 힘보다 크고 강하지마는, 그것의 도괴의 필연은, 우리의 승리의 필연과 갓치 각 방면으로 증명되며 약속된다.

일본 제국주의를 도괴시키는 각종 모순―일본 자본과 일본 노동자 및 농민과의 사이의 모순, 일본 제국주의와 그것이 착취하는 식민지 및 반식민지의 사이의 모순, 일본 제국주의와 기타 제국주의 제국의 사이의 모순, 세계 제국주의 전체와 세계 혁명운동 전체 사이의 모순 등―은 더욱 격화하여 조선 혁명운동을 유력하게 하는 조건―노농대중의 투쟁무대에의 동원 투쟁의 조직화, 조선혁명운동의 급격히 발전하는 세계 혁명운동과의 연결의 긴밀화 등──은 더욱 성숙된다.

그러나 제군!

이와 가튼 정세도 우리는 최선의 투쟁과 방침이 잇고야 비로소 충분히 이용될 것이다. 그럼으로 '3·1' 십주를 맞는 우리의 최대의 임무의 하나는, 우리의 투쟁과 방침의 과거 및 현재를 검토하고, 진정한 투쟁과 방침을 발전식히는 데 잇지 아니할 수 업다. 그것은 '3·1' 이 밧친 전민족의 영웅적 희생에 대한 우리의 최대의 기념이며 또 전혁명에 대한 우리의 최대의 충성이다.

제군!

그러면 '3·1' 운동 이후 금일까지 우리 운동에 약점과 실패의 가장 중요한 기본적 원인은 무엇이엿는가?

첫째로는 운동이 노농대중의 우에 기초를 두지 못하엿고, 광범한 대중적 투쟁이 조직적으로 전개되지 못하엿슴에 잇섯다. 이에 의하야 운동의 전투성은 결여하엿고 동요성은 충일했다. 민족주의자와 공산주의자를 물론하고 추악한 파벌적 투쟁으로 전선을 극도의 혼란에 임케하고 동족상잔의 비극까지 연출하엿다. 우리 혁명은 역사적·사회적 제국諸國 성질로 보아서, 대중 자체의 투쟁이 아니여서는 아니되고 그의 기초를 노농대중의 우에 두지 안허서는 아니된다. 그런데 '3·1' 운동 당시에 용감하게 동원된 광범한 대중은 혁명의 전열에 조직되지 못하엿고 딸아서 혁명의 주인공으로써 혁명의 추진권을 잡지 못하엿다.

둘째로는 혹은 소위 '외교' 혹은 소위 '문화'의 미몽에 싸져서 '폭력'을 경시함으로 운동이 거세됨에 잇섯다. 혁명은 전쟁이오 폭동은 예술이다. 조선 민족의 완전한 해방은 오직 조선 민족의 피와 쌈과 폭발판과 육혈포와 칼과 창—불절不絶의 폭력적 운동—으로써만, 그리고 최후로의 대중적 총폭동으로만 획득할 수 잇다.

그런데 우리는 혹은 제국주의자의 분장회의分臟會議인 파리강화회의와 워싱턴회의를 미덧섯고 그들이 피압박, 피착취대중을 마취식히기 위하야 만든 혹은 '정의' 혹은 '인도'라는 독주에 취하야 비폭력의 혁명을 몽상한 바 믿어섯다. 현재에 잇서서도 조선혁명을 혹은 단순한 '실력양성'에 의하야, 혹은 '민족성개조'에 의하야 혹은 제국주의자의 '외교'에 의하야 성취되리라고 생각하는 병광病狂의 무리도 적잔히 잇다.

심지어 적과 타협하야 조선의 자치권을 획득하려는 매족적 자치운동싸지 혁명운동의 일계단인 것름 용인하는 무리까지 업지안타.

이것이 우리의 혁명전술의 최대위험이 아니고 무엇이랴?

제군!

우리는 과거에서 충분히 배웠다. 우리의 혁명은 노농대중을 기초로 하고 광범한 대중의 조직적 투쟁에 의하여서만 참으로 공고한 힘잇는 발전을 할 수 잇슬 것이며 불절不絶의 폭력적 운동과 최후의 대중적 폭동에 의하여서만 완전한 해결을 어들 수 잇슬 것이다.

우리는 모든 분열주의자, 반폭력론자 및 개량주의자, 타협주의자를 철저히 숙청하여야 할 것이며 전선의 통일은 최대의 노력으로 성취하여야 할 것이다.

우리는 이날을 마지함에 임하야 다음과 갓치 고(高) ㅇ ㅇ ㅇ (3자 누락)

'3·1'을 영원히 기념하자!

희생된 동포를 위하야 복수하자!

강도 일본 (이하 누락)

타협주의자 및 적의 주구를 박멸하자!

토지혁명을 실행하자!

세계혁명만세!

조선의열단[9]

7장

내외의 거센 도전과 새로운 진로

1. 명성이 높아지고 세력이 강화된 의열단

1923년 1월부터 6월까지 5개월 동안 상하이에는 임시정부를 비롯해 독립운동계의 현안들을 논의하기 위한 국내외 독립운동가들이 속속 모여들었다. 국내, 상하이, 만주 일대, 베이징, 간도 일대, 노령, 미주 등지의 대표급 125명으로 구성된 국민대표회의가 열리기 때문이었다.

논의는 임시정부를 해체하고 새로운 정부를 조직해야 한다는 창조파와 임시정부는 그대로 두고 실정에 맞게 효과적으로 개편해야 한다는 개조파의 주장으로 크게 나뉘었다. 그러나 국민의 큰 기대에도 불구하고 국민대표회의는 끝내 결렬되고 말았다. 각기 자기 세력에 유리한 주장으로 서로 맞섰기 때문이다.

그럼에도 임시정부 내에서 개편 움직임이 일어나고, 일제의 위협 속에서도 각 지역과 단체 대표들이 대거 집결하고, 독립운동의 활성화 방안이 모색된 것은 나름의 성과라면 성과였다.

의열단도 국민대표회의의 결과를 예의주시했다. 그러나 의열단이 기대하던 것과는 다른 방향으로 회의가 끝나자 크게 실망했다. 의열단은 국민대표회의가 국내외 각 세력 간 주도권 다툼의 이해관계가 깔려 있다고 판단했다. 그래서 국민대표회의에 대표를 파견하지 않았다. 이를 두고 일제의 정보기관은 "의열단이 가담하지 않은 이유는 국민대표회의에 모인 각 파들이 직접 독립을 꾀하기보다는 '기관의 존재 자체를 생명'으로 하는 단체라고 보았기 때문"[1]이라고 기록했다. 일제 정보자료지만 의열단의 의지를 비교적 정확하게 파악하고 있었던 것 같다.

국민대표회의가 열리는 기간 동안 상하이 인성학교人成學校에서는 연일 각급 청년단체들의 연설회가 개최되었다. 인성학교는 이 지역에 사는 한인들의 자녀들을 교육하기 위해 김구 등이 설립한 초·중등교육 과정의 학교이다. 이곳의 연설회에는 기성 독립운동 세력의 산하단체와, 국민대표회의에 참석하지 못한 소규모 단체 인사들도 참여했다.

단체의 성향에 따라 각기 창조파, 개조파, 임시정부 유지파, 사회주의 지지파 등으로 갈렸지만 "기구에 연연할 것이 아니라 만주의 독립군이나 모 단(의열단)을 본받자"라고 역설하는 청년들도 적지 않았다. 이들은 임시정부 요인이나 의정원 의원들이 (의열단 단원들처럼) 폭탄을 가지고 적에게 뛰어들어야 한다며 열변을 토했다. 연사들은 한결같이 의열단의 활동을 높이 평가했다.

국민대표회의의 결과에 실망한 것은 의열단뿐만이 아니었다. 독립운동 진영의 일반적인 인식이 그랬다. 이에 국내외의 수많은 독립운동단체와 애국자들에게 그동안 치열하게 싸워온 의열단이 새로운 대안으로 떠올랐다. 그리고 많은 열혈 청년들이 의열단에 가입했다. 청년들뿐만 아니라 국민대표회의에 참가했던 각계의 대표들도 의열단에 가입하는 경우가 많았다.

문시환, 김홍렬, 배치문 등이 국내에서 국민대표회의에 참석하기 위해 상하이에 왔다가 김원봉을 만나 의열단에 가입했다는 사실이 국내 신문에 보도되기도 했다.[2]

일제의 첩보자료에 따르면 이 무렵 의열단원은 1,000여 명에 이르렀다고 한다. 다음은 1923년 8월 30일 자로 상하이 일본 총영사가 미국 정보기관의 첩보를 일본 외무대신에게 보낸 보고서이다.

임시정부에 불만족하는 자 및 러시아국의 후원을 믿기에 부족함을 간파한 자들로서 의열단에 참가한 자는 점점 증가해오고 있는데 이제야말로 동 단은 한국 내외에 걸쳐 극력 비밀 선전에 힘쓴 결과 단원이 천인ㅜ人을 헤아리게 되었다.[3]

의열단의 명성이 높아지고 세력이 강화되면서 상하이 임시정부의 한 계열이 의열단에 제휴를 시도해왔다. 개조파였다. 개조파 측은 국민대표회의가 실패한 것은 창조파의 독선 탓이라고 지탄하면서 의열단과 제휴하여 창조파 세력을 몰아낼 것을 제의해왔다. 의열단은 이 제의를 받아들였다. 그리고 개조파가 고수파와 협력하여 임시정부를 개편했고, 의열단은 본부를 베이징에서 상하이로 옮겼다. 이로써 의열단은 상하이에 확실하게 자리를 잡게 되었다. 임시정부의 한 축이 된 셈이다.

2. 정세 변화와 안팎의 시련

중국(만주)에서 둥지를 틀고 활동하는 한국독립운동 세력은 대륙
의 정세에 민감할 수밖에 없었다. 의열단도 이들과 다르지 않았다.
1921년 7월, 상하이 프랑스 조계에서 마오쩌둥을 비롯한 13명의 이
름으로 창립된 중국공산당은 그동안 세력을 키워 코민테른에 가입
하고, 1923년에는 군벌타도를 목적으로 장제스가 이끄는 국민당과
손을 잡았다.

중국공산당은 1924년에는 군벌타도(북벌)에 국민당과 합작(제1차
국공합작)하여 존재성을 드러내고 세력을 더욱 강화했다. 모든 반군
벌 세력과 연합하여 북벌에 성공한 국민당의 쑨원이 1925년 3월에
죽으면서 다시 양대 세력은 분열의 위기를 맞았다. 국민당 내 반공
세력이 중국공산당을 축출하기 시작한 것이다.

제1차 국공합작은 1927년에 끝나고 코민테른이 중국공산당에
무장봉기를 통한 근거지 확보를 지령하면서 공산당 지도자들은 2만
여 명의 홍군을 동원하여 같은 해 8월 1일 난창(남창)에서 봉기했다.
국민당군이 압박해오자 홍군은 광저우(광주)로 후퇴했다가 12월 광
저우에서 다시 무장봉기를 일으키고, 이곳에 코뮌을 수립한 뒤 공
격해오는 국민당군과 3주간 치열한 전투를 벌였다. 이 전투에는 한
국 청년 100여 명도 참가했다. 이후 중국 대륙은 국민당과 공산당의
치열한 헤게모니 쟁탈전(내전)이 전개되었다.

김원봉과 의열단 간부들은 중국 대륙의 정세가 바뀌자 진로 문
제를 심각하게 논의했다. 이제까지의 폭렬투쟁이 일제에 타격을 준

것은 사실이나, 더 이상의 효과를 얻지 못한 것에 대해 논의했다.

의열단에서는 그동안 국내외에서 의열투쟁을 하는 한편 조직을 확대하고, 다른 단체와 연합하고, 소련에 자금지원을 요청했다.

북만주에 근거지를 두고 있던 적기단赤旗團은 상하이파 고려공산당계의 무장비밀결사로, 민족혁명과 사회혁명의 기치를 내걸고 친일분자를 응징하고, 일제 수괴를 처단하고, 착취기관을 폭파한다는 등 목적에서 의열단과 다르지 않았다. 이런 적기단이 의열단에 합작을 제의해왔다. 그러나 몇 차례 교섭 끝에 두 단체의 합작은 성사되지 못했다.

의열단은 1924년 1월에 일본 도쿄에서 치러지는 왕세자 히로히토의 결혼식에 폭탄 300개를 가지고 들어가 투탄하는 거사를 계획했다. 의열단은 이 거사를 적기단과 함께 하고자 했다. 그래서 소련 또는 코민테른에 거사에 필요한 자금지원을 요청했으나 성과를 얻지 못했다. 결국 이 거사는 자금 사정으로 무산되었다.

국내에서는 의열단의 의거가 엉뚱한 부작용으로 나타났다. 의열단이 국민의 환호를 받자 의열단 행세를 하는 사이비들이 등장해 의연금을 갈취한 사건이 잇따랐다. 이 같은 일이 상하이 임시정부 기관지 《독립신문》에 보도된 적도 있었다.

이에 따라 의열단에서는 단의 명예를 훼손하는 협잡배가 잡히는 대로 엄벌할 것을 결의하고, 의열단원은 반드시 신임장을 가지고 있으니 현혹되지 말라는 성명서를 발표했다. 신임장에는 묵필로 다음과 같이 적혀 있었다.

신임장, ○○○.

우인을 본단 특파원으로 정함.

4256년 10월 일. 의열단 기밀부. (단인).[4]

또한 기부금 징수 대상자에게는 다음과 같은 통문을 제시하거
나 미리 발송하도록 했다.

"우리가 이족전제의 강도정치하에서 민족적 멸망의 참화를 면하자면
오직 급격히 혁명을 진행할 것뿐이라. 조상의 뼈가 조선의 흙에 묻히
고 자손의 장래를 조선의 전도에 맡기는 자로서 유誰가 이 대의를 몰라
하리요. 이에 혁명의 진행에 필요한 경제문제에 대하여 귀하의 성의의
표시가 있기를 바라오니 이를 칭탁 거절한다면 우리는 단호한 수단을
취하겠음.

4256년 의열단 기밀부 ○○○ 귀하."[5]

의열단의 이 같은 방도에도 독립운동기금 모집은 갈수록 어려
워졌다. 이른바 국내 유지들이 총독정치에 속속 편제되고, 후환이
두려워서 뜻은 있어도 용기를 내기 어려웠기 때문이다. 그러자 의
열단은 방향을 바꾸기로 했다. 소규모적인 폭렬투쟁보다 중국의 반
일세력과 연대하거나 그들을 지원해 일제를 타도하는 전략으로 전
환했다.

1924년 1월 중국국민당 제1차 전국대표대회에 참관하고 쑨원
과 면담한 바 있는 김원봉은 국민당 요인을 만나 중국 정부의 한국

독립운동 지원의 당위성을 설명하고, 의열단에 대한 자금지원을 요청하는 한편, 5월 초 광저우에서 간부회의를 열고 자금조달, 단의 선전 문제 등을 논의했다.

의열단에게 1920년대 전반기는 가장 활기찬 대일항쟁의 기간이면서 내부적으로는 여러 가지 어려움에 봉착한 시기였다. 1924년 4월, 상하이에서 '상하이청년동맹'이 발족되었다. 민족주의 계열로서 의열단과 비슷한 목표를 제시하고, 그해 연말에는 맹원이 백수십 명에 이르렀다. 당시 민족운동 진영에서 의열단은 폭렬투쟁의 가장 전통적인 단체로 위상이 높았는데, 상하이청년동맹이 등장하면서 상대적으로 위협을 받게 되었다.

그래서인지 시간이 갈수록 두 단체는 선의의 경쟁을 넘어 서로 질시하는 사이가 되어갔다. 일제 관헌이 첩보를 토대로 분석한 바에 따르면, 상하이 청년동맹은 의열단과 비슷한 주의와 강령으로 은연중에 의열단에 대항했는데, 조직세가 급속도로 신장하여 1924년 말에 가서는 맹원이 백수십 명에 이르면서 의열단을 능가하고 상하이에서 가장 유력한 단체가 되었다고 한다.

이처럼 상하이 청년층 운동계의 주도권을 놓고 서로 물러설 수 없다는 듯이 대치하게 된 가운데, 1924년 가을부터 겨울까지 두 단체 사이에 노선공방의 논쟁이 벌어졌다. 결과는 상하이 청년동맹의 완승으로 끝이 났다. 그런데 이때 상하이 청년동맹이 개진한 운동 논리는 그로부터 얼마 뒤 의열단이 노선을 변환하는 데에 결정적인 영향을 미치게 된다. 그 점에서도 이 논쟁은 매우 중요한 의미를 띤 논쟁이었다.[6]

3. 황푸군관학교에서 정치 · 군사교육 받다

중국국민당 총리 쑨원은 1924년 6월 군사·정치 인재를 양성하여 혁명의 전위로 삼기 위해 광저우에 황푸군관학교와 국립광둥대학을 세웠다. 황푸군관학교는 1925년 7월 국민혁명군 중앙군사정치학교로 개조되어 운영된 군사정치학교로, 열혈청년들이 우러러보는 신교육의 요람이자 북벌에 필요한 국민혁명군의 인적기반을 위한 교육기관이 되었다.

김원봉과 일부 단원들은 새로운 군사정치기술을 배워 일제와 싸우겠다는 굳은 각오로 황푸군관학교에 들어가기로 했다. 1926년 봄, 김원봉은 김성숙과 손두환 등 동지들과 황푸군관학교 교장인 장제스를 방문하여 입교를 허락받았다. 장제스는 의열단의 항일투쟁을 알고 있었기에 이들이 외국인들인데도 기꺼이 입교를 허가했다. 그러자 의열단원들은 절차를 밟아 1926년 3월 8일, 제4기생으로 입교하게 되었다. 이미 1, 2, 3기 졸업생들은 국민혁명전(북벌)에 동원되었고, 4기생부터는 교육기간이 3년에서 6개월로 단축되었다. 그리고 정치부를 신설하는가 하면, 정치부 교관 중심으로 정치교육을 강화했다.

의열단 간부들이 황푸군관학교에 들어가기로 한 것은 대단한 결단이었다. 이제까지의 암살과 파괴 투쟁의 한계를 절감하고 내린 결단이었다. 쑨원과의 만남도 큰 영향을 주었다. 물론 내부에서 반대의견도 적지 않았다.

많은 의열단원이 무장투쟁 학습의 길을 찾아 황푸군관학교에 들어갔고, 일부는 통신연락 등의 업무를 위해 의열단에 잔류했다. 황푸군관학교에서 새로운 기술과 학문을 교육 받은 것은 이후 의열단의 진로에 크게 영향을 주었다.

재중동포 독립운동 연구가 최봉춘은 김원봉 일행의 황푸군관학교 입교 시기를 '1925년 여름 전후'라고 주장하고, 입교 과정은 다음과 같았다고 말한다.

1925년 여름을 전후하여 대부분의 의열단 단원들은 광주에 가서 황포군관학교와 국립광동대학에 입학했다. 그때 의열단원들이 누구나 다 황포군관학교에 쉽사리 입학한 것은 아니었다. 단장 김원봉이 의열단원들의 입학을 위해 황포군관학교 교장 장개석과 먼저 교섭하여 합의를 본 후 의열단원들은 중국 청년들과 마찬가지로 학교에서 규정한 입학시험에 참가해야 했고, 또 학교에서 제정한 여러 가지 조례를 따라 엄격한 심사를 거쳐야 했다.

그래서 의열단원들은 한창 모집 중인 제4기 학생모집 시험(1925. 7~9)에 참가하게 되었는데, 시험에서 합격된 의열단원은 입학생으로 수용되어 약 반년 동안 예비교육을 받은 후 다시 승학시험을 쳐서 정식학생으로 편입되었다. 황포군관학교 제5기와 제6기에도 소수의 의열단원들이 입학했는데 그들은 대개 뒤늦게 황포군관학교로 찾아왔거나 또는 광주에서 의열단에 가입한 지 얼마 안 되는 조선 청년들이었다. 황포군관학교에서 제3기부터 조선 학생을 모집하기 시작한 것으로 알려져 있으나 그때까지 의열단원들은 아직 입학하지 않고 있었다.[7]

앞에서 언급한 대로 황푸군관학교의 설립 목적은 쑨원의 혁명 종지革命宗旨를 관철하고 인재를 양성하여 이들을 혁명군의 골간으로 삼아 제국주의와 봉건 군벌을 타도해, 국민혁명을 완수하려는데 있었다. 개교 당시의 명칭은 '중국국민당 육군군관학교'였으나 광저우 근처 황푸도黃浦島에 있어서 일반적으로 황푸군관학교로 불렀다.

이 학교에는 코민테른에서 파견한 다수의 소련 군사고문단과 공산당원도 참여했다. 곧 명실상부한 '국공합작'의 형식을 갖추고 있었다. 국민당 정부와 중국공산당은 이 학교를 세우는 것에 '합작' 하면서 한동안 밀월관계를 유지했다. 1927년 8월 제1차 국공합작이 깨지면서 황푸군관학교도 폐교되었는데, 그만큼 두 세력의 '합작성'이 짙은 학교였다. 따라서 교수진이나 학생 중에는 중국공산당 당원들이 상당수를 차지하고 있었다.

황포분교 제3기에 5명, 제4기 24명, 제5기에 6명, 제6기에 10명(그중 2명은 졸업 전에 사망) 도합 45명이었다. 그중 의열단원들은 주로 제4기에 집중되어 있었다. 제4기 보병과의 강평국, 유원욱, 박효삼, 박건웅, 최림, 양건, 전의창, 이우각, 권준, 이집중, 황자량, 윤의진, 최영택, 김종, 이종원, 노일용, 이기환 등은 모두가 의열단원 또는 의열단과 밀접한 관계를 맺고 있던 사람들이다.

제4기 정치과의 노건도 의열단원이었다. 제5기 보병과의 신악, 장홍과 포병과의 박시창, 제6기 보병과의 이춘암, 오상선, 노식 등도 역시 의열단원이었다.[8]

황푸군관학교의 교육과목은 다음과 같다.

△정치교육 과목

중국국민당사, 삼민주의, 제국주의 침략 중국사, 중국근세사, 제국주의, 사회진화사, 사회과학개론, 사회문제, 사회주의, 정치학, 경제학, 경제사상사, 각국 헌법 비교, 군대정치공적, 당적 조직문제, 정치경제지리

△군사교육 과목

교수과목: 전술학, 경제학, 병기학, 축성학, 교통학, 지형학, 경리학, 위생학, 마학馬學

훈련과목: 교련진중근무, 전범령典範令, 복무제요, 기술, 마술

연습과목: 측도연습, 전술실시, 야영연습[9]

황푸군관학교에서 소정의 과정을 마친 의열단 간부들은 1926년 10월 5일에 졸업선서와 함께 국민혁명군 초급장교로 임관했다. 한인 졸업생을 대표하여 김원봉은 "재물을 탐하지 않고 삶을 구걸하지 않는다. 통일의지와 친애정신으로 유촉을 준수하며 꿋꿋이 선다. 주의主義를 위해 희생한다. 선열의 생명을 계승하고 황포정신을 발양함으로써 국민혁명의 목적을 달성하고 세계 혁명을 완성시킬 것을 선언한다"라는 내용의 선서를 했다. 이들은 비록 중국 혁명의 교육을 받았지만, 마음속에는 조국 해방의 의지가 넘쳤다.

4. 진보인사들과 의열단 진로 논의

황푸군관학교를 수료한 의열단 간부들은 대부분 (중국)국민혁명군에 배속되어 우한(무한)과 장시성 방면의 전선에 배치되었다. 중국의 국민혁명을 지원하기 위해서였다. 다만, 김원봉, 박효삼, 강평국은 당분간 황푸군관학교에 남아 교관으로 활동하면서 이 지역의 진보적 한인 독립운동가들과 만나 향후 의열단 활동의 진로를 논의했다.

이에 앞서 김원봉, 김성숙, 김산(장지락) 등은 1926년 늦은 봄, 그러니까 황푸군관학교에서 수학하는 동안 유오한국혁명동지회留奧韓國革命同志會를 결성했다. "분파주의에 대항해 싸우고 파벌주의를 깨끗이 청산한 대중운동"을 목표로 하는 동지회였다.

이 무렵 광동 지역에는 '조선혁명청년동맹'이라는 한인단체가 있었다는 기록이 있다. 1926년 늦봄 300여 명의 진보적 인물들이 결성한 이 단체는 다양한 정치적 경향에 의한 파벌투쟁의 일소와 통일적 지휘체계의 확립을 지향했다. 창립을 주도한 김성숙, 김원봉이 중앙위원에, 김산이 조직위원에 선출되었다(김산은 1927년에 중앙위원이 되었다).

기관지로 《혁명동맹革命同盟》을 간행했는데 김성숙(주필), 김산(부주필)의 주도하에 조선혁명에 관한 문제, 민족 문제, 투쟁방식 문제 등에 대한 활발한 토론을 전개했다(김양, 복찬웅, 김우만, 『광주봉기와 조선용사들』, 목단강: 흑룡강 조선민족출판사, 1988, 6~7쪽). 결성 시기 및 취지 등으로 미루어보면 조선혁명청년동맹은 유오한국혁명동지회를 가리키는 것으로 판단된다.[10]

김원봉과 그의 동지들은 유오한국혁명동지회(조선혁명청년동맹)를 조직해 동지들을 결속하는 한편 의열단을 좀 더 폭넓은 조직으로 발전시킬 것을 논의했다.

김원봉 등은 이곳에서 진보적인 한국 독립운동가들을 만나 의열단의 조직 강화를 비롯해 진로문제를 폭넓게 논의했다. 여기에는 다나카 저격에 앞장섰다가 탈출하여 소련 등지를 경유하고 황푸군관학교를 졸업한 오성륜과, 님 웨일스가 쓴 『아리랑』의 주인공 김산(장지락), 그리고 김성숙金星淑 등이 참여했다.

김성숙은 평안북도 철산 출신으로 3·1 혁명에 참여했다가 옥고를 치른 뒤 중국으로 망명해, 중산대학中山大學 정치과를 마치고 신채호 등이 추천해 김원봉을 만나게 되었다. 의열단 출신으로 해방 뒤 남한으로 귀환한 몇 안 되는 인물이다. 1920년대 중후반기 의열단의 사정을 짐작할 수 있는 그의 증언을 들어보자.

△선생님께서 김원봉을 가까이하시게 된 동기와 시기에 대해서 말씀해주십시오.

▲중국에 들어간 지 얼마 안 되어 의열단에 입단했고, 입단하고서 김원봉이와 가까워졌던 것이지.

△의열단에는 사람이 얼마 없지 않았어요?

▲많았지. 해외 사람들은 거의 모두 참가했어요. 그때 젊은 사람들은 대개 피가 끓었으니까. 국내를 살펴보니 독립투쟁이 끊긴 것 같고, 해외의 임정을 보아도 창조파니 개조파니 해서 서로 싸우지를 않나, 또 지방색에 얽혀 다투지를 않나, 이런 판이니, 우리 젊은이들이 나

서야겠다, 별 수 없다, 우리의 목숨을 내놓고 우리의 피를 쏟아서 민족을 다시 경각시킴으로써 새로운 민족운동을 벌여야겠다는 생각이었지.

△의열단의 숫자를 어느 정도로 추측하십니까?

▲들어왔다가 타락한 사람도 있고 죽은 사람도 많으니까. 그래도 수백 명은 되었을 거요. 그때 젊은 사람들은 서로 내가 먼저 죽으러 국내로 들어가겠다는 자세였으니까, 폭탄을 들고 먼저 나가겠다는 것이었지요. 그런데 국내로 한 번 나가려면 여비도 있어야 되고 돈이 많이 들어야 되지 않아요? 그러니 나가겠다는 사람을 모두 내보낼 수가 없어서 나중에는 제비를 뽑기도 했어요. 먼저 죽으러 (가는) 일이었지요.[11]

의열단은 변화하는 정세에 맞춰 변모를 시도했다. 의열 거사를 위해서는 적지 않은 비용이 소요되는데, 국내 자금 루트는 이미 단절되고, 1920년에 소련 정부에서 지원해준 기금은 그동안 여러 차례 거사로 바닥이 난 지 오래였다. 한쪽에서는 이 기금과 관련해 의열단의 좌경화로 기술하는 경향이 있는데, 고려공산당 재무담당 중앙위원이었던 김철수의 증언을 들어보면, 사정이 달랐다. 그는 그 기금이 많은 독립운동단체와 개인에게 지급되었다고 했다.

김원봉의 의열단에 가장 많은 돈이 지출되었다. 김규식에게는 모스크바 주재를 위한 여비와 주재비를 주었다. 남형우·이동휘도 썼고, 신채호의 역사편찬비 명목으로도 나갔다. 북만과 시베리아에 있는 조응

순·이호반·최동욱崔東旭·최계립崔溪立 등 모험과 양성에, 김두봉·이극
로의 중로한회화저작비中露韓會話著作費로 각각 지출되었다. 혹 낭비도
있었지만 각 방면에 돈이 안 나간 곳이 없었으므로 상하이에서 이 돈
을 안 쓴 이는 거의 없었다. 러시아로부터 자금수수를 반대했던 안창
호 역시 많이 썼고 신익희도 안 쓰는 척하며 썼다. 유일하게 안 쓴 사
람은 이시영뿐이었다. 여기에 그치지 않고 이 자금은 중국과 일본 공
산주의운동의 지원에도 나갔다.[12]

5. 폭렬투쟁에서 '민중혁명'으로

일제 경찰은 1924년 말경 의열단의 '정예단원'을 70여 명으로 추산
했다. 중국 관내 독립운동 진영의 이합집산 등으로 의열단에도 변
화가 있었던 것 같다. 의열단원 정화암의 증언대로 거사에 서로 나
가고자 하여 '제비뽑기'를 할 정도였으나, 여비가 없었다. 또한 그동
안 의열단이 의탁하다시피 했던 중국군의 북벌과 공산주의 본류인
홍군과의 합작—대결로 중국 대륙의 정세가 크게 변하고 있었다.

　의열단은 1927년 초에 조직개편을 단행했다. 1919년에 창단한
뒤 본격적으로 개편하는 것은 이때가 처음이었다. 1926년 겨울에
전체회의를 열어서 변화된 정세에 맞춰 조직을 개편하기로 결정한
결과였다.

　광동에 의열단 중앙집행위원회를, 무창·남창에 지방집행위원회를 각

각 설치하고 있음을 미루어보아도 1926년 겨울의 전체회의에서는 중국 국민혁명의 전개과정을 중시하고 이에 대한 능동적인 대응을 강구하고 있었던 것으로 추측된다. 이러한 움직임은 1927년 5월에 발표된 〈독립당촉성운동에 대한 선언〉에 의해서도 뒷받침되고 있는데, 의열단은 이 선언을 통해 '통일적 총지휘기관의 확립'을 촉구하고 이를 위해 '희생적 노력'을 감내할 것임을 다짐했다.

그러나 김원봉의 광동 체류는 오래 지속될 수 없었다. 1927년 4월 12일 장개석의 이른바 '반혁명당운동(상해 쿠데타)'을 계기로 국민당의 중공당 탄압이 본격화되었고 4월 18일에는 남경국민정부가 수립되었다. 제1차 국공합작의 결렬은 재중 한국독립운동에도 그 영향이 파급되어, 이후 재중 한인의 항일투쟁 노선은 국민정부와 행보를 같이하는 임시정부 계열, 중공당에 투신한 좌파그룹, 그리고 민족협동전선운동을 지향한 김원봉 등의 중간노선으로 크게 구분된다.[13]

일제는 끊임없이 의열단의 동향을 추적했다. 조선총독부 상하이 파견원이 본부에 보낸 보고서에는 이렇게 기록되어 있다. "의열단은 (중략) 1926년 조직개편을 단행하여 장정章程을 개정하고 구체적인 강령을 작성하여 (중략) 전력을 대중적 혁명조직에 경주하고 또 다수의 동지를 소련 연방 및 중국군사정치학교에 파견하여 중국 북벌전쟁에 참가함으로써 혁명전쟁의 실지경험을 습득하고 국내외의 노농단체로 하여금 (중략) 유격전쟁을 전개할 수 있는 기초를 확립케 한다. 이는 의열단이 초민중적 조직체를 범민중화하려 한 시기라고 할 수 있다."[14]

유자명.

일제는 의열단의 동향과 목표를 정확히 꿰뚫고 있었다. 의열단은 이제까지의 폭렬투쟁을 접고 "초민중적 조직체를 범민중화"하려는 전략적 변화를 시도했다. 신채호가 「의열단선언」에서 지적한 대로 '민중혁명'의 방법을 모색한 것이다.

의열단의 이론가이며 아나키스트인 유자명은 다음과 같은 기록을 남겼다.

1925년 겨울에 나는 상해로부터 광주로 가서 의열단 개조회의에 참가했다. 당시에 의열단 단원들은 황포군사정치학교와 중산대학中山大學에서 공부하고 있었다.

그때에 의열단 단원 중의 김약산, 이집중, 이경수, 주열, 최승연 등은 황포군교에서 공부했고, 최원과 이영준은 중산대학에서 공부하고 있었다.

오성윤은 소련에서 공부하다가 광주에로 돌아와서 황포군교에서 러시아 어를 가르치고 있었다. 당시에 의열단 단원들은 황포군교와 중산대학에서 학습한 결과 정치적 사상 수명이 제고되었고, 중국에서는 손중산이 '연아용공聯俄容共' 정책을 채납하고 중국공산당과 합작하여 황포군사정치학교를 설립했으며 주은래 동지가 황포군교의 교무장으로 되어서 공산주의 사상이 학생 중에서 선전되고 있었다.

그래서 의열단 단원들은 과거와 같은 단순한 폭렬운동으로는 혁명을 완성할 수 없다고 인식하고, '혁명정당'을 성립하게 된 것이다. 그래서 의열단을 개조하여 '혁명적 정당'으로 되게 한 것이다. 여러 번 회의를 열고 토론한 결과 당명을 '조선민족혁명당'이라 하고 당의 강령과 정책을 결정했다. 그래서 의열단은 '민족혁명당'으로 전면되었다.

당시에 소련 대표단이 황포군교를 방문했는데 그들은 오성윤을 통하여 의열단 단원들이 황포군교에서 공부하는 것을 알고 "의열단 동지들과 만나보기를 원한다" 해서 의열단 단원들은 소련 대표단이 있는 여관에 가서 그들을 만나보고 사진을 찍었다.

당시에 아일랜드에서도 조선의열단과 같은 폭력단체를 조직해가지고 영 제국주의 통치를 반대하는 폭력운동이 생겨서 아일랜드의 폭력운동과 조선의 폭력운동은 국제적으로 유명하게 되었던 것이다.[15]

8장

폭렬투쟁에서 대중운동으로

1. '조선전민족단일혁명당'을 추진하다

의열단 간부들은 황푸군관학교와 중산대학 등을 다니면서 군사훈련과 함께 받은 정치교육으로 중국은 물론 국제 정세를 파악하는 안목을 키웠다. 따라서 그들은 정세 변화에 따라 대처하는 방식을 갖출 수 있게 되었다.

독립운동의 중심기관이라 할 임시정부가 창조파와 개조파로 갈리고, 통합과 새로운 진로를 모색하기 위해 소집된 국민대표회의도 아무런 성과 없이 무산되면서 독립운동 진영에서는 대립과 갈등이 계속되고 있었다.

반면, 국내에서는 1926년에 3·1 혁명 이후 최대규모인 6·10 만세운동이 일어나고, 1927년 1월에는 기독교·천도교·불교·사회주의계가 연합해 일제와 맞서기 위해 신간회를 창립했다. 이런 사건들이 중국에 있는 독립운동가들에게는 일종의 충격이었다.

이와 같은 분위기에서 재중 독립운동가들은 1926년 5월부터 '조선전민족단일혁명당'을 위해 활발하게 움직였다. '민족유일당운동'이라고도 불리는 이 조직운동은 1926년 10월 16일 베이징에서,

1927년 3월 21일 상하이에서, 그해 5월 2일 충칭에서, 5월 8일 광둥에서 각각 당조직을 위한 촉성회가 열렸다. 광둥의 조직운동은 의열단 단원들이 중심이 되었다.

의열단은 5월 초 「독립당촉성운동 선언」을 통해 이 운동을 적극 지원하면서 모든 독립운동단체가 참여할 것을 촉구했다. '독립운동의 통일 및 통일적 당조직 운동'이라는 부제가 달린 이 '선언'에서 "(의열단은) 통치군群을 벌伐하고 그 진영을 파괴하고 조선 민족으로 하여금 완전한 해방을 득케 하려는 데 있다"고 밝히고, "본단은 우리 운동의 총역량의 집중과 총지도의 확립에 대한 적극적 기대를 지持한다"고 천명했다.[1] 의열단의 '선언' 주요 내용은 다음과 같다.

1. 문벌주의와 파派적 결함을 타파하고, 독립운동의 '통일적 총지도기관'이 될 대독립당을 결성해야 한다.
2. 대독립당의 결성은 촉성회 조직을 거칠 것을 주장한다.
3. 전 단원은 개인 자격으로 각지 촉성회에 가입시켜 촉성운동에 진력하도록 할 것이다.
4. 대독립당이 결성되면 단을 해체할 것임을 약속한다.
5. 전 단원에게 독립당 결성에 대비한 훈련을 시킬 것이다.[2]

의열단은 대독립당을 결성하는 데 모든 역량을 집중했다. 독립운동단체가 조직적인 힘을 모아 일제와 싸워야 한다는 노선의 일대 전환이기도 했다. 이런 노력의 결과, 1년여 사이에 중국의 5대 도시에서 유일독립당(대독립당) 촉성회가 결성되었다.

이와 관련해 임시정부 기관지 《독립신문》은 "청년들이여 오직 우리의 민족혁명이라고 말하는 사업을 목적으로 대동단결하여 행동하지 않으면 안 된다. (중략) 우리의 목적은 오직 민족혁명이라고 말하는 대목표에 있을 뿐이다"[3]라고 격려했다.

의열단은 폭렬투쟁의 한계를 절감하면서 어떻게든 해외 독립운동가들의 역량을 결집하여 대대적인 항일투쟁을 전개하고자, '선언'에 이어 7개 항으로 된 '의열단의 슬로건'을 공표한다.

1. 파벌주의자와 파적 결함을 배제하자.
2. 타협적 비혁명자 및 그 운동을 배격하자.
3. 독립당 조직 촉성회에 가입하자.
4. 독립당을 완성하자.
5. 일본 제국주의를 타도하자.
6. 조선독립 만세.
7. 세계혁명 성공 만세.[4]

의열단이 적극적으로 나서면서 대독립당 창설은 순조롭게 추진되는 것 같았다. 그러나 뜻하지 않은 곳에서 문제가 불거졌다. 때마침 중국에서 국공대립이 격화되었다. 그러자 중국의 영향에 민감했던 한국독립운동가(단체)들도 이념과 노선에 따라 분열되고, 시국관의 차이로 기대했던 대로 조직이 구성되지 못했다. 독립운동 진영은 전통적인 민족주의 우파 세력과, 러시아 혁명과 중국 혁명에 영향을 받은 사회주의 좌파 세력으로 크게 나뉘었다. 결국 독립당

운동은 사회주의 계열이 '전투적 협동전선론'을 제기하면서 좌초될 위기를 맞았다.

의열단원 중에서도 황푸군관학교에서 소련 교관들로부터 교육을 받은 일부 단원들은 사회주의적 경향성을 띠기도 했다. 의열단원들은 국공대립 현장에서 공산주의 혁명사상을 접하게 되었고, 일부는 직접 홍군의 북벌에 참여하기도 했다. 황푸군관학교를 방문한 소련 대표단이 의열단원과 면담을 요청해 김원봉과 몇 사람이 그들과 만나기도 했다. 오성륜이 주선해서 마련된 면담이었다. 이일은 뒷날 의열단이 주축이 되어 조직한 조선의용대(군)가 김원봉등 일부는 임시정부로, 다른 일부는 옌안(연안)으로 들어가게 된 배경이 되기도 했다.

> 1924년 한국의 계급관계가 명백한 변화를 보이고 한국의 정치방향이 전반적으로 재조정될 시기에 이르자 의열단은 민족주의자, 무정부주의자, 공산주의자의 세 조직으로 분열되었다. (중략) 분열된 이유는 한국 자체의 대중운동이 상당한 수준까지 솟구쳐 오르고 있었으며, 1924년이 되면 대중운동이 공산주의 이데올로기로 기울어졌기 때문이다. 대중운동의 흥기는 의열단원들에게 커다란 영향을 미쳤다. (중략) 정치활동을 할 수 있는 대중운동이 존재했기 때문에 개인적인 테러리즘은 더 이상 필요없게 되었다. (중략) 또한 이 단체들은 테러리즘과 의열단에 반대하고 있었다. (중략) 왜놈들은 이 단체들을 탄압하지 않았다. (중략) 당시 왜놈들은 선전과 대중운동보다는 폭탄과 총포를 훨씬 더 두려워했던 것이다."[5]

2. 의열단원들, 국내에서 노농운동 지도

대독립당 운동에서 성과를 얻지 못한 의열단은 1928년 10월 4일 상하이에서 제3차 전국대표대회를 열고 20개 항목의 '대회선언'을 채택했다('대회선언'은 앞에서 소개). 그리고 1929년 봄에 김원봉 등 핵심 간부들은 거처를 베이징으로 옮겼다.

창단 9주년을 맞아 10월 10일에는 '9주년 기념사'에서 김원봉은 "그동안 16차의 대파괴 암살 운동을 통하여 혁명적 의열정신을 전개했다"라고 평가하고, "조선혁명의 결정적 역량을 노농대중에서 구해야 한다"라고 향후 진로를 천명했다. 이어서 "조선혁명과 관련된 현재의 정세"를 8가지로 요약하여 제시한다.

1. 일본 제국주의의 조선 민중에 대한 극도의 압박 착취.
2. 그에 대한 조선 각 계급·계층의 반항 내지 불평.
3. 민족적 공동전선의 개시.
4. 공산주의자의 지도 아래 급격히 전개되는 노농대중의 운동.
5. 혁명전선에서의 우익세력의 대두.
6. 제국주의 세계 안정의 급격한 붕괴와 그에 따른 사물광적死物狂的 반동.
7. 세계 무산계급 및 세계 약소민족의 반제국주의 전선, 세계 혁명 전선으로의 동맹 확립과 세계 혁명의 파도 상승.
8. 소비에트 연방이 세계 모든 혁명의 우군으로 존재함과, 그에 대한 제국주의 열국의 연합적 반격.[6]

이 무렵 경남 김해 출신으로 국내와 중국에서 항일운동을 하면서 조선공산당재건운동을 주도한 안광천安光泉이 의열단에 가입했다. 안광천은 공산주의 이론가였는데, 김원봉이 1930년 4월 레닌주의정치학교를 개설한 것도 그가 힘쓴 덕분이었다.

의열단은 활동의 목표를 국내로 돌렸다. 국내에서는 그동안 일제의 무자비한 탄압에도 노동자·농민운동이 활발하게 벌어졌다. 주요 사건을 보면, 1923년 4월 형평사 창립, 7월 경성고무공장 여성 노동자 파업, 9월 암태도 소작쟁의, 1924년 4월 조선노농총동맹 창립, 10월 재령군 동척 소작인 소작료 불납동맹, 1925년 11월 나주 동척 소작료 납부거부동맹, 1929년 1월 원산총파업 등이 있었다. 또한 1926년에는 노동쟁의 81건, 소작쟁의 198건, 1927년에는 노동쟁의 94건, 소작쟁의 275건, 1929년에는 노동쟁의 103건, 소작쟁의 423건 등이 있었다.

일제의 모진 탄압 속에서도 각성한 노동자와 농민들이 궐기하기 시작한 것이다. 의열단은 이러한 국내 상황을 파악하고 단원들을 국내로 보내어 노농운동을 지도하도록 조처했다. 폭렬투쟁 대신 '민중운동'을 택한 것이다. 1929년부터 1932년까지 의열단의 국내 민중투쟁 성과는 다음과 같다.

농민운동
· 농민조합 신설: 홍원, 용천, 박천, 강릉
· 항조운동(抗租運動): 용천 불이농장의 제2차 항조운동*
· 농민조합 개조: 남해

노동운동

· 지부조직: 부산도기공장, 부산피혁공장, 경성철도회사, 경성조선
방직공장, 평양전기공장

학생운동

· 지부조직: 경성제1고등보통학교, 경성의학전문학교, 대구상업학
교, 대구고등보통학교, 평양여자고등보통학교[7]

김원봉은 1930년 4월 베이징에서 레닌주의정치학교를 개설
했다. 레닌은 1917년 11월 혁명을 통해 소비에트정권을 수립하면
서 사회주의 사회 건설을 이끈 인물로, 한국독립운동을 지원하고,
1918년에는 민족자결론을 제시함으로써 식민지 해방투쟁에도 기여
했다.

레닌주의정치학교는 6개월 기간으로 1930년 4월~9월, 1930년
10월~1931년 3월 두 차례에 걸쳐 졸업생 21명을 배출했다. 졸업생
들은 1930년 이후 국내에 잠입하여 지식인 그룹, 도시노동자, 농민,
진보적 학생 등을 대상으로 조선공산당 재건을 위한 비밀결사를 조
직하고 대중운동을 고양하고자 했다. 이들의 대표적인 활동 사례가
1933년 10월에 일제 정보망에 포착되어 130여 명이 붙잡혔고, 이로
부터 2년이 지난 1935년 8월 발표된 '조선공산당재건동맹사건'과 '공
산청년동맹준비위원회·강릉적색농민조합결성준비위원회 등 조직
사건'이다.[8]

---

* 항조운동이란 '소작인이 소작료를 내지 않거나 깎으려고 지주에게 항거한 운동'이다.

레닌주의정치학교를 졸업한 뒤 국내에 파견된 의열단원은 다음과 같다.[9]

제1기 졸업생의 국내 공작활동

이름	활동 내용
김영배	1933. 5. 국내로 잠입하여 활동 중에 1934. 1. 경남도경에 피검
노석성	귀향하여 농민조합 활동 중 1934. 8. 피검
문길환	향리로 파견되어 활동 중 1934. 2. 피검
안병철	향리로 파견되어 활동 중 1933. 12. 피검(심경변화로 자수)
윤익균	향리로 파견되어 활동 중 1934. 3. 평북도경에 피검
이위용	향리로 파견되어 활동 중 1934. 1. 피검
이육사	국내로 파견되어 조선일보 기자로서 활동 착수 직전 1934. 3. 피검

제2기 졸업생의 국내 공작 활동

이름	활동 내용
김천복	1937년 12월 현재 국내에서 계속 활동 중
김찬서	활동 착수 중 1934년 6월 평안북도에서 자수
오용성	활동 착수 중 1934년 6월 정주에서 피검
윤공흠	1934년 6월 서울에서 피검
이갑성	1934년 6월 경기도에서 피검
전형열	1934년 10월 정주에서 피검
홍가륵	1934년 11월 서울에서 피검
강영직	활동 중 1934년 4월 서울에서 피검
김성식	1936년 3월 평안북도에서 피검
김영렬	1936년 6월 평안북도에서 피검
왕작림	1936년 8월 국내에서 폐환사肺患死

김원봉은 이에 앞서 1929년 5월에 베이징에서 《레닌주의》 창간호를 발간하고, 1930년 10월에 제2호를 발간했다. 이 시기에 김원봉은 레닌주의에 동조하는 듯한 모습을 보인 것이 사실이다. 그러나 그가 레닌주의정치학교를 세우고 기관지를 발행한 것은 레닌주의 이념을 따라서라기보다 당시 국내에서 들불처럼 번지는 사회주의 성향 노농운동을 지도하기 위한 방편이었던 것 같다. 레닌주의 정치학교와 기관지 발행을 단기간에 종결시킨 것에서도 그 의미를 짐작할 수 있다.

3. 일제의 만주 침략으로 국민당 정부와 합작하다

일제는 1차 세계대전이 끝난 뒤 국내 경제가 급속히 성장했다. 그러나 방직공업과 군수산업만 집중적으로 성장하고 다른 산업은 발달하지 못한 불균형 구조라는 문제를 안고 있었다. 게다가 세계 대공황으로 일본 경제도 막대한 타격을 입어 노동자·농민의 빈곤화가 더욱 심해지고, 사회주의 운동이 확대되고, 중국 혁명이 진전되면서 국내의 불안도 더 심해졌다.

이에 군부를 중심으로 한 파시스트 세력은 경제성장, 국가개조를 통해 위기를 타개하려는 음모를 꾸민다. 결국 1931년 9월 18일, 일본 군부는 류탸오후(柳條湖, 류조호) 사건을 조작한다. 류탸오후에서 자신들이 철도를 폭파한 뒤 이를 중국군의 소행이라고 발표하는 자작극을 벌인 것이다. 만주를 식민지화하여 주요 자원과 군수

물자의 공급처로 만들고자 했던 일본 군부와 우익 세력은 류탸오후 사건을 빌미로 즉각 관동군을 투입하여 삽시간에 만주 전역을 장악했다.

일제의 만주 침략은 중국인들에게 큰 충격을 주었다. 청일전쟁에서 패한 지 17년 만에 다시 일본군의 침략을 받았기 때문이다. 전국 주요 대학에서는 항일구국회가 만들어지고, 난징의 중앙대학생 4천여 명은 일본과 싸울 것을 주장하면서 항의시위를 벌였다. 그러나 장제스 정부는 일본과 싸우는 것을 주저했다. 아직 국내에서 공산당과 싸움이 끝나지 않았다는 이유 때문이었다.

일제의 만주 침략은 치밀하게 진행되었다. 만주 지역을 관동군이 점령하여 친일 만주괴뢰정권을 수립한 뒤, 만주국으로 위장 독립시켜서, 일본이 영구히 지배한다는 책략이었다. 일제는 한족에게서 쫓겨난 청나라 마지막 황제 푸이(부의)를 황제로 복위시키면 만주 지역 주민들이 한족에 적대하며 일본 측에 기울게 될 것이라 예상했다.

그러나 일제의 예상은 완전히 빗나가고 말았다. 일제의 만주 침략은 만주족과 한족의 대립이 아니라 오히려 내전 상태이던 중국 혁명군과 공산군의 제2차 국공합작의 계기를 만들어주었다. 중국 대륙 중남부의 여러 성을 차지한 공산군은 1931년 11월에 중화소비에트공화국 임시정부를 수립하고, 마오쩌둥을 주석으로 선임했다. 수도는 장시(강서)성의 루이진(서금)에 두었다.

일제는 이에 아랑곳없이 1932년 1월 28일에는 이른바 '상하이 사변'을 도발하고, 급기야 국민당 정부 수도인 난징까지 위협했다.

이처럼 급변하는 정세가 한국 독립운동가들에게는 좋은 기회로 작용했다. "1929년 말부터 약 2년간 북경에서 국내 대중조직을 건설하는 데 전념하던 의열단 본부는 9·18 사변이 벌어진 직후인 1931년 10월에 제5차 임시대표대회를 소집했다. 대회에서는 국내외의 제반 정세를 검토하고, 향후 단이 취할 전략과 전술을 결정했다."[10]

정세변화의 기회를 맞아 의열단은 발 빠르게 움직였다. 1932년 봄, 황푸군관학교의 인맥을 통해 중국국민당 정부와 협력하고자 「중한합작에 관한 건의서」를 중국국민당 정부에 제출했다. 이 건의서의 주요 내용은 다음과 같다.

중국은 일본 제국주의의 유린하에 있는 한국 민족을 자신의 역량의 일부로 간주하지 않으면 안 된다. 즉 일본 제국주의를 타도하기 위해서는 한국 민중의 혁명력을 규합하고, 또 일본 내에서 제국주의자와 대립하고 있는 좌익 혁명세력을 규합하지 않으면 안 된다.[11]

장제스의 국민당 정부는 의열단의 합작 제안을 받아들였다. 국민당 정부가 의열단원들의 경력과 성향을 몰랐으리라고 생각하기는 어렵다. 그러나 항일문제가 시급했던 그들은 이 조선 청년들이 필요했다. 특히 양외필선안내攘外必先安內 정책을 쓰며 대공전에 몰두하던 장제스 정부로서는 일본과 정면 대응하는 대신에, 항일에 가장 열렬하며 또 이미 북벌 혁명기에 그 역량을 발휘한 바 있는 조선 청년들을 특무조직인 남의사(藍衣社. 삼민주의역행사)와 연결해 항일전선의 특무공작에 동원하고 싶어 했다. 의열단이 노골적으로 중국 공산당과 결합하지 않는다면 포섭해줄 수 있다는 것이다.[12]

일제의 만주 침략으로 대륙의 정세가 크게 바뀐 상황에서 국민당 정부와 산하 특무조직인 염의사를 통해 항일전을 전개하기로 한 의열단은 1931년 10월에 국민당 정부의 수도 난징으로 본부를 옮겼다. 그리고 국내에 파견된 단원 중 몇 사람이 일본 경찰에 붙잡히는 등 희생이 잇따르자 새로운 대책을 세운다.

4. 조선혁명정치간부학교 설립

의열단은 중국 대륙의 정세 변화에 기민하게 대처했다. 중국국민당 정부의 임시 수도 난징으로 본부를 옮긴 의열단은 국민당 정부를 상대로 한중연합을 위해 여러 가지 방안을 마련했다. 그동안 의열단의 치열한 항일투쟁이 국민당 정부 인사들에게는 큰 자산으로 인식되었고, 쑨원이 세운 황푸군관학교 등의 인맥은 한중연합의 연결고리 역할을 해주었다.

의열단 지도부는 1932년 봄부터 동북의용군후원회, 동북난민구제회 등 중국의 항일단체와 연합기구를 구성하는 한편, 중국국민당 정부를 상대로 본격적인 한중연합방안을 추진했다. 그 결과 조선혁명정치간부학교(혁명간부학교)를 설립하는 데 합의했다. 일부에서는 '의열단 간부학교'라고도 불렀다.

1932년 1월과 4월에 도쿄와 상하이에서 한인애국단원 이봉창과 윤봉길의 의거가 있기 전에 교섭이 진행되다가, 두 의거로 중국 국민당 정부가 한국 독립운동가들을 크게 배려하는 계기가 되어 학교 설립이 순조롭게 추진되었다.

의열단은 1932년 9월 난징에서 제6차 정기대표대회를 열고 "한중합작으로 군관학교를 설립하여 조선혁명당 조직에 필요한 전위투사를 양성한다"라고 결의한 뒤 혁명간부학교 설립을 단의 방침으로 결정했다.

혁명간부학교는 보안을 위해 난징 교외의 탕산陽山에 있는 산츠먀오(선사묘)라는 사찰에 자리 잡았다. 모든 경비는 중국에서 부담하지만 운영은 의열단이 맡았다. 설립 목표는 '한국의 절대독립'과 '만주국의 탈환'이었다. 의열단으로서는 한국의 독립이 우선이지만 만주에 괴뢰국을 수립한 일제로부터 만주를 탈환하는 것도 그에 못지않은 과제였다.

혁명간부학교를 설립할 때의 간부진은 다음과 같다. 교장: 김원봉, 비서 겸 교관: 이영준, 군사조: 이동화·김종·권준, 정치조: 박건웅·이영준·한일래, 총무조: 이집중·필성초(畢性初, 중국인), 대부실隊附實: 신악·노을룡·이철호, 의관실: 재 모(載 모, 중국인), 외교주임: 김원봉(겸임).

의열단 간부학교의 제1기는 1932년 10월 20일에 개교하여 1933년 4월 20일까지 만 6개월간을 수업기간으로 했으며, 졸업식은 4월 23일에 거행되었다.

제2기의 수업기간은 1933년 9월 16일부터 1934년 4월 20일까지의

7개월간이었고, 졸업식은 역시 4월 23일에 있었다. 원래는 3월 중순에 교육훈련이 종료되게끔 예정되어 있었으나, 교육진도의 지체로 1개월 천연되었던 것이라 한다.

제3기는 1, 2기의 관례대로라면 1934년 9월이나 10월에 개교했어야 마땅할 것이나, 실제로는 6개월쯤 지체된 후인 1935년 4월 1일에나 시작되니 1935년 9월 30일까지 6개월간 수업하고, 10월 4일에 졸업식을 가졌다.[13]

혁명간부학교 입학생은 1기생 26명, 2기생 55명, 3기생 44명 등 연인원 125명이었으나 졸업생은 96명이었다. 낙오자가 몇 명 있었던 것 같다. 이 청년투사들 중 일부는 민족해방투쟁에서 희생되어 순교자가 되고, 살아남은 이들은 이후 민족혁명당, 조선의용대, 임시정부와 광복군 등 항일독립운동의 전위로 활동했다.

혁명간부학교의 제1기 교과과목은 정치학, 경제학, 사회학, 철학, 조직방법, 비밀공작법, 보병체전과, 진중요무령, 사격교범, 측도, 축성학, 폭탄제조법, 부대교련, 기관총조법, 폭탄사용법, 실탄사격 등이었다.

제2기는 앞의 과목과 함께 유물사관, 변증법, 중국혁명사, 삼민주의, 의열단사, 조선정세, 조선운동사, 각국 혁명사, 당조직 문제, 세계경제지리, 한글, 한국역사 등을 배웠다. 제3기 때는 앞의 과목과 함께 대수, 기하, 물리, 화학, 한국지리, 만주지리 등이 포함되었다.

교관은 김원봉, 박건웅, 이영준, 고유신, 이동화, 김종, 이인홍, 노을룡, 이철호 등 의열단 간부진과 중국인 1명이었다. 교관은 기수에 따라 약간 교체되어 제3기생 때에는 윤세주, 김두봉, 신악 등이 포함되었다.

혁명간부학교 교장인 김원봉은 제1기의 개교사에서 "간부학교의 개교는 지난날 의열단이 흘린 피에 대한 보답임과 동시에 현재의 혈전교섭의 결과로 설립된 것으로서, 조선 민족이 일본에 대항하기 위한 군사적 지식을 교수할 목적으로 창설된 것"이라고 밝히고, "중한 민족이 제휴하여 동삼성東三省을 탈환하고 또 조선의 독립을 달성하지 않으면 안 된다"[14]라고 힘주어 당부했다.

혁명간부학교는 사실상 의열단원의 교육기관이었다. 수단이 다를 뿐 목표는 의열단의 지향과 다르지 않았다. 졸업생들은 국내와 만주에 투입되어 일제 타도와 만주 탈환을 위한 공작활동을 펼쳤다.

졸업생들은 1~4명 단위로 각자의 지정된 공작지로 파견되어 갔다. 출발 직전에는 간부들이 "감정에 지배되지 말며, 경거망동해서도 안 된다. 희생을 크게 함은 의열단의 힘을 죽이는 것과 같다"라고 하는 등 냉정하고도 신중하게 처신할 것을 신신당부했다.

또 파견자 개개인에게는 철저한 신변안전을 위해서 통신연락을 위한 개별 신원번호를 부여했다. 국내로 파견될 때에는 보통 '상하이→칭다오(청도)→안둥(오늘날 단둥)→신의주'의 해상 이동로나 '상하이→다롄→펑톈(오늘날 선양)→신의주'의 해·육상 병용 이동로를 이용하고, 만주로 파견될 때에는 '상하이→톈진→산하이관(산해관)→잉커우(영구) 또는 펑톈'의 육상 이동로를 많이 이용했다.[15]

혁명간부학교 졸업생들은 주로 국내외의 험지로 파견되었는
데, 활동하다가 일제 경찰이나 군기관에 잡히거나 실종된 대원들
이 많았다. 소수이지만 투항자도 없지 않았다. "1937년 12월 현재
1, 2, 3기 통틀어 졸업생 특파공작원 88명 가운데 그 반수에 해당하
는 3기생은 43명의 피검·투항·이탈에 의한 손실을 보고 있다. 더욱
이 활동에 착수하기 전이나 착수 직후의 피검·투항도 적지 않은 수
에 달했다. 철저한 보안유지를 기해 입교생을 모집하고 또 공작원
을 관리했건만, 워낙 악조건 속의 활동에다 졸업 후 바로 험지로 파
견된 초심 공작원들의 미숙성이 겹쳐 피검자가 속출할 수밖에 없었
던 것으로 보인다."[16]

그런데도 생존자들은 곧 추진되는 민족혁명당의 기간요원으
로 활동하는 등 의열단의 정맥을 이어나갔다.

5. 조선혁명정치간부학교는 의열단 양성소

조선혁명정치간부학교(혁명간부학교)는 의열단 양성소 역할을 했다.
초기 의열단원들은 제대로 된 훈련도 없이 애국심 하나로 적진에
몸을 던졌다. 그래서 희생자가 많았다. 그러나 혁명간부학교에서는
애국심으로 하나가 되는 것은 물론 체계적이고 철저한 교육과 훈련
을 받았다. 새벽 6시부터 저녁 9시까지 통신, 선전, 폭동, 연락, 암
살, 집합, 폭탄 제조 및 투척, 피신, 변장, 철도 폭파 등 각종 비밀공
작법을 배웠다.

교관들은 일제와 싸우기 위해 실전에 필요한 각종 훈련은 물론 학생들의 혁명의식을 일깨우는 사상교육도 빠뜨리지 않았다. "학생들이 사지死地에 가서 죽음에 이르러서도 사명을 다할 수 있도록 투철한 혁명적 인생관을 키워주고 각자의 임무를 올바르게 숙지시키는 일에 힘을 쏟았던 것이다."[17]

혁명간부학교에서는 또한 학생과 교관들은 〈교가〉, 〈전기가〉, 〈3·1가〉, 〈추도가〉, 〈군가〉 등을 제작하여 함께 부르며 사기를 북돋웠다. 교가는 김원봉이 난징에 사는 한국 한학자에게 의뢰해서 받은 가사에 작곡 경험이 있는 입교생이 곡을 붙여 만들었다. 그중 〈교가〉와 〈전기가〉의 가사는 다음과 같다.

교가校歌

⑴ 꽃피는 고국은 빛 잃고 물이 용솟음치듯 대중은 들끓는다
   억압받고 빼앗긴 우리 삶의 길 들끓는 것만으로 되찾을 수 있으랴
   갈 길 몰라하는 동포들이여 오라 이곳 학교의 교정으로

⑵ 조선에서 자란 소년들이여 가슴에 피 용솟음치는 동포여
   울어도 소용없는 눈물을 거두고 결의를 굳게 하여 모두 일어서라
   한을 지우고 성스러운 싸움으로 필승의 의기가 여기에서 뛴다

⑶ 총검과 피 없이는 안된다 우리들은 통감한다
   (不詳)*
   갈 길 몰라하는 우리 동포들 오라 이곳 배움의 터로

(4) (不詳)

끓는 피 앞에서 피어나는 꽃이여 신세계로 아름다운 봄을 꾸미세

한을 지우고 성스러운 싸움으로 필승의 의기가 여기에서 띈다

전기가戰旗歌

(1) 피끓는 진실한 친구 쇠줄처럼 단결하자

전기戰旗를 높이 걸고 나가세 싸움터로

3·1 대학살과 서북간도 토벌대의

동경 대판 신내천에서 흘린 피 그 얼마인가

동방의 강도 일본을 우리 칼로 찌르고

쌓인 원한을 씻고 새 역사를 여세

(2) 이중교와 총독부 이등 제등 전중을

때리고 부순 친구들의 흐르는 피가 우리들의 피

우리들의 피 흐르는 곳 전기 높이 휘날리고

만인의 자유와 **빵** 얻을 때까지 돌진하세

6. 노래로 민족의식 일깨우다

혁명간부학교에서는 학생들의 민족의식과 사기를 북돋우기 위해

_____

* 불상(不詳), 즉 내용을 잘 알 수 없다는 뜻.

1919년 국내외에서 전개된 3·1 혁명 정신을 이어받고자 〈3·1가〉를
비롯하여 희생자를 추도하는 〈추도가〉 그리고 〈군가〉를 만들었다.
각종 행사가 있을 때면 교관과 학생들이 이 노래들을 함께 불렀다.

3·1가 三一歌

(1) 조선의 들판에서 불이 일어나 조선의 산봉우리에 불이 일어나

　　검붉은 화염 그 가운데 흰옷 입은 대중의 함성이 들려

　　나가자 싸우러 조선의 대중이여 모두 전선으로 나가자 싸우러

(2) 3월 반역은 2천만 대중의 반제국주의 전선으로 총동원하여

　　적의 아성을 총공격하여 위대한 전투의 처음 시련이다

　　나가자 싸우러 조선의 대중이여 모두 피로 뼈에 새기자

추도가

(1) 가슴 쥐고 나무 밑에 쓰러진다 혁명군

　　가슴에서 쏟는 피는 푸른 풀 위에 질퍽히

(2) 산에 나르는 새 시체 보고 울지 마라

　　몸은 비록 죽어도 혁명정신은 살아 있다

(3) 만리 전쟁 외로운 몸 부모형제 죄다 버리고

　　홀로 섰는 나무 밑에 힘도 없이 쓰러졌네

⑷ 내 사랑하는 조선 혁명 피를 많이 먹으려나
　 피를 많이 먹겠거든 나의 피도 먹어다오

군가
⑴ 동지들아 굳게 굳게 단결하여 생사를 같이하자
　 여하한 박해와 압박에도 끝까지 굴함 없이
　 우리들은 피끓는 젊은이 혁명군의 선봉대

⑵ 닥쳐오는 결전은 우리들의 우리의 필승을 보여주자
　 압박 없는 자유사회를 과감히 전취하자[18]

7. 민족시인 이육사

혁명간부학교를 졸업한 학생들은 김원봉과 윤세주 교관에게서 특별공작 임무를 받은 뒤 속속 적의 후방으로 떠났다. 중국국민당 정부는 이들이 만주 지역에서 활동하기를 바랐으나 졸업생들은 대부분 위험한 조국으로 들어가 활동하기를 바랐다. 졸업생들은 혁명간부학교에 들어오기 전보다 애국심이 더욱 강해진 독립투사로 변모했기 때문이다. 김원봉과 윤세주는 혁명전사들에게 일반임무와 특수임무를 부여하고, 각각 암호명과 약간의 공작금을 주어 떠나보냈다.

　김원봉과 윤세주는 떠나는 이들과 한 사람씩 면담하면서 특히

이육사.

네 가지 임무를 주지시켰다. 첫째, 만주와 국내 각지에 의열단 지부를 조직하여 활동기반을 확보할 것, 둘째, 노동자·농민·학생층을 대상으로 사상통일·실력양성에 주력하여 이들을 향후 활동의 주력으로 삼을 것, 셋째, 각급 민족운동단체를 통일단체로 규합하여 주도권을 장악할 것, 넷째, 혁명간부학교 입교생 모집 활동을 전개할 것 등이었다.

이때 졸업생 중에는 민족시인 이육사(李陸史, 1905~1944)도 있었다. 이육사는 일찍부터 의열단에 가입했으며, 조선은행 대구지점 폭파사건으로 대구형무소에서 옥살이도 했다. 이때 받은 수인번호 264에서 따서 이름을 '육사'로 지었다. 그의 본명은 이원록(李源祿)이고, 어릴 때 이름은 원삼(源三)이었다. 1927년 가을부터 1929년 5월까지 옥고를 치른 뒤 신문기자 생활을 시작할 때는 이활이라는 이름을 사용했다.[19]

이육사는 1933년 7월 14일 활동자금 80원을 받고 길을 떠나,

상하이를 거쳐 안둥으로 가서 압록강을 건너 신의주로, 다시 서울로 무사히 잠입하는 데 성공했다. 그가 맡은 임무 중의 하나는 혁명 간부학교 학생을 모집하여 난징으로 보내는 일이었다. 그러나 불행하게도 이육사는 1934년 3월에 일제 경찰에 붙잡히고 말았다.

이육사의 생애와 활동은 많이 알려져 있기에 여기서는 유고인 〈광야〉를 소개하는 것으로 갈음한다.

광야

까마득한 날에
하늘이 처음 열리고
어데 닭우는 소리 들렸으랴

모든 산맥들이
바다를 연모해 휘달릴 때도
참아 이곳을 범하던 못했으리라

끊임없는 광음을
부즈러한 계절이 피여선 지고
큰 강물이 비로소 길을 열었다

지금 눈 나리고
매화향기 홀로 아득하니
내 여기 가난한 노래의 씨를 뿌려라

다시 천고의 뒤에

백마 타고 오는 초인이 있어

이 광야에서 목놓아 부르게 하리라

　국내와 만주에 잠입한 많은 졸업생들은 특무활동과 비밀결사를 조직하는 등 일제와 맹렬히 싸웠다. 이들은 청년들을 포섭하여 의열단에 가입시키거나 혁명간부학교에 입학시켰다. 소수지만 개중에는 변절하여 동지를 밀고한 이들도 생겨났다. 변절자가 일제 경찰에 자수하면서 의열단원 검거 선풍이 벌어지기도 했다. 이때의 상황을 국내의 한 신문은 다음과 같이 보도했다.

> 기보旣報와 같이 남경군관학교의 조선 사람 졸업생들 중 20여 명이 조선 안으로 들어와서 각지에 흩어져 반만 항일의 행동을 하고 있는 것이 월전 평북 경찰부에 검거된 3명의 군관학교 졸업생으로 말미암아 드러나게 되어 이때 전 조선적으로 그들을 검거코자 맹렬한 활동을 계속하여 평북에 3명, 경기에 2명, 경남에 3명, 경북에 1명 총계 9명을 검거하고 엄중한 취조를 진행하는 가운데 있다 한다.[20]

　의열단의 국내 대중운동이 국내의 일반인들에게 알려진 것은 1935년 8월이었다. 그동안 소문으로 전해지는 단편적인 일들이 알려지기는 했지만, 신문보도를 통해 공식적으로 전해진 적은 드물었다.

북경을 근거로 둔 김원봉의 레닌주의정치학교 졸업생 권인갑·이진일·정동원·이강명·어윤경·오필득·심인택 등 9명이 소화 5년 8월부터 동 6년경까지 조선에 잠입하여 조선 안에서 공산당 재건공작과 동지획득 적색결사를 조직했다.

그중에 이윤경은 평양을 맡아 평양에 잠입하고, 권인갑·이진일·이강명 등 7인은 경성에 잠입했는데, 그 후 권인갑·이진일은 다시 강릉으로 내려가 비밀 활동으로 강원도 일대에 가장 깊은 뿌리를 박고 활동을 전개하야 강릉은 이미 결사조직의 과정을 넘어 실천운동에 착수했다가 종방鐘紡 파업을 단서로 한 검거 선풍에 휩쓸리게 되었다.

그리고 심인택·이윤경 등은 평양에 숨어 바야흐로 지하공작을 넓게 펴려다가 그대로 체포되고 말았다.[21]

8. 혁명음악가 정율성

혁명간부학교 졸업생 중에는 이육사 외에도 특수한 인물이 한 사람 더 있었다. 본명이 정부은鄭富恩인 정율성鄭律成이다. 전남 광주 출신으로 중학생 시절부터 음악적 재능을 발휘한 정율성은 15살 때인 1933년 봄, 뒷날 의열단 간부 박건웅과 결혼한 누나와 함께 목포에서 배를 타고 부산과 일본을 거쳐 중국 상하이로 건너갔다. 상하이에는 3·1 혁명 후 중국으로 망명하여 독립운동을 하는 두 형이 있었다.

정율성은 그해 9월 난징의 조선혁명정치간부학교에 유대진劉

大振이라는 이름으로 제2기생으로 입학했다. 최연소 학생이었다. 그리고 이듬해 4월에 졸업한 뒤 조선민족혁명당의 당무를 보는 한편, 매주 난징과 상하이를 오가며 음악공부를 계속했다. 상하이에서 서양인 크리노와Krenowa 교수의 문하에서 성악과 음악이론을 배우면서 "이탈리아에 가서 계속 공부하면 카루소와 같은 훌륭한 가수가 될 것"이라는 극찬을 받았다. 크리노와 교수가 이탈리아 유학을 주선했으나, 경제적으로도 곤란했지만 무엇보다 조국 해방과 혁명에 대한 열정이 커서 유학의 길을 포기하고 투쟁의 길을 택한다. 뒷날 그의 부인 정설송丁雪松은 당시를 이렇게 회상했다. "그는 음악에 몸을 바치며 아름다운 선율로 인민의 목소리를 반영할 것을 결심하여 부은이라고 부르던 이름을 율성律成이라고 고쳤다."[22]

조선혁명정치간부학교를 졸업한 정율성은 1936년 봄 난징에서 문예사에 참여하고, 상하이에서 결성된 조선민족해방동맹에 가담하는 등 항일운동에 투신한다. 그때 독립운동가 김성숙의 아내로 상하이에 부녀구국회를 지도하는 두군혜杜君慧의 소개로 중국공산당의 근황과 옌안의 상황을 듣게 되었다. 중국국민당 정부의 부패와 소극적인 항일을 알게 되고, 옌안의 소식을 들은 정율성은 중국공산당의 근거지인 옌안행을 감행했다.

1937년 10월에 옌안에 도착한 그는 산베이공학陝北公學에 들어가 공부했으며, 1938년 3월부터 8월까지는 루쉰예술학원 음악부에서 공부했다. 이 시기(1938년 봄)에 그는 그의 음악세계에서 명작으로 손꼽히는 〈옌안송〉을 작곡함으로써 음악계에서 단연 두각을 나타내기 시작했다. 중국공산당의 최고위층 지도자들인 마오쩌둥, 저우언라이(주은래), 주더(주덕), 왕전(왕진) 등을 만난 것도 이때였다.

1938년 8월, 루쉰예술학원을 졸업한 정율성은 그 후 항일군정대학 정치부 선전과에 음악지도원으로 배치받았다. 이때 〈10월혁명행진곡〉, 〈항전돌격운동가〉 등의 노래를 창작했다. 1939년 1월, 그는 항일군정대학에서 중국공산당에 정식으로 가입했고, 계속하여 〈옌안요延安謠〉, 〈기어아랑奇語阿郎〉, 〈생산요生産療〉 등의 노래들을 작곡했다.

또한 그해 연말에 대형 작품인 〈팔로군대합창〉의 창작을 끝냈다. 이 작품은 〈팔로군군가〉, 〈팔로군행진가〉, 〈유쾌한 팔로군〉, 〈돌격가〉 등의 6개 곡으로 구성된 대혁명군가이다. 그중 특히 〈팔로군행진곡〉은 팔로군의 전투적 정신과 기상을 행진곡 품격으로 표현한 곡으로, 그 후 중국해방인민군의 군가로 채택되었다. 1949년 10월 1일 중화인민공화국이 건립된 뒤에도 계속 군가로 사용되다가 1988년 7월 25일 중화인민공화국 중앙군사위원회로부터 정식 〈중국인민해방군가〉로 비준을 받았다.[23]

정율성은 중국공산당에 입당하고 타이항산(태항산) 팔로군 근거지에서 건립된 화베이(화북)조선혁명청년학교 교무주임을 지내는 등 치열하게 항일투쟁을 벌이다가 해방 뒤 북쪽으로 귀환하여 〈조선인민유격대전가〉, 〈조선인민군 행진가〉 등을 창작했다. 그는 중국과 북한 두 국가의 군가를 작곡한 최초의 음악가로 기록되었다. 1951년 김일성의 옌안파 숙청과 관련하여 불안을 느껴 저우언라이의 도움을 받아 중국으로 돌아와서 1976년 12월 사망할 때까지 작곡 활동을 계속했다.

정율성이 작곡하고 그의 친구 모예(막야)가 작사한 〈옌안송〉을 전국 각지와 해외에서 젊은이들이 듣고 혁명의 '성지' 옌안으로 몰려들었다고 한다. 그래서 옌안(연안)이 혁명의 성지라면 〈옌안송(연안송)〉은 혁명의 성가聖歌로 인식되었다.

연안송

>석양은 산 위 탑 그림자에 눈부시고
>달빛은 강가 반딧불을 비추는구나
>봄바람은 탁 트인 울타리를 쳤구나
>아, 연안! 너 장엄하고 웅대한 고도여!
>뜨거운 피 네 가슴에 용솟음쳐라
>천만 청년의 심장이여
>적을 향한 증오를 묻어두고서
>산과 들에 길게 길게 늘어서리라.

정율성의 혁명정신은 소년 시절 혁명간부학교에서 싹트고, 김원봉 등 지도교관들의 애국심과 항일투쟁에서 크게 성장하여, 혁명음악가로서 정상에 서게 되었다.

9장

민족혁명당 모태 역할

1. 민족혁명당, 좌우 진영을 통합하다

우리 독립운동가들은 1920년대 후반기부터 중국 관내와 만주 지역에서 꾸준히 민족유일당운동을 벌였다. 그 결과 1929년 12월에 남만주에서 조선혁명당이 만들어지고, 1930년 1월에 상하이에서 한국독립당, 7월에 북만주에서 조선독립당이 각각 만들어졌다.

이러한 지역별 당 조직을 하나로 묶기 위하여 김규식, 안창호, 이동녕, 최동오 등이 중심이 되어 상하이에서 독립전선통일동맹을 결성하고, 일제의 중국 침략이 급속도로 진전되자 1932년 10월에 상하이에서 한국대일전선통일동맹(ʼ통일동맹ʼ)이 결성되었다. 그리고 1934년 3월 통일동맹 제2차 대표대회에서 ʼ단일대당單一大黨ʼ 결성안이 의결되면서 통합운동이 다시 급물살을 타게 되었다.

1934년 3월 1일에 열린 통일동맹 제2차 대표대회에서 통일동맹을 해체하고 신당을 결성하기로 결정했다. 이어 4월 12일에 통일동맹 중앙상무위원 김규식, 한국독립당 대표 김두봉·이광제, 조선의열단 대표 김원봉·윤세주·이춘암, 조선혁명당 대표 최동오·김학규, 만주 한국독립당과 ʼ조선혁명당이 통합한 신한독립당 대표 윤기섭·이청천·신익희 등 11명이 통일동맹 제3차 대표대회를 열고 민족혁명당 창당을 의결했다.

한국독립운동사에 큰 방점을 찍은 최대규모의 좌우연합 정당인 민족혁명당은 이 같은 과정을 거쳐 1935년 6월 20일부터 7월 3일까지 중국 난징시 진링대학(오늘날 난징대학) 대례당에서 창당대회를 열었다. 이는 독립운동 진영의 숙원이 이루어지는 순간이었다. 그러나 이렇게 통합되기까지 크고 작은 진통이 적지 않았다.

> 좌우익 통일전선 정당인 신당의 당명은 조선의열단 등 좌익 측에서는 조선민족혁명당을 주장했고, 한국독립당 등 우익 측에서는 한국민족혁명당을 주장해서 일치하지 않았다. 절충을 거듭한 결과 중국 측에 대해서는 한국민족혁명당으로, 국내 민중에 대해서는 조선민족혁명당으로, 해외 여러 나라에 대해서는 Korean Revolution Association으로, 그리고 당내에서는 그냥 민족혁명당으로 부르기로 했다. (중략)
>
> 민족혁명당 창당 당시 실질적인 당 중앙인 중앙집행위원은 김규식을 비롯하여 김원봉·김두봉·윤기섭·이청천·최동오·윤세주·진의로·김학규·김활석·이관일·조소앙·이광제·최석순·신익희 등이었다. 그리고 중앙집행위원회 아래에는 실무부서로서 서기부, 조직부, 선전부, 조사부, 훈련부, 군사부, 국민부 등이 있었는데, 김규식은 민중훈련과와 당원훈련과로 된 훈련부장을 맡았다.[1]

민족혁명당은 김규식을 주석으로 선임했다. 다양한 계파가 참여한 민족혁명당의 주역들이 이념과 노선을 뛰어넘어 포용력이 있고 의회주의자인 그를 대표로 선임한 것이다. 실권자는 당세가 강한 김원봉이었으나 당대표는 김규식이 맡았다. 그의 인품과 포용력, 그동안 해내외 독립운동의 지도력 등이 좌우익을 망라한 독립운동가들의 신임을 받았기 때문이다.

민족혁명당의 주권자는 역시 김원봉이라고 볼 수 있겠으나 동당의 주석은 김규식 박사로 선정되었다. 김 박사가 귀국한 후 1946년 2월 18일에야 주석의 직을 사임하고 동당에서 탈퇴한다는 성명서를 발표한 것으로 보아 그때까지 때로는 적극적으로, 때로는 소극적으로 민족혁명당의 중진 역할을 하여온 것으로 볼 수 있을 것이다.[2]

5개 단체는 해소선언을 발표했고, 통일동맹은 자동해체되었다. 해소된 단체의 소속원들은 개인별 등기를 거쳐 입당했으며, 각 단체는 중국국민당 및 중국 정부로부터 받는 보조금과 비품, 추진 중인 사업 등을 모두 신당에 인계했다.

신당에 참여한 5개 단체의 이념적 기조나 정치노선이 확연히 구별될 수 있는 것은 아니었으나, 대체로 한국독립당, 신한독립당, 조선혁명당, 대한독립당은 반공노선의 우익적 입장이었다. 반면에 의열단은 단원 중 일부가 사회주의 이념을 지향하는 성향이 강했는데, 그러면서도 교조적 국제주의와 계급투쟁 노선이 아니라 민족운동 본위의 노선을 지지했으므로 중도적 좌익 단체로 볼 수 있었다.

따라서 민족혁명당은 독립운동전선 내 중도좌파와 우파세력의 통합체요, 좌우합작의 실현에 의한 통일전선체였다. 그것은

1920년대 중반 이래 지속되어온 민족통일전선운동의 큰 결실이요, 의미 있는 성과였다.

다만, 통합의 범위가 만주 지역 일부와 국내의 운동세력에는 미치지 못한 채 중국 관내 지역과 미주로 국한되었고, 대중적 기반이 취약하다는 한계가 있었다. 그러나 일제가 중국 침략을 본격화하고, 몽골 및 남양南洋 방면으로까지 침투함으로써, 머지않아 중일전쟁, 소일전쟁, 미일전쟁이 발발할 것이 능히 예견되는 상황이었기 때문에, 민족혁명당이 독립운동의 실질적인 총지휘부이자 정치적 중심조직의 역할을 해나갈 것으로 기대되었다.

뒷날 임시정부 국무위원 가운데 양기탁, 최동오, 유동열, 조소앙, 김규식 등 5명이 참여한 사실을 볼 때 이러한 기대가 얼마나 컸는지 알 수 있다.[3]

김구를 중심으로 하는 임시정부 요인들은 민족혁명당에 참여하는 것을 끝내 거부했다. 그 이유는 두 가지였다. 민족혁명당 창당의 핵심세력이 김원봉을 중심으로 하는 의열단 계열이라는 것과, 신당 창당 세력의 일부에서 임시정부 해체를 주장한다는 것이었다. 김구와 임시정부 고수파 인사들은 김원봉과 의열단을 사회주의 계열로 인식하면서 통합신당에 참여하는 것을 반대했다.

2. 민족 · 민주 혁명 이념 제시

5개 단체 독립운동가 2,200여 명이 참여하여 만든 민족혁명당은 민족 혁명과 민주주의 혁명을 동시에 수행하여 '조선 혁명을 완성'한 다는 정책을 내걸었다. 민족 혁명은 일제를 타도하고 민족자주정권을 수립하고, 민주주의 혁명은 봉건유제를 청산하고 인민자유정권을 수립한다는 목표를 내세웠다.

창당대회에서 채택한 당의 강령과 주요 정책은 다음과 같다.

강령

1. 민족의 자유, 정치의 자유, 경제의 자유, 사상의 자유 등 4대 자유에 근거하여, 새 조선의 민주공화국을 설립한다.

2. 조선 경내에서 일본 제국주의 잔여세력과 친일반동분자를 철저히 숙청한다.

3. 인민의 언론, 출판, 집회, 결사, 신앙의 자유를 보장한다.

4. 조선 경내에 있는 일본 제국주의자, 매국역적, 반역자의 모든 공사재산公私財産과 대기업을 몰수하여 국영으로 전환하고, 토지를 농민에게 분배한다.

5. 공업과 농업의 여러 가지 생산과 소비의 합작운동을 제창提唱하고, 인민의 기업경영권을 보호한다.

6. 징병제를 실시하여 국방군을 건립하여, 국가의 독립과 인민의 안녕을 보장한다.

7. 노동시간을 단축하고, 여러 가지 사회보험제도를 실시한다.

8. 부녀들의 정치, 경제, 사회에서의 권리와 지위는 남자들과 일률적으로 평등하다.

9. 아동보육제도를 실시하여 어린이 노동자 제도를 금지한다.

10. 국가경비로 인민의 의무교육, 직업교육 및 사회보험제도를 실시한다.

11. 조선민족문화를 보급하고 발양시키고, 과학과 기술을 적극적으로 발전시킨다.

12. 중, 미, 소, 영, 프 및 그 외의 민주우방, 그리고 극동의 여러 민족과 연합하여, 일본침략세력의 재기를 엄밀히 방비하고, 극동의 견고하고 지속적인 평화를 위하여 노력한다.

당면 정책

1. 국내외 여러 민주당파와 민주지도자와 단합하여 전국 통일의 임시연합정부를 세운다.

2. 전국 통일의 임시연합정부가 설립된 후, 최단기간 내 보편선거제를 실시하고, 국민대표대회를 소집하여 정식 헌법을 제정하고 정식정부를 창립한다.

3. 농민, 노동자, 소자산계급을 기초로 하여 본 당의 조직을 발전시키고, 다른 민주 당파와 광범하게 정치연맹을 결성하여, 전체 민족의 단결을 견고하게 한다.

4. 전국 각지의 노동자, 농민, 청소년 및 부녀운동을 적극적으로 펼친다.

5. 각 지방의 인민의 자치조직을 신속히 구축한다.

6. 징병제의 실시로 국방군을 창설하여, 국가의 독립과 인민의 안녕을 보장한다.

7. 가혹하고 잡다한 세금을 폐지하고, 누진세제累進稅制를 실시한다.

8. 재난과 빈곤에 빠진 동포들을 적극적으로 구제한다.

9. 자주의 원칙 아래, 동맹국의 물자원조와 기술합작을 얻어서, 전국 경제의 신속한 발전과 번영을 도모한다.

10. 공개재판으로 전쟁범죄자, 매국역적 및 그 외의 모든 민족반역자를 징벌한다.

11. 해외에 있는 교포들을 보호하고, 핍박에 의하여 일본, 중국 및 기타 각지에서 노역하거나 이사한 교포들을 자원에 의거하여 최단기간 내에 귀국시킨다.

12. 적들에 의하여 구금당한 애국정치범을 우대한다.

13. 혁명선열들의 역사적 공적을 표창하고, 그들의 가족을 우대한다.

14. 조선 경내에 있는 적의 관리와 적의 교포가 최단기간 내에 일본에 돌아가게 한다.

15. 조선을 해방시켜준 동맹군을 최선을 다하여 협조한다.

16. 연합국의 세계헌장을 옹호하고 최단기간 내에 연합국에 가입하기 위하여 노력한다. [4]

민족혁명당 창당의 산파적인 역할을 한 김원봉은 창당대회에서 "한국 혁명의 완성은 민족운동을 기본으로 해야 하며 해외보다 국내 운동에 주력하지 않으면 안 된다"라는 요지의 연설을 하여 갈채를 받았다. 이 연설에서 김원봉은 노동자·농민·학생 등 국내 민중을 기반으로 하는 민족주체·민중중심운동론을 제시했다. 이것은 김원봉의 일관된 주장이며 의열단의 노선이기도 했다.

다음은 〈민족혁명당 당가〉이다.

민족혁명당 당가

(1) 일심일의 一心一義 굳은 단결 민족혁명당

　　우리 당은 우리 민족의 전위

　　희생 분투 유혈은 우리들의 각오

　　나가자 혁명전선으로

(2) 우리 동지 높이 드는 깃발 아래

　　전진하는 역사에 발맞추리라

　　강도 일본을 타도하여 땅을 되찾고

　　세우자 자유의 신국가를[5]

3. 각 계파 안배된 민족혁명당 간부진

민족혁명당 창당선언문의 주요 내용은 다음과 같다.

민족혁명당 창당선언문(발췌)

대전 후 잠정적인 안정의 상태에 있던 열강들은 일본의 만주 점령, 독
일의 군체제 강화 및 이태리의 아프리카에 대한 군사행동으로 인하여
불화가 표면으로 나타났다. 국제연맹, 군축회의, 기타 세력균형을 유
지하기 위하여 설치되었던 갖가지 기관들이 남김없이 파괴되었고, 제
2차 세계대전의 발발은 시간문제로 대두되었다.

　　대전이 다가오고 있다. 우리 민족의 존망의 문제는 여기서 결정될

것이니 이때 우리들은 반드시 민족의 혁명역량을 공고히 하고 중화민족과 긴밀히 협조하며 더 나아가 우리에게 동정적인 모든 민족과 연합하여 반일전선의 총 동맹을 이룬 후에 우리의 최후 승리를 위해 분투하고 희생해야만 할 것이다.[6]

민족혁명당은 앞에서 지적한 대로 임시정부 사수파를 제외한 많은 독립운동가들이 참여한 연합정당이다. 그만큼 인적자원도 다양하고 유력 인사들도 많았다. 창당대회에서 선출한 중앙집행위원 15명의 명단은 다음과 같다(괄호 안은 소속 정파).

김원봉, 윤세주, 진이로(의열단 계열)

김두봉, 조소앙, 최석순(한독당 계열)

이청천, 신익희, 윤기섭(신한독당 계열)

최동오, 김학규, 김활석(조선혁명당 계열)

김규식(대한독립당 계열)

이광제, 이관일(기타)

후보위원 — 성주식

이 밖에 중앙검사위원 양기탁, 홍진 외 3명

후보위원 김창환

민족혁명당의 기간조직은 '중앙당→지역지부→구부區部'의 단계로 구성하고, 중국 관내 지역에 화중(화중)·화둥(화동)·화시(화서)·화난(화남)·화베이(화북)의 5대 지부, 서울에 국내 전역을 관할하는 특별

제1지부, 신징(선경, 오늘날 창춘시)에 만주 전역을 관할하는 특별 제2지부 등을 설치했다. 또 광둥, 상하이, 톈진, 베이징, 미주 지역에도 지부를 두기로 했다.

집행기구는 서기부, 조직부, 선전부를 두고, 부속 조직으로 군사부, 국민부, 훈련부 및 조사부를 설치하여 각 부에 부장 1명과 부원 3명을 선임케 했다. 중앙집행위원회는 당분간 위원장을 두지 않고 중앙위원 합의제로 운영하기로 했다. 이때 집행위원장을 공석으로 둔 것은 임시정부의 김구를 영입하여 명실상부한 '단일대당'을 결성하기 위해서였다는 주장도 있다.

중앙집행위원회의 결의를 거쳐 선임된 부장과 부원의 명단은 다음과 같다.

서기부: 부장 김원봉, 부원 윤세주·김상덕 외 1명

조직부: 부장 김두봉, 부원 김학규·안일청·최석순

선전부: 부장 최동오, 부원 신익희·성주식

군사부: 부장 이청천, 부원 김창환 외 1명

국민부: 부장 김규식, 부원 조소앙 외 1명

훈련부: 부장 윤기섭, 부원 3명

조사부: 부장 이장제, 부원 진의로[7]

민족혁명당의 총서기에 선출된 김원봉은 얼마 뒤 「중국 민족 항일전쟁 중 조선 국내 혁명동지들에게 고하는 글」을 발표했다. 이 글은 그 무렵 의열단의 의지와 이념을 밝히는 귀중한 자료이다.

친애하는 전국 혁명동지 여러분!

중화민족의 항일전쟁은 이미 9개월째로 접어들었습니다. 아시아 핍박 민족의 해방투쟁이 긴박한 시기에, 우리는 시시각각 이번 전쟁이 어떻게 발발했으며, 우리는 전쟁 소용돌이 속에서 과연 무엇을 해야 하는지 살펴봐야 합니다. 따라서 지금 우리는 이 문제에 관하여 여러분께 개괄적으로 보고하려고 합니다.

조선과 중국이 과거 수천 년간 상호의존하고 상부상조해온 역사적 사실을 잘 알고 계실 것입니다. 조선의 망국 이후에 중·한 양 민족은 그 어떤 방면에서도 떨어질 수 없는 밀접한 관계를 가지고 있습니다. 일반적으로 중·한 양국은 수천 리의 접경지대를 같이하고 있지만 현재는 일본의 육·해·공군이 조선의 평양·경성·인천 등 지방에서 직접 중국에 대항하고 있습니다. 조선의 대외무역은 일본 외에 대중국 무역이 일위입니다. 조선에 있는 화교들은 조선 민중과 같이 일본 제국주의로부터 억압과 착취를 받고 있습니다. 중국 동북지역의 약 200여만 명 조선 인민도 중국 인민과 똑같이 일본 제국주의의 핍박과 착취를 당하고 있습니다. 이러한 동병상련의 관계에 놓여 있는 두 민족 관계는 정치적으로 밀접하게 연합했습니다.

일본 제국주의는 조선 민족의 적인 동시에 중국 민족의 적이기도 하며, 중국의 혁명운동은 조선해방투쟁에 직접적으로 영향을 미치는 밀접한 관계를 부인할 수 없습니다. 이러한 이유로 현재 중국 항일전쟁의 승리는 틀림없이 조선민족 혁명운동의 해방을 가져다줄 것입니다. 중·한 양국 민족의 유대관계는 앞으로 사회발전에 따라서 더욱 굳어질 것입니다.

현재 중국의 항일전쟁은 이미 제2기로서 승리의 마지막 단계에 접어들었습니다. 우리는 군사적으로 진일보해왔고, 정치적으로도 위대한 진보가 있었음을 알아야 합니다. 최근 중국국민당은 임시대표대회를 개최하여 항일전쟁의 정치적 역량을 증강하기 위한 민의기관을 조직하고, 전국의 인재를 선발하며, 외교·군사·정치·경제·민중운동 및 교육 등 각 방면에서 적군에 대응하기 위한 건국강령을 선포했습니다.

중국의 항일전쟁은 잃어버렸던 땅을 되찾아 회복하기 위한 것이고, 일본 제국주의를 대륙에서 하나도 빠짐없이 몰아내기 위한 것이며, 동시에 조선독립의 실현을 반드시 보장해줌으로써 반세기 동안 해결하지 못했던 오래된 화근을 청산하는 것이 중국 민족지도자 장개석 선생의 의지이고 전 중화민족의 일치된 결심입니다.

현재 중국 관내의 운동정세를 간단하게 말하자면, 1925년부터 우리의 수많은 청년동지들은 중국 혁명의 책원인 황포군사학교에서 훈련받은 후, 다수가 군사 간부로 양성된 뒤 중국의 북벌혁명에 직접 참전했습니다. '9·18 사변' 이후 장개석 선생의 직접적인 지원 아래 다수의 조선인 군사 간부 인재가 양성되었습니다. 또한 수많은 전병들이 조선 혁명운동을 위해 파견되었습니다.

1932년 조선혁명당, 한국독립당, 신한독립당, 조선의열단, 대한독립당 등 5개 단체가 '대일전선통일동맹'으로 연합, 결성되었고, 1935년에 이 5개 단체는 공동결의를 통해 원래의 단체를 해산하여 조선민족혁명당을 결성했습니다. 1937년 조선민족해방운동자동맹, 조선혁명자연맹, 조선민족혁명당 등 3개 단체가 연합하여 '조선민족전선연맹'을 창립했습니다.

조선 국내운동에 대해 몇 가지 의견을 말하겠습니다. 최근의 중국의 항일전쟁 중 일본 제국주의의 세력이 약해지고 있는 추세입니다. 동시에 우리의 혁명운동은 촉진되고 있습니다. 전 세계의 반침략운동 역시 적극적으로 중국의 항일전쟁에 지원을 보내고 있고, 소련의 평화투쟁 역시 전 세계 침략주의자들의 광란적인 행위에 대해 적극적으로 방지하고 있습니다. 하지만 우리는, 적군이 혁명을 진압할 때 사용한 기술과 준비 과정이 매우 발전하고 치밀했던 점을 간과해서는 안 됩니다. 객관적인 정세가 우리 편에 유리하다고 해도 스스로 노력해서 자유를 쟁취해낼 여력이 없다면 혁명성공에 대해 요행을 미리 바래서는 안 됩니다. 그러면 우리는 어떻게 노력해야 할까요?

첫째, 우리 모두가 일치단결해야 합니다. 사상이 다르고 계급이 다르다고 해도 반일독립을 위한 기치 아래서는 우리 모두 일치단결해야 하며, 전 민족의 통일전선을 건립하고 일본 강도를 타도하기 위해 연합해야 합니다. 우리가 일본의 통치를 벗어나지 못하면 그 어떤 주의와 사상도 탁상공론에 불과합니다. 전 민족의 투쟁대상은 일본 제국주의임을 다시 한번 강조합니다.

둘째, 대중을 중심으로 신간부의 조직의 기초를 강화해야 합니다. 앞서 말했지만 현재 객관적 정세가 우리에게 매우 유리한 건 사실입니다. 하지만 우리의 혁명투쟁이 무엇을 위해서 진행되어야 하는지가 불분명합니다. 이는 명석하고 수완 있는 간부나 지도자가 모두 적에 의해 체포되어 수감되어 있어 새로운 간부의 조직기초를 세우기 어렵다는 데 이유가 있습니다. 만약 대중을 이끌고 갈 현명한 지도자가 없으면, 정확한 목표를 위해 투쟁을 전개할 수 없기 때문입니다.

셋째, 타협주의 및 개량주의자들 간의 투쟁은 일시적으로 방임할 수 없습니다. 한때 어느 시대, 어느 국가든 혁명운동이 일어나는 곳이라면 모두 이러한 타협과 개량 등의 경향을 띨 수 있습니다. 하지만 이러한 경향은 종종 적군에게 이용되어 혁명 진영 내부의 분열을 촉진시키기 쉽습니다. 최린·최남철·차재정의 투항은 대표적인 사례입니다. 이들은 우리 민족의 치욕일 뿐만 아니라 이들로 인해 대중혁명의 투지도 상실하게 되었습니다. 타협주의자에 대한 군중 중 감시가 엄밀히 진행되지 않아 이런 현상이 점점 더 많이 폭로되고, 공격당하는 것이었습니다. 여기에서 우리의 운동이 항상 실패를 할 수밖에 없었던 중요한 원인을 알 수 있습니다.

넷째, 혁명의 결정적인 승리는 군중의 무장 총궐기에 달려 있습니다. 3·1 운동, 6·3 운동, 10·3 운동 등은 비무장 투쟁이었고, 이들이 아무리 맹렬하게 투쟁한다고 해도 일본 강도를 몰아낼 수 없는 일이었습니다. 일본 강도를 쫓아내기 위해 수많은 민중이 유혈을 흘리며 용감하게 투쟁, 희생해도 성공할 수 없었습니다. 하지만 이러한 무용지물 혈전은 정신적으로 큰 힘이 되었고, 전국 규모의 일치단결 행동, 최후까지 맹렬하게 투쟁하는 정신, 그리고 국내외 혁명세력과 긴밀한 연합의 필요성을 느끼게 해줬습니다.

우리가 이런 최고의 결전을 할 수 있는 무장투쟁을 발동할 때, 우선 먼저 크고 작은 대중들의 반일투쟁이 부단히 전개되어야 합니다. 대중은 이러한 투쟁을 경험으로 조선 민족의 독립을 이루도록 이끌어야만 스스로의 생활 개선과 발전을 보장받을 수 있다는 것을 알아야 합니다.

동시에 이러한 대중의 일상 반일투쟁 과정 중, 대중의 생활 요구에 대한 구체적인 강령을 광범위하고 명확하게 제시해야 합니다. 이러한 행동강령이 없으면 대중의 크고 작은 투쟁은 더욱더 일정한 목표가 없을 것입니다. 만약 이러한 행동강령과 혁명의 기본강령을 동시에 시행한다면, 우리의 혁명은 더 쉽고 빠르게 이루어질 수 있을 것입니다.

현재 우리의 혁명강령은 다음과 같습니다. 일본 제국주의를 타도한다. 친일파 등 반동세력을 없앤다. 독립된 민족 국가를 건립한다. 민주적 정권을 확립한다. 적군 일체의 공적, 사적 재산을 몰수한다. 민중생활을 개선시킨다. 중국 민족 및 세계 반침략 세력과 공동 연합해 투쟁한다. 등을 포함하고 있습니다.

동지 여러분, 우리 모두 일어나 30년간의 받았던 치욕과 모욕을 씻어내고, 자유롭고 행복한 새로운 국가를 건설해야 합니다. 머지않았습니다. 희생할 각오로 용감하게 투쟁해야 합니다! 마지막으로 투옥 중에 계신 동지 여러분께 경의를 표합니다.

4. 이청천 계열 이탈로 당세가 약해지다

민족혁명당에는 중앙집행위원장이 따로 없고 집행위원 합의제로 운영되었다. 그러자 자연히 당 운영의 실권은 서기부와 조직부를 중심으로 운영되었고, 김원봉과 김두봉이 운영의 실세가 되었다. 이는 곧 의열단이 민족혁명당의 운영주도권을 장악했음을 의미한다.

그런데 이것이 화근이었다. 김원봉이 당무의 주도권을 행사하면서 한국독립당계의 조소앙 등 6명이 창당 2개월 만에 탈당하여 항저우(杭州)에서 한국독립당 재건에 나섰다. 신한독립당계의 홍진과 조성환 등도 탈당하여 재건독립당에 참여했다. 김원봉은 이들을 포용하지 못하고, 오히려 중앙당의 기간요원과 주요 지부의 사람을 의열단 계열로 충원하는 등 세력 확장으로 맞섰다.

그런데 이것이 또 다른 갈등을 불러왔다. 이청천 세력과 김원봉 세력의 힘겨루기가 시작된 것이다. 이청천은 민족혁명당의 강력한 '주주'로서 유력한 당권 경쟁자였다. 김원봉 세력이 일방적으로 몸집을 불리고 당권을 좌우하게 되면서 조직의 열세를 느낀 이청천은 활동자금 배분과 당기黨旗 제정 문제를 둘러싸고 이의를 제기했다. 그러자 갈등은 점점 고조되었다. 의열단 세력이 제2차 전당대회를 열어 조직을 개편하고, 김원봉을 총서기로 선출하자 두 세력 간의 갈등은 감정대립으로 폭발하고, 결국 이청천 계열이 당을 떠나고 만다.

이청천 계열은 비상대회를 열어 의열단 계열의 전횡을 규탄하고 김원봉 등 38명을 축출할 것을 선언했다. 그러나 의열단 계열이 중앙집행위원회 임시회를 소집하여 이청천·최동호·김학규 등 반대파 중심인물 11명을 제명함으로써 사태를 역전시키고 당권을 재장악했다.

이와 같은 분파 작용으로 민족혁명당이 추구해온 통일전선의 성격과 역량이 크게 손상되고, 민족혁명당은 의열단의 확대조직처럼 변질되기에 이르렀다. 이탈한 이청천 세력은 조선혁명당을 발족하여 민족혁명당과 대립하게 되었다.[8]

이청천 세력의 이탈로 민족혁명당의 당세가 약화되고, 전력 손실도 적지 않았다. 중국국민당 정부에서도 이런 사태에 크게 실망했다. 이청천 세력의 이탈을 일제 정보기관은 다음과 같이 보고했다.

민족혁명당 결성 후 김원봉 쪽 청년 40여 명은 남경 교외에서, 또 이청천 쪽 청년 32명은 남경 중화문中華門 밖에서 따로 훈련을 받고 있었는 바, 그 후 김원봉 쪽에서 이청천 쪽에 8명을 옮겨 이청천 쪽은 40명이 되었다. 민족혁명당 간부들은 여러 번 협의한 결과 청년들을 양파가 따로 훈련하는 일은 신당 결성의 취지에 어긋날 뿐만 아니라 한국독립당 재건파 및 기타 반대파에게 내부적 불통일을 폭로하는 것으로 역전될 우려가 있으므로 양파 청년의 합동훈련방침을 정하고 1935년 9월 하순경 양파 청년을 모두 남경 시내로 옮기고 계속 훈련 중, 김원봉 및 이청천은 이 청년들을 국민정부 군사위원회 소속 남경중앙군사학교에 입교시키고자 동교 교장 장치중張治中을 여러 번 방문하여 교섭한 일이 있다.[9]

김원봉은 삼민주의역행사에서 월 2,500원의 경상비와 기타 지원비를, 그리고 국민당 정부와 중국 측 요인들로부터 상당한 재정 지원을 받고 있었다. 김원봉이 이렇게 마련한 자금이 민족혁명당 운영자금의 큰 재원이 되었다. 조선혁명정치간부학교 출신의 인적 자원과 자금이 있었기 때문에 당권을 장악할 수 있었다.

김원봉은 민족혁명당을 운영하면서 다른 한편으로 꾸준히 혁명간부학교 출신의 단원들을 불러 모아 집단수용하면서 의열단의 활동거점인 한 사찰에서 재교육을 실시했다. 그의 심중에는 여전히 의열단의 정신과 인맥이 자리 잡고 있었음을 알 수 있다.

이들은 3·1절이나 개천절 등의 행사 때에는 "일심일의一心一意 굳은 단결 민족혁명당"으로 시작되는 당가와 "산에 나는 까마귀야 시체 보고 울지 마라"로 시작하는 또 다른 추도가를 불렀고, 국치일에는 "점심을 굶어 망국의 한을 주린 창자에 아로새기곤 했다."[10]

5.《민족혁명당보》발행

민족혁명당은《민족혁명당보》를 발간하여 조직과 선전활동에 이용했다. 김원봉은 당보 발간에 각별한 관심을 갖고, 직접 편집을 주관하고 글을 썼다. 여기에 적지 않은 예산을 투입했다. 당보의 홍보선전 기능을 누구보다 중요하게 인식하고 있었기 때문이다.

김원봉은 중앙상무위원회 제3차 회의에서 당보의 발간 예산을 연간 800원元으로 편성하고, 국한문본에 11명, 순한문본에 7명의 편집원을 임명했다. 9월 17일의 제10차 회의에서는 당무 보고 및 국내외 정세 보고자료를 당 중앙으로부터 각급 당부黨部 및 소조小組에까지 하달하기로 했고, 9월 30일 제11차 회의에서는 당보를 그 용도에 활용하기로 의결했다.

이에 따라 ① 국외 정세 보고자료 및 비판, ② 국내 정세 보고

자료 및 비판, ③ 당무黨務 보고자료를 3대 기사범주로 하는 당보가 발간되었다. 편집과 간행작업은 당 중앙서기부(부장 김원봉, 부원 윤세주 외 2명)에서 직접 주관하고, 1935년 10월 1일 자 제1호를 시작으로, 10월 18일 자 제2호, 11월 11일 자 제3호, (제4호는 미상), 11월 25일 자 제5호로 이어지면서 격주에서 1개월 사이의 간격으로 발행되었다.

이렇게 발행된 당보는 현재 원본 또는 영인본의 실물은 전해지지 않으나, 일제 관헌이 매호를 정보자료로 수집하여 일문으로 번역해놓은 기사들이 복각본 자료집인 『사상정세시찰보고집思想情勢視察報告集』 제2권에 수록되어 있다.

> (당보의) 기사에서 나타난 정세인식의 폭은 국내에서부터 구미 각국과 중동 지역으로까지 미쳐서 매우 넓었고, 날카로운 분석·비판의 시각으로 심도 있는 내용을 담고 있었다. 또한 민족혁명당 간부진이 만주 지역에서 이 항일무장투쟁 상황에 특별한 관심을 갖고서 많은 정보를 수집하고 있었음을 엿볼 수 있다. 그리하여 《민족혁명당보》는 정세분석지 겸 소식지 성격의 기관지로서, 국내외 정세에 대한 당원들의 식견을 넓혀주는 교육자료 및 정보매체로서의 기능을 수행했다.[11]

김원봉은 민족혁명당에서 민족혁명군을 창설해 2차 세계대전이 일어나면 국내 진공작전을 펼칠 계획을 세우고 있었다. 국내 대중조직을 키운 뒤, 결정적인 시기에 이 조직을 후방의 무장유격전 조직으로 전환시켜 국외에서 시작되는 군사작전과 연계토록 한다는 구상이었다. 독립전쟁과 국내 대중봉기를 결합하려는 전략이었다.

김원봉은 그 핵심 요원을 의열단원이 맡도록 하기 위해 계속하여 단원을 모으고 재교육과 훈련을 시키면서 유일당운동을 전개하여 민족혁명당을 창당한 것이다. 그러나 거듭되는 세력 간의 갈등·분열, 그리고 이탈로 민족혁명당은 김원봉이 구상한 원대한 꿈을 이루지 못하고 말았다. 이것은 김원봉 개인의 한계이기도 하거니와, 당시 독립운동 진영의 한계이기도 했다.

민족혁명당은 의열단의 정신을 이어서 적의 요인 암살 등 적극적인 투쟁을 모색했다. 요인 암살 이상의 방법도 다양하게 기획했다. 민족혁명당이 마련한 「파괴활동지침」에 이러한 내용이 자세하게 담겨 있다.

파괴활동지침

1. 기관을 파괴하여 적의 공작을 중지시킬 것.

2. 교통을 파괴하여 적의 연락을 단절시킬 것.

3. 적의 화약고, 병공창, 군기고, 비행장 및 대규모의 공장 등을 파괴하여 전투력을 감소시킬 것.

4. 조요造謠하여 적의 내부 역량을 분산시킬 것.

5. 평시에 반탐정反探偵을 적경敵境에 파견하여 금융을 파괴 혹은 문란시켜 재정상의 공황이 오게 할 것.

6. 전시에 반탐정을 적경에 파견하여 허보虛報로써 민심을 동요시키고 질서를 문란하게 할 것.[12]

민족혁명당은 「파괴활동지침」에 따른 특무공작을 효과적으로 수행하기 위해 특히 공작원을 선발하는 데 신중을 기했다. 지난날 의열단 단원을 입단시킬 때의 '기준'과 유사한 선발기준을 마련했다.

공작원 선발기준

① 정확한 정치적 인식을 가지고 당우黨友 및 당의 주장을 절대 신앙하는 사람일 것.

② 충실하되 개인감정을 토대로 한 충실은 위대한 공헌을 할 수 없으며 혁명전선에 낙오하게 된다.

③ 민첩해야 한다. 특무공작은 번잡한 것이므로 민첩에 대한 천재가 아니면 안 된다.

④ 다취다예多趣多藝할 것. 특무공작에 당하는 사람은 다방면에 각종 특무기량을 갖지 않으면 도중 실패를 면할 수 없다.

⑤ 노련하고 또 충분히 사회화할 것. 그러므로 각기 다른 사회에서 고생한 우수한 분자를 선택하지 않으면 안 된다.

⑥ 고통을 이겨낼 수 있어야 한다. 특무공작은 실제 행동임과 동시에 최악의 조건에서 오랜 분투를 요함으로써 고통을 견딜 수 있는 사람이어야 한다.

⑦ 창조적 정신에 강할 것. 수십 번의 실패를 거듭해도 목적을 향해 매진하지 않으면 안 된다.

⑧ 용감 침착하고 희생적일 것. 특무공작은 전부가 모험사업이므로 대담하고 주밀해서 외수외미畏首畏尾 혹은 반신반의를 품지 않는 사람이어야 한다.

⑨ 열성적이며 책임감이 강할 것. 자기 단체만을 중심으로 하여 행동할 것.

⑩ 심신이 모두 건전할 것. 그러고서야 위대한 사업에 공헌할 수 있다.[13]

6. 민족혁명당의 '실천적 의의'

민족혁명당의 창당이 우리 독립운동사에서 차지하는 비중은 적지 않다. 이와 관련하여 '민족혁명당의 실천적 의의'에 대해 의열단원으로서 당원들에게 당 조직론을 강의했던 왕현지(이영준, 진의로, 이영철 등 여러 가명을 사용)는 다음과 같이 다섯 가지를 들어 설명했다. 이것은 대외선전용 문서가 아니라 내부교육용 문서이기 때문에 의열단이 민족혁명당을 창당하게 된 배경과 역할 등을 살필 수 있는 자료이다.

첫째, 혁명당은 '민중의 전위'로서의 의의를 갖는다. 당은 직접 민중의 선두에 서서 그들을 지도하고 훈련함으로써만 임무를 다할 수 있으며 활발한 운동을 전개할 수 있다. 이는 레닌주의적 전위당 개념을 그대로 수용한 규정이었다고 하겠다.

둘째, 혁명당은 '민족부대'로서의 의의를 갖는다. 당은 민족을 떠나서는 존재할 수 없고, 민족을 기초로 민족에 의해 조직되어야만 하며, 민족 최선의 분자로 구성되는 것이다. 의열단이 상정한 바의 혁명당은 이처럼 어느 일계급의 부대가 아님은 물론, 강요된 일국일당주의 원칙이 낳은 민족혼성의 국제부대도 아닌 순수한 민족부대로 규정하고 있었다. 이는 의열단 자체도 향후 조직될 통일대당도 계급전선이나 국제적 반제전선이 아닌 민족전선의 대표조직이어야 한다는 것을 명확히 한 것이다.

셋째, 혁명당은 '민족부대 최고형태'로서의 의의를 갖는다. 당은 민족을 조직하는 부대이며, 민족을 지도하고 훈련시키는 사령부임과 동시에 민중의 학교이다. 당은 청년동맹·노동조합·농민조합·부인동맹 등을 외곽단체로 두고 항시 명확한 정책을 제시하여 최고 지도기관으로서 행동할 것이 요청된다. 여기서는 의열단이 전개해왔고 계속 전개 중이던 대중조직 건설운동의 목표가 무엇이었으며, 대중조직과 당(또는 의열단)과의 관계는 어떤 형태의 것으로 설정되었는지 엿볼 수 있다.

넷째, 혁명당은 '정권획득의 무기'로서의 의의를 갖는다. 당은 정권획득을 최후의 목적으로 하여 투쟁하는 무기인 것으로 규정된다. 여기서는 민족혁명의 완수와 더불어 전개될 신국가 건설 과정에서 혁명당은 어떤 지위에서 어떤 역할을 하게 될 것인지가 석명되고 있다.

다섯째, 혁명당은 '파벌투쟁을 제거'하는 의의를 갖는다. 파벌은 혁명운동의 제일가는 금물로, 파벌을 정복함에 의하여 당은 당으로 존재할 수가 있다. 무엇보다도 이는 파벌투쟁으로 얼룩졌던 조선공산당의 과거 역사와 그것이 낳은 갖가지 과오에 대한 냉엄한 비판의 의미를 띠는 진술이다.[14]

민족혁명당은 일부의 이탈과 분열에도 김원봉을 중심으로 당세를 확충하면서 항일투쟁을 꾸준히 벌였다. 1943년 2월 22일, 제7차 대표대회를 열고 「민족혁명당 제7차 대표대회선언」을 발표했다. 이 '선언'과 함께 강령·정책도 발표하여 민족혁명당이 추구하는 이념과 정책을 다시 한번 내외에 밝혔다.

조선민족혁명당 제7차 대표대회선언

친애하는 동지, 동포 여러분!

국내 혁명정세가 날로 긴장되는 국면에서 우리 조선민족혁명당, 한국독립당 통일동지회, 조선민족당 해외전권위원회, 조선민족해방투쟁동맹의 우리 4당 대표는 항일전쟁을 하고 있는 중국 수도 중경에서 본당의 제7차 대표대회―개조대표대회改組代表大會를 원만히 끝냈습니다. 우리 4당 대표는 가장 열렬한 혁명정서를 가지고 혁명에 대한 가장 확고한 자신감을 여러분께 다음과 같이 삼가 선언합니다.

동지, 동포 여러분! 우리의 이번 개조대표대회는 우리 4당의 역사에서 중대한 의미를 가졌을 뿐만 아니라 조선 혁명사에 있어서도 중대한 의의를 지닌 대회입니다. 왜냐하면 이번 개조는 조선혁명운동에 있어 하나의 새로운 방향, 즉 혁명의 역량이 날로 단결하는 데 도움을 주는 새로운 방향을 보여준 것으로, 우리는 민족혁명당의 개조라는 형식 아래 4당의 단결을 완성했기 때문입니다.

이번의 단결은 우리로 하여금 양적 방면에서 하나의 강대한 정당을 만들게 했을 뿐 아니라, 질적 방면에서도 조선 민족이 반드시 철저하게 해방되어야 함을 주장하는 정당을 만들게 했습니다. 이번의 단결은 우리로 하여금 민족의 자유를 주장하는 정당을 만들도록 했을 뿐 아니라 우리로 하여금 정치적 자유, 경제적 자유, 사상의 자유를 주장하는 정당을 만들도록 했습니다.

동지, 동포 여러분! 우리가 주장하는 4대 자유는 조선 민족의 혁명정신을 대표할 뿐 아니라 동시에 세계 반파시즘 전쟁 중의 민주정신을 대표하는 것입니다. 지금 세계는 어느 방향을 향하여 가고 있습니까? 우리의 긍정하는 해답은 새로운 민주주의의 방향으로 가야 한다는 것입니다. 우리가 제시한 4대 자유는 바로 이런 방향으로 가고 있는 것입니다. 우리는 굳게 믿습니다. 오직 이 방향으로 가야만이 세계의 모든 파시즘 국가를 타도할 수 있고 조선 민족이 일본의 파시즘 통치로부터 해방될 수 있다고.

동지, 동포 여러분! 우리 4당의 단결은 곧 모든 조선 민족 단결의 기초입니다. 바로 작년에 우리 4당은 초보적인 협력의 기초 위에 한국임시정부 제34차 의정회에 참가하여 원만한 결과를 얻었습니다. 오늘 이후 우리는 4당의 완전한 단결의 기초 위에서 임시정부 및 모든 조선 민족의 혁명정당과 긴밀한 협력을 통해 더 큰 항일투쟁 내지 항일전쟁을 전개해나갈 것입니다.

동지, 동포 여러분! 우리 당이 창립된 지 8년 이래, 조직에 있어 상당히 탄탄한 정당이었습니다. 4당이 통합된 뒤, 우리의 조직은 한층 더 탄탄해졌습니다. 이번의 개조대회에서 우리는 조선 민족의 혁명선배이신 김규식 동지를 중앙집행위원회 주석으로 선출했습니다. 동시에 우리는 김약산 동지를 지도자로 하는 중앙상무위원회를 조직했습니다. 이는 곧 우리들이 당의 정확한 정치노선을 통해 조선 민족의 해방을 위하여 투쟁할 뿐 아니라, 단단하고 강력한 조직기구를 통해 조선 민족의 해방을 위해 투쟁하고 있다는 것을 설명해주고 있습니다. 우리는 굳게 믿습니다. 조직개편 뒤의 조직기구가 반드시 우리의 정확한 정치노선을 실현시킬 수 있으리라는 것을.

동지, 동포 여러분! 우리의 정당은 조선 민족 중의 어떤 한 계급을 대표하는 정당이 아니라 조선 민족 중에 민족해방을 주장하는 여러 계급을 대표하는 정치연맹입니다. 우리의 정치연맹은 앞으로 농공農工 분야의 소자산小資産 계급을 기초로 할 것입니다. 우리는 굳게 믿습니다. 이 정치연맹이 장차 조선민족해방운동에 있어 중요한 힘이 되리라는 것을.

동지, 동포 여러분! 이번의 개조대회에서 우리는 4당의 정치강령을 세밀히 살펴보았습니다. 동시에 민족혁명당의 강령을 기초로 하고 수정을 가해 하나의 새로운 정치강령을 만들어냈습니다. 이 강령을 근거로 하여 우리는 당면한 정책을 규정했습니다. 이 강령과 이 정책은 바로 본 당이 직면한 가장 뚜렷한 정치 목표입니다.

동지, 동포 여러분! 조선이 국가를 잃어버린 지 이미 33년이 되었습니다. 조선독립선언이 발표된 이래 이미 24년이 흘렀습니다. 우리는 오랜 기간의 혁명투쟁을 거친 뒤, 이제 가장 강대한 민족해방의 정당을 구성하게 되었습니다. 이제 가장 정확한 민족해방의 정치노선을 만들어냈습니다. 우리는 모든 조선 민족의 혁명지사들이 다 같이 본 당을 위해, 그리고 본 당의 강령과 정책을 위해, 또 조선민족해방의 최후 승리를 위해 투쟁할 것을 호소합니다.[15]

또 민족혁명당 창립 8주년을 맞은 그해 7월 5일에는 「제8주년 기념선언」을 발표했다. 민족혁명당의 자료가 많지 않기에 「제8주년 기념선언」도 함께 살펴본다.

조선민족혁명당 창립 제8주년 기념선언

7월 5일은 조선민족혁명당 창립 제8주년 기념일입니다. 우리는 세계 폭풍우의 전야, 중국항전 제6주년을 앞두고 우리 당의 창립 제8주년 경축대회를 개최하게 되었고, 이는 또한 중대한 의의를 갖고 있습니다.

1935년 7월 5일, 우리는 중국의 수도—남경에서 5개 당을 통합하여 전체 민족을 대표하는 유일한 정당인—조선민족혁명당을 창립했습니다. 이는 10여 년 이래 조선혁명 통일운동의 최대 성과일 뿐만 아니라, 국내 신간회와 해외 독립당의 혁명전통의 찬란한 역사를 촉진하고 계승하는 요소이기도 합니다. 조선민족혁명당 설립의 목적은 일본 제국주의를 전복시키는 것이며, 이 목표를 달성하기 위하여 전 민족의 힘을 결집하여 중한연합항일전선을 구축했습니다. 조선민족혁명당은 이와 같은 상술 혁명 목표를 처음부터 한결같이 견지하고 부단히 분투함으로써 전국 인민의 옹호와 지지를 받게 되었으며, 아울러 중국 당국과 중국 인민의 동정 및 원조를 받게 되었습니다.

중국의 항일전쟁 발발 후, 우리는 중국의 승리를 굳게 믿어왔습니다. 조선이 바로 독립의 보장이기도 합니다. 우리가 중국 항일전쟁에 참전하는 가장 큰 목적은 바로 조선독립의 보장이며, 이는 곧 우리 당

竹以美英的日注取大規模攻勢為曲期，重遠，朝鮮獨立問題，在國際上將著居
言卓的地位。其二同盟國的勝利是朝鮮獨立的重要勝件等暢滸，但
是同時，我們更不可忽視朝鮮革命的成功勝利主要仍靠自力更生，我們的革命
運動如不能湧入國的路，則國際上的援助無法施利用，兩手取民族獨立事很困難。
因此我們如不復很弱又訓練國內外軍事各幹部，建立各党派合作機橫以
諫加強全民族的團結。為要達到此的，我們必須以各種伏做以方式不斷的克服倒
這危危危危，而全民族團結力加強當屬不可緩。假如我們不能克服這權力不諮
使成為羅有力的草命政府機權，並樣立獲得國際承認的善違制，且又須
擴大又尊固朝鮮草命武裝力量。以有這樣，才能使臨時政府發展高組手指揮敵高我
礎上才能使臨時政府成為有效方後重求國權。
民族的伐俟，當前「國際失信」之説，並進而予取我國權。
國家的脱們，今后率先之際，全奈權，後言記金若山同志極導立
下更加團結起来，與我全國民同努力去同舊鬥。並以免成總規遠厚倥
以期爭取朝鮮民族的自由徹底，並使成中國抗戰及世界反陸西斯戰爭勝
利。

朝鮮民族革命黨 中央執行委員會

大韓民國二十五年七月五日
西曆一九四三年七月五日

朝鮮民族革命黨 創立第八週年 紀念宣言

조선민족혁명당 창립 제8주년 기념선언(1943. 7. 5).

의 최대임무 중의 하나이기 때문에, 1938년 조선의용군을 창립하고 조선혁명청년을 단결시켜 장 위원장(장개석, 蔣介石)의 지도하에 직접 중국 항일전쟁에 참전하여 훌륭한 전적을 달성했습니다.

우리 조선혁명당 건아들의 열혈熱血은 중국의 대지를 물들게 했습니다. 상하이 비밀공작, 중국 육군, 화북의 적후敵後 공작 등의 작전 중 우리 당의 열사들이 장렬히 희생되었습니다. 이는 조선민족혁명당이 조선 민족의 자유와 해방을 위해 용감히 분투했을 뿐만 아니라 중국 항일전쟁의 승리를 위해 최선을 다해 충성하고 분투했음을 그대로 반영하고 있습니다.

소련-독일 전쟁과 태평양전쟁 발발 후, 우리 당은 우선 전 민족을 대표하여 영국, 미국, 소련의 반독반일反獨反日 애국전쟁을 옹호하고 지원하는 마음을 전달했고 국제형세의 변화에 따라 한국 임시정부에 대한 지지를 표시했고 무장역량에 대한 통합을 주장했습니다. 지난해 가을 조선의용군과 한국광복군의 통합 편성을 기반으로 한국임시정부의 제34차 회의를 거쳐 전 민족 통일을 성공적으로 구현했습니다.

이에 우리 당의 정확한 정책과 민족단결을 위한 충성은 세계 인민의 인정을 받게 되었습니다. 금년 봄에 이르기까지 우리 당은 이미 4당 통합을 완성하고 ……(원본 판독 불가) 당의 조직활동은 ……(원본 판독 불가) 발전을 거두어 우리 당의 신뢰는 나날이 높아지고 있는 추세입니다.

현재 아메리카의 각 혁명단체는 잇따라 우리 당에 자원 가입하고 있으며, 화북 일대에 위치한 우리 당의 적후 공작도 비약적인 발전 추세를 보이고 있습니다. 이는 민족혁명당의 역량이 나날이 성장하고 있어 전 민족을 해방시킬 수 있는 그 능력을 보여주었습니다.

조선민족혁명당 창립 제8주년을 경축하는 오늘날, 전 세계 반파쇼 전쟁은 이미 대결전의 중대 고비에 들어섰습니다. 이는 우리 조선혁명 당에 절대적인 이익을 가져올 수 있는 객관적 사실이지만, 세계 각국의 발전형세가 불균형적인 것이 사실입니다. 독일과 이탈리아 파쇼주의 악당들이 동부전선과 북아프리카에서 전대미문의 참패를 당했지만, 극동의 일본 침략자들이 한국 내 인민들에게 강제로 실시하고 있는 극단적인 전시정책을 간과하여서는 안 됩니다.

일본 제국주의자들에 대하여 국제상황은 절대적으로 유리한 반면, 조선혁명당은 상대적으로 극히 어려운 환경에 처해 있기 때문에, 국내외 항일 혁명세력은 객관적 환경과 수요의 정도를……(원본 판독 불가) "국제 공동관리"는 사실상 조선혁명당에 해로운 것입니다.

우리는 오늘 여명의 어둠 속에서 비관적이고 실망적인 태도를 극복해야 합니다. 다만 맹목적인 낙관주의는 혁명에 해로운 것이기 때문에 국제 형세를 정확히 판단해야 합니다. 오늘 이 자리에서 우리 동지들과 동포 여러분께 금후 우리 당의 작업방향에 대해 지시하도록 하겠습니다.

첫째: 현재 세계 전쟁의 주도권은 이미……(원본 판독 불가) 파쇼 침략자들로부터 동맹국으로 이전되었습니다. 북아프리카의 승리와 제3 국제기구가 해산된 후 객관적 조건이 성숙되고 영국, 미국, 소련의 합작이 강화됨에 따라 제2 전쟁터의 확장은 불가피하게 될 것입니다. 아울러 루스벨트와 처칠의 제5차 회담은 태평양 작전

문제를 중요시했기 때문에 영국, 미국은 일본에 대해 대규모의 공세를 취했으며……(원본 판독 불가) 조선독립 문제는 국제적으로 중요한 문제로서 자리매김하게 될 것입니다.

둘째: 동맹국의 승리 및 이에 대한 원조는 조선이 독립할 수 있는 중요한 조건이자 보장이기도 하지만, 조선혁명의 승리는 반드시 자력갱생에 의지해야 함을 명기해야 합니다. 우리의 혁명은 국내 인민들을 동원해야만 국제적인 원조를 받을 수 있습니다. 하지만 민족독립운동은 매우 어렵기 때문에 우리는 반드시 국내 민중을 조직 및 훈련시키고 광범한 반일, 반전, 반병역反兵役 운동을 전개하여 군대의 무장봉기를 준비해야 합니다.

셋째: 빠른 시일 내에 각 당파의 통합기구를 설립하여 전 민족 단결을 강화해야 합니다. 이 목적을 달성하려면 우리는 다양한 수단과 방법을 동원하여 낙후현상을 부단히 극복하고 분열현상을 방지해야 합니다. 이런 경향을 방지할 수 없을 경우, 각 당파 간 통합기구를 설립할 수 없으며 전 민족 단결 강화작업도 불가능할 것입니다.

넷째: 한국임시정부를 확장, 강화하여 임시정부를 유력한 혁명정권 기구로 성장시켜 빠른 시일 내에 국제적으로 조선독립 위치를 인정받으려면 반드시 기존 임시정부를 시정하고 정부에 적합한 보통선거제를 실시하여 조선혁명당의 무장역량을 확장, 공고히 해야 합니다. 대중의 역량을 기반으로 임시정부를 발전시키고 임시정부가 유력한 지원자를 소유한 조선 민족의 최고 전투지휘부로 성장케 하여 우리 민족의 지위를 제고시키고 "국제 공동관리"

를 물리치고 우리나라 독립 임무를 완성하는 것입니다.

동지들 그리고 동포 여러분! 금후 우리 당은 김규식 주석과 총서기 김약산 동지의 영도하에 한마음 한뜻으로 단결하여 전국 인민들과 함께 노력하고 분투한다면 필연코 우리의 어렵고 막중한 임무를 완성하여 조선 민족의 자율을 획득하고 조선 민족을 독립시키며 중국 항일전쟁과 세계 반파쇼 전쟁의 승리를 쟁취할 것입니다.[16]

10장

조선의용대 창설과 항일전

1. 조선의용대를 창설하게 된 배경

일제가 마침내 중일전쟁을 도발했다. 한국 독립운동가들이 기대했던 일이 현실에서 벌어졌다. 독립운동가들은 이미 일제가 중일전쟁에 이어 미일전쟁까지 도발할 것으로 내다보았다. 1937년 7월 7일, 일제는 베이징 남서쪽 교외에 있는 루거우차오에서 총격사건을 벌인 것을 시발로 선전포고도 없이 중국침략전쟁을 일으켰다. 중일전쟁의 서막이었다.

중국 화베이 지역 침략을 호시탐탐 노리던 일제는 관동군 및 본토의 3개 사단을 증파하여 7월 28일에 베이징과 톈진에 총공격을 개시했다. 내전 중이던 중국의 양대세력은 일본군의 전광석화 같은 공격에 제대로 방어도 해보지 못한 채 12월에는 중국국민당 정부의 수도 난징까지 빼앗겼다.

일본군 5만여 명은 난징에서 30만 명이 넘는 무고한 시민을 학살하는 등 천인공노할 만행을 서슴지 않았다. 집단 강간, 민간인 학살, 산 사람 총검 난자 등 말과 글로 다하기 어려운 살육전을 벌였다. 중국의 석학 린위탕(임어당)은 그때의 참혹한 모습을 다음과 같이 증언한다. "신이 인간을 창조한 이후 오늘에 이르러 처음으로, 병사들이 웃는 얼굴로 어린아이를 공중으로 던졌다가 떨어져 내려오는 어린아이를 날카로운 총검의 끝으로 받아내고는 그것을 스포츠라 부르는 모습을 보였던 것이다. 그리고 또한 눈을 가리운 포로가 참호 옆에서 총검술 등과 같은 군견의 표적으로 사용되었다."[1]

일본군이 만주를 침략하여 괴뢰정권을 수립할 때까지도 내전을 멈추지 않았던 중국의 양대세력은 1936년 이른바 '시안(서안) 사건'을 계기로 제2차 국공합작을 이루었다.

장제스는 "중국(국민당 정부)에 일본은 피부병이고 공산당은 심장병이다"라고 말할 정도로 대일전에 미온적이다가 장쉐량 군에게 감금당한 '시안 사건'을 계기로 공산당과 함께 일제를 축출하기로 합의했다. 중일전쟁이 본격화되면서 홍군부대(공산군)는 국민혁명군 제8로군으로 개편하고, 양쯔강 하류의 공산군 분견대를 신4군新四軍으로 재편했다.

그동안 중국의 국민당 정부는 한국 독립운동가 중에서 김구와 김원봉을 지원했다. 김구의 한인애국단이 이봉창과 윤봉길 의거(1932)를 감행하고, 김원봉과 의열단이 폭렬투쟁을 벌이는 것을 높이 평가한 조처였다. 1930년대 후반 중국 관내의 한국 독립운동 진영은 사실상 김구의 한국독립당과 김원봉의 민족혁명당의 양대 세력이 주축을 이루어가고 있었다.

김구는 1934년 2월부터 중국 허난성 뤄양에 있는 중국 중앙육군군관학교 뤄양분교 안에 한인특별반을 설치하고 꾸준히 독립군을 양성해왔다. 김원봉이 주도하는 민족혁명당은 중일전쟁이 벌어진 직후인 1937년 말에 조선민족해방동맹, 조선혁명자연맹과 공동으로 조선민족전선연맹을 결성하고, 산하에 있는 조선 청년 83명을 모아 12월 1일 장시성 싱쯔현에 있는 중국중앙군관학교 특별훈련반에 입학시켰다. 중국국민당 정부와 협의를 거쳐 이루어진 일이다.

83명의 인원은 중일전쟁 발발 이전 의열단과 민혁당(민족혁명당)이 양성해온 청년 당원과 새로 민혁당의 호소에 이끌려 참여한 조선 청년들이었다. 관내의 전투적 조선인 역량이 거의 여기에 총집결했다. 향후 군대를 창설하는 문제로 중국 당국과 교섭할 때 주요 내용은 결국 이 청년들을 어떤 형식의 항일부대로 만들 것이냐 하는 것으로 집약된다고 할 수 있다.[2]

졸업생 83명은 이후 조선의용대와 조선의용군의 핵심 기간요원이 되어 중국군과 함께 또는 그들과 별도로 치열하게 항일전을 벌였다. 이 과정에서 희생된 대원도 적지 않았고, 노선 문제로 대원들이 분열하는 일도 있었다. 조선의용대 창설 시기의 인원은 기록에 따라 차이가 있다.

한편 졸업생들이 우한으로 들어온 직후 민족혁명당은 중국 관내에서 중국국민당과 함께 활동해야 한다고 주장하는 파와 중국 동북지방(만주)으로 이동하여 활동해야 한다고 주장하는 파로 양분되었다. 그 결과 동북지방 진출을 지지하는 당내 49명이 1938년 6월에 민족혁명당을 이탈하여 조선청년전시복무단(단장 최창익)을 결성했다. 이후 민족혁명당이 조선의용대 창설을 추진하게 되면서 이 단체는 조선청년전위동맹으로 개명하고, 조선민족전선연맹에 가입하여 역시 조선의용대 창설의 한 주체가 된다.

민족혁명당·조선민족전선연맹과 중국군사위원회 당국이 여러 차례 협상한 끝에 한인 항일군사단체를 창설한다는 방침이 확정되었다. 1938년 10월 초에는 중국군사위원회 정치부 인원과 민족혁명당·조선청년전위동맹·조선민족해방동맹·조선혁명자연맹을 대표한 김원봉, 김학무, 김성숙, 유자명 등이 조선의용대 지도위원회를 구성했다.

　　이때부터 부대 창설에 관한 세부적인 논의가 진행되었다. 마침내 1938년 10월 10일, 우한에서 100여 명으로 구성된 조선의용대가 창설되었다.

　　조선의용대는 크게 대본부와 제1구대, 제2구대로 조직되었다. 대장은 김원봉이 맡았으며, 제1구대는 민족혁명당 청년들로 조직되었으며, 구대장은 박효삼朴孝三이었다. 제2구대는 조선청년전위동맹 청년들로 구성되었으며, 구대장은 이익성李益星이었다. 조선의용대는 중국군사위원회(위원장 장제스) 정치부의 지휘를 받도록 되어 있었으나 정신적으로는 한인의 민족통일전선체 조선민족전선연맹의 지도를 받는 항일민족독립군이었다.[3]

2. 신채호, 뤼순감옥에서 옥사하다

김원봉이 조선의용대를 창설한 것은 그럴 만한 충분한 시대적 상황 변화와 요구가 있었다. 이 무렵의 주요 사건을 간략히 살펴보자.

　　베이징에서 역사 연구를 하는 한편 이회영 등과 무정부주의자

단재 신채호.

동방연맹을 창립할 때 자금 마련을 위해 활동하던 신채호가 일제에 붙잡혀 10년형을 선고받고 뤼순감옥에서 복역하다가 1936년 3월 14일 뇌일혈로 타계했다(일제에 의해 살해되었다는 설도 있다). 그는 김원봉의 요청으로 1923년에 「조선혁명선언(의열단선언)」을 작성하여 의열투쟁의 이념과 지침을 제공했던 대선배요 동지였다. 그런 신채호가 「의열단선언」을 작성한 지 13년 만에 일제 감옥에서 쓸쓸하게 운명했다. "현실에서 도피하는 자는 은사隱士이며, 굴복하는 자는 노예이며, 격투하는 자는 전사戰士이니, 우리는 이 삼자 중에서 전사의 길을 택해야 한다"라며 나라를 잃고 시름하던 한국인들에게 갈 길을 제시했던 사람이었다. 신채호가 제시한 길이 곧 김원봉의 뜻이었고, 이후 의열단의 노선이 되기도 했다.

　김원봉이 신채호의 사망 소식을 들었다는 증표는 어디에서도 찾기 어렵다. 이념적으로 일치하고, 개인적으로도 무척 존경했던 신채호의 사망 소식을 들었다면 이에 대한 언급이 있었을 테지만 그런 기록은 보이지 않는다.

국내외 정세는 크게 바뀌고 있었다. 1936년 2월에 일본 황도파 청년장교들이 쿠데타를 일으켰다가 진압되었다. 5월에는 중국 홍군이 국민당 정부에 '정전강화 일치항일'을 통보하며 반反장제스 슬로건을 잠시 거두어 국공합작의 계기를 만들었다. 7월에는 스페인에서 군부의 반란이 일어났다. 8월에는 일본 육군대장 출신 미나미 지로南次郎가 조선 총독에 부임하고, 11월에는 일본과 독일이 방공협정을 맺었다. 또 12월에는 장제스가 시안에서 장쉐량 등에 의해 감금되는 이른바 '시안 사건'이 일어났다.

1937년 4월에 독립군 총사령관 김동삼金東三이 서대문감옥에서 옥사하고, 김일성이 지휘하는 동북항일연군이 갑산군 혜산진 보천보 주재소 등을 습격하여 일본 군사시설, 경찰, 통신기관을 파괴하고 다수의 군수품을 빼앗은 다음 「조국광복 10대 강령」과 「일본 군대에 복무하는 조선인 형제에게 고함」 등의 격문을 살포한 뒤 압록강을 넘어 철수했다. 7월에는 임시정부가 전장(진강)에서 국무회의를 열어 군무부 산하에 군사위원회를 설치하기로 했다. 비슷한 시기에 임시정부와 김원봉 계열이 각각 군사위원회와 조선의용대를 신설하기로 할 만큼 항일무장투쟁의 시기가 점점 가까워지고 있었다.

중일전쟁은 중국에 있는 한국 독립운동가들에게 전략상의 새로운 과제를 안겨주었다. 오랫동안 기다리고 기다리던 기회가 마침내 찾아왔기 때문이다. 특히 많은 한인 청년 인재들을 불러모아 군사·정치 간부로 길러서 항일무장투쟁의 실력을 비축해온 김원봉에게는 절호의 기회가 아닐 수 없었다.

한 연구자는 중일전쟁의 발발에 기인한 정세변화와 더불어 재중 한국 독립운동은 크게 세 가지로 요약될 수 있는 전략상의 새로운 과제에 직면하게 되었다고 분석했다. 첫째, 항일 전열을 공고히 하기 위한 민족통일전선의 완성, 둘째, 중국과의 명실상부한 항일 연합전선의 결성, 셋째, 중국의 대일 전면 항전에 보조를 맞춘 참전과 그를 계기로 삼은 독립전쟁 결행 태세의 확립이다.[4]

그동안 사실 중국 정부는 한국 독립운동가들의 활동을 둘러싸고 일본의 눈치를 보느라 여러 가지 방면에서 경계했다. 때로는 지원하기도 했으나 공개적인 지원이나 협력에는 지극히 인색했다. 한국인들의 독립운동에 일정한 선을 유지해왔다고 할 수 있다. 그러나 중일전쟁이 시작되면서 중국도 더 이상 일본의 눈치를 살필 필요가 없게 되었다. 오히려 한국 항일운동가들의 힘이 필요하게 되었다.

중국 국민정부의 입장에서 볼 때 군사적 측면에서는 중국을 침략한 일본군 점령지역 깊숙이 들어가 중요한 정보를 수집하는 등의 일에는 조선 청년만큼 적당한 사람이 없었으므로 가급적 조선 청년들을 많이 끌어들이려 했는데, 이를 위해서는 조선인들의 긍지를 드높일 수 있는 조선인 독자의 무력 건설이 대단히 필요했다. 뿐만 아니라 정치적인 측면에서도 조선인 부대의 창설은 조선 국내와 해외 각지에 있던 조선인들의 항일의지를 발동시키고 반대로 조선인이 동원되어 있던 일본

군 내부를 분열시킬 계기가 될 수 있었다. 장개석과 국민정부는 이 두 측면을 크게 고려했던 것이다.[5]

3. 1938년 10월 10일, 조선의용대가 창설되다

민족혁명당 간부들은 내외 정세 변화를 예리하게 지켜보다가 마침 내 조선의용대를 창설한다. 이는 조선의용대를 결성하는 인적 토대 가 되는 의열단 간부학교(조선혁명정치간부학교)와 황푸군관학교 졸업생 등 100여 명의 청년이 있었기 때문에 가능한 일이었다. 김원봉은 이 런 기회가 올 것을 내다보고 오래전부터 의열단과 여러 단체나 조 직을 통해 유능한 청년들을 교육·훈련시켜왔다.

조선의용대는 민족혁명당의 노력과 역량이 없었다면 결성될 수 없었다. 중일전쟁이 벌어진 지 1주년이 되던 1938년 7월 7일, 김 원봉은 오랫동안 구상해온 조선의용대 창설 계획안을 중국군사위 원회 정치부에 제출했다. 중국군사위원회 위원장은 장제스이고, 부 장은 정치부 천청(진성), 부부장은 저우언라이였다. 저우언라이는 팔 로군 판사처 책임자였다.

당시 김원봉을 지원하던 중국 정부의 삼민주의역행사는 삼민 주의청년단으로 개편되었다. 그러나 '역행사' 출신들이 군대 내의 정치공작상의 인사권을 장악하고 있어서 김원봉을 지원하는 라인 은 여전히 가동되고 있었다. 이는 김원봉이 일을 성사하는 데 큰 도 움이 되었다. 저우언라이가 정치부 부부장으로 있었던 것도 좋은 성과를 얻게 된 배경이었다. 저우언라이는 김원봉이 황푸군관학교에 있을 때 스승이었다.

　중국 정부는 정치부에서 관할한다는 조건으로 조선의용대 창설을 승인했다. 김원봉이 처음에 조선의용군 창설을 요청했을 때는 독자적인 무장부대로 창설되기를 원했다. 그러나 중국 측은 일본 침략군에 맞서 싸우면서 아무리 동맹군이라 해도 자국에서 외국 군대가 창군되는 것을 거북스럽게 생각했던지 의용군 대신 의용대라는 이름을 쓰도록 했다. "군軍은 규모가 큰 것을 이르는데, 이제 설립하려는 부대는 그렇게 큰 규모는 못 되니 '대隊'로 할 것"[6]을 전제로 했다는 주장도 있다.

　김원봉은 조선의용대 창설을 준비하면서 김구가 지도하는 광복단체연합회와 전위동맹 측에 함께 참여하자고 제안했다. 이에 광복단체연합회는 끝까지 합류를 거부했고, 전위동맹은 의용대 가입 의사를 밝혔다. 조선의용대 창설 소식이 전해지면서 여기저기에서 기회를 살피던 한인 애국청년들이 모여들었다. 충칭의 대한민국 임시정부를 찾아갔던 청년들 중에는 임시정부에 실망한 채 발길을 돌려 조선의용대에 참여한 사람도 있었다.

　1938년 10월 10일 오전, 한커우(한구) 중화기독청년회관에서 조선의용대 결성식이 거행되었다. 이날 결성식에는 대원 100여 명이 자리 잡고, 각 지역에서 축하하기 위해 찾아온 한국인과 중국의 군·정 관계 요인들이 참석했다. 대장으로 추대된 김원봉은 제1지대와 제2지대의 지대장에게 각각 군기를 수여하고, 조선의용대라는 한글 글자 다섯 자와 'Korean Volunteer'라는 영어 글자가 새겨진 배지를 대원들에게 나눠주었다.

김원봉은 대원들에게 "중국 혁명이 완성되지 못함으로써 일제의 한국에 대한 압박과 착취가 날로 심하며, 한국 민족이 해방되지 못함으로써 일제의 중국 대륙 침략이 더욱 포악해졌음이 사실이다. 조선의용대의 기치를 높이 들고 중국 형제들과 굳게 손잡고 최후의 일각까지 분투하자"라고 역설했다. 대원들은 태극기와 군기를 앞세우고 기세도 당당하게 대장 김원봉 앞에 도열했다. "우리의 역량이 작다고 깔보아서는 안 될 것이다. 조선 3천만 민중은 모두 우리의 역량이다"라는 김원봉 대장의 연설은 대원들의 가슴을 진동시키기에 충분했다. 이날 조선의용대 대원들이나 내빈 그리고 의열단원, 특히 주역인 김원봉에게 무장부대 창설은 평생 잊을 수 없는 감격적인 행사였다. 비록 남의 나라 땅이지만 당당하게 무장한 군사력으로 조선의용대가 출범하게 되었기 때문이다. 의열단이 13명으로 창단된 지 19년 만의 일이었다.

조선의용대는 김원봉이 1940년 제2주년 대회에서 밝힌 대로 "조선민족해방의 선봉대가 되어 조선민족해방을 쟁취하는 것과 중국 전장상의 하나의 국제종대로서 국제우인의 모습을 보여주는 것"을 임무로 하여 창설되었고, 이러한 역할에 충실했다.

조선의용대 창설에 앞서 김원봉, 최창익, 김성숙, 유자명 등은 군사위원회 정치부원 5명과 함께 의용대의 규약과 강령을 마련하고, 재정·조직 문제 등을 협의했다. 그 결과 총대장은 김원봉, 제1구대 구대장은 박효삼, 제2구대 구대장은 이익성이 맡기로 했다. 제1구대에는 민족혁명당 당원 등 42명, 제2구대는 전위동맹 중심의

조선의용대 성립 기념 사진(1938. 10. 10). 맨 앞줄 오른쪽부터 김위, 권채옥, 이해명, 김원봉, 최창익, 윤세주, 김성숙, 박효삼, 주세민, 한지성, 이집중, 신악, 엽홍덕, 이익성.

74명으로 편성되었다. 조선의용대의 최고기관인 지도위원회는 이춘암, 김성숙, 최창익, 유자명과 군사위원회 정치부원 2명으로 편성되었다. 조선의용대의 주요 사항은 지도위원회에서 결정했다.

4. 조선의용대 창설에 얽힌 뒷이야기

해방된 뒤 남쪽으로 환국한 조선의용대 출신은 몇 사람이 안 되었다. 의열단에도 참여하고 황민黃民이라는 이름으로 조선의용대 제1구대 대원으로 활동했던 김승곤은 조선의용대가 창설된 의미를 다음과 같이 회고했다.

> 이때 한국 청년들의 전쟁 참여에 대하여 중국 당국과 협의한 결과, 의용대를 결성해서 참전하기로 합의를 보았다. 1938년 10월 10일 임시수도 한구漢口에서 역사적인 조선의용대가 창립되었으며, 이를 세계만방에 선언했다. 비록 200여 명의 소수이고 의용대라 했지만, 실제로는 독립군으로서 나라가 망한 후 국제 정규전에서 독립군이 직접 참전한 것은 이번이 처음 있는 일이므로 당시 국제적으로 의의가 컸던 것이다. 이 사실이 미국 각 신문에 보도되자 재미 교포들은 자진해서 의용대후원회를 조직하여 적극 지원하기로 했다. 이때 전시는 매우 위급했다.[7]

조선의용대 대원으로 중국 타이항산 전투에서 부상당하고 일본으로 끌려갔던 김학철은 당시의 상황을 다음과 같이 기록했다.

조선의용대 발대식에 참가한 사람의 수가 모두 합하면 200명가량 됐으나 실제로 군복을 입고 대기隊旗 밑에 정렬을 한 사람은 150명밖에 안 됐었다. 이 150명이 또 2개 지대로 나뉘는데 제3지대는 멀리 중경에서 따로 발족을 했으므로 여기에는 참가를 하지 않았다.

이 발대식에 참가한 유일한 여성 중 홍일점은 당년 23세의 김위[金煒, 본명 김유홍金幼鴻]으로서 '영화 황제'라고 불리던 스타 김염金焰의 큰누이동생이었다.

조선의용대의 총대장은 김원봉, 제1지대장은 박효삼朴孝三, 제2지대장은 이익성, 그리고 왕통王通과 김학무가 각각 1, 2지대의 정치위원으로 임명됐다.

식순의 하나로 전체 대원들의 가슴에 배지(휘장) 하나씩을 달아주는데 거기에는 '조선의용대'라는 한글 글자 다섯 자와 'Korean Volunteer'라는 영문자 한 줄이 새겨져 있었다.

나는 제1지대에 소속돼 제9전구(호남성)로 떠나게 됐다. 제2지대는 제5전구(호북성)로 떠나는데 그중 일부는 제1전구(하남성)까지 진출을 했다.

당시 제9전구의 사령장관은 진성, 나중에는 설악薛岳, 제5전구의 사령장관은 이종인李宗仁, 그리고 제1전구는 위립황衞立煌이 사령장관이었다.

대무한을 보위하는 시민들의 사기를 진작하기 위해 각 사회단체들이 한구청년회관에서 연극 공연들을 하는데 우리도 축에 빠질 수 없어서 부랴사랴 연극 하나를 준비하게 됐다. 벼락장醬 담그듯이 해낼 작정인 것이다.

한데 총칼밖에 모르는 집단인지라 문화 예술 인재가 얼마나 결핍했

던지 그 각본을 쓰라는 명령이 떨어지기를 뉘게 떨어졌는가 하면 바로 나 이 김학철에게 떨어졌다.[8]

5. 의열단의 후신, 조선의용대

조선의용대는 사실상 의열단의 후신이라 할 수 있다. 김원봉이 조선의용대의 대장에 취임했고, 이춘암·김성숙·유자명·최창익 등은 조선의용대 지도원으로 추대되었다. 부대장은 신악이 담당했다. 부대에는 기요조機要組를 두어 신악이 조장을 겸했고, 정치조의 조장은 전위동맹원인 김학무가 맡았다. 기관지는 이집중이 맡았으며, 훈련소 주임은 김원봉이 겸임했다.

그 밖에도 부녀봉사단 단장에는 김원봉의 부인 박차정이, 3·1소년단 단장은 당시 17살이었던 최동선이 임명되었다. 기관지로 월간 잡지 《조선의용대》와 반월간 잡지 《조선의용대통신》을 발행했는데, 편집위원으로는 이두산이 임명되었다.

조선의용대 창설 당시의 편제는 다음과 같다.

창설 당시 조선의용대 편제

총대원(13명)

　　대장: 김원봉

　　기밀주임: 신악

총무조장: 이집중

정치조장: 김학무

부원: 이형래, 주세민, 이춘암, 석성재, 김인철, 한지성, 윤세주, 진
　　일평, 김석락

제1구대(43명)

구대장: 박효삼

대부隊附: 김세일

정치공작원: 왕통

제1분대장: 최경수, 대부: 장중광

제2분대장: 조열광, 대부: 이해명

제3분대장: 엽홍덕, 대부: 이지강

대원: 34명

제2구대(41명)

구대장: 이익성

대부: 진원중

정치지도원: 김학우

제1분대장: 이세영, 대부: 장중진

제2분대장: 강진아, 대부: 호철명

제3분대장: 이영신, 대부: 한득지

대원: 32명[9]

조선의용대 창설은 항일투쟁에서 매우 중요한 전기가 되었다. 그동안 외교론이나 실력양성론에 실망해온 무장투쟁론 계열의 독립운동가들은 조선의용대 창설에 큰 기대를 걸었다.

김원봉은 조선의용대 창설이 갖는 의미를 기관지《조선의용대 통신》에서 다음과 같이 정리했다.

중국항전을 불씨로 하여, 동방 각 민족이 모두 혁명의 횃불에 불을 붙였다. 이는 동방 피압박 민족의 반일본 제국주의 혁명의 새로운 발전이며, 이 새로운 발전은 장차 동방 각 민족해방 후의 우의의 기초를 세울 것이다. 때문에 우리들은 목전의 가장 주요한 공작이 재중국 각 민족의 무장대오 건립임을 깨닫고, 아울러 각기 국내의 혁명군중과 각 민족 간에 긴밀히 연대하여야 한다.

이리하여야만 비로소 중국항전의 승리와 동방 각 민족의 해방을 촉진할 수 있을 것이다. 재중국 각 민족 무장대오의 건립은 각 민족이 해방의 기간대오를 쟁취하는 것일 뿐만 아니라, 이들은 중국항전 승리 후 동방 평화를 보장하는 동맹군이다. 때문에 우리들의 무장대오 건립의 의의는 완전히 중국항전 승리와 동방 각 민족의 영원한 우의적 연합을 위한 것이다.[10]

6. 일본 반전운동가들과 연계투쟁

일본인 가지 와다루는 당시 중국에서 반전운동을 벌이던 양심적인 인텔리겐치아(지식층)였다. 와다루는 오래전부터 김원봉의 활동을 지켜보면서 그의 활동에 공감하게 되었고, 1938년 12월 25일 궤이린에서 재중국 일본인민반전동맹(반전동맹)을 결성해 일제의 침략전쟁을 규탄하고 반전운동을 전개했다.

김원봉은 '반전동맹' 창립대회에 조선의용대 대장 자격으로 참석해 축사를 했다. 그리고 1940년 12월 8일에 조선의용대가 주최한 '일본반전동지환영회'에서 "일본반전형제와 우리 조선의용대는 똑같이 파시스트에 반대하는 좋은 형제"라고 동지적 관계임을 역설했다. 조선의용대와 일본반전동맹 그리고 대만(타이완)의 대만의용대가 국제연대를 맺고 공동투쟁을 벌이기도 했다.

일본반전동맹 대표 아오야마 가즈오靑山和夫는 조선의용대의 활동을 높이 평가했다. "중국항일전선에서 가장 크고 유력한 국제대오인 조선의용대는 일본 혁명을 목적으로 하는 우리들에게 있어서 모범이며 큰형이며 혁명 선배이다. 조선의용대가 큰형으로서 중국에서 항전 중인 일본 혁명 분자와 맺은 혁명적 관계는 일본 혁명 투쟁 운동사상 공전의 역사적 의의가 있다"라고 했다.[11]

아오야마 가즈오와 경쟁관계였던 가지 와다루는 김원봉과 속내를 주고받을 정도로 가까운 사이가 되었다. 와다루가 김원봉의 인물과 투쟁정신에 지극히 신뢰하고 존경하게 된 것이다. 와다루는 조선의용대를 다음과 같이 평가했다.

이 나라에 머물고 있는 조선의 애국자들이 항전 참가를 위해 김약산의 지휘하에 조선의용대를 결성하고, 대만인 애국자들이 조국의 저항을 돕기 위하여 대만의용대를 조직하려 한 것은 특기하지 않으면 안 된다.

특히 조선의용대는 황포 기타 중국군관학교에서 훈련받은 적이 있는 청년군인을 기간으로 하여, 수백 명의 구성을 갖고 있어, 한 부대는 무한전투 후 북상하여 연안과 화북으로 들어갔고, 다른 한 부대는 무한 방위를 위해 무장선전대로 활동한 후, 국민당군과 함께 화북·호남·광서·서천성의 각 전장에 흩어져, 이윽고 일본인민반전동맹이 조직되자, 각지에서 밀접하게 이들과 협력하여 활동했다.[12]

김원봉과 조선의용대에 매우 우호적이고 동지적 관계였던 와다루는 이 무렵 직접 조선의용대 숙소를 방문하고, 그 소회를 남기기도 했다.

무창 시내의 비교적 큰 민가를 빌려 숙소로 삼고 있었다. 가운데에는 납작한 돌로 만든 마당을 둘러싸고, 네 채의 숙소로 이루어져 있고, 집합 명령으로 각 동의 방에서 '와' 뛰쳐나오는 100명 전후의 초록색 군복을 입은 젊은이들이 갑자기 마당을 가득 채웠다. 미처 뛰어나오지 못한 자들은 복도 창문을 몽땅 열고 겹겹이 얼굴을 내밀고 있었다. (중략)

대장이 개회를 선언하고, 이어서 나를 소개하며 인사를 시켰다. 실제로 나는 지금까지 발랄한 이렇게 많은 조선인 젊은이들이 이런 곳에 있다는 것이 현실로 느껴지지 않았기 때문에, 질리는 듯한 기분을 느꼈지만, 아오야마 가즈오가 뒤에서 재촉했기 때문에 흥분을 느끼면서 앞으로 나갔다.

나는 솔직하게 "지금 이곳에서 이렇게 훌륭한 집단을 가진 조선의

형제들과 얼굴을 맞대니 가슴이 벅찬 기분이다. 함께 손을 잡고 침략
자와 힘껏 싸우자"고 소리를 질렀다. 우렁찬 박수소리가 터졌다.[13]

한편, 아오야마 가즈오는 조선의용대 창립 3주년에 즈음하여
간행된 한 간행물에서 「우리는 조선의용대를 학습해야 한다」라는
글을 썼다.

중국 항일전선에서 최대의 가장 유력한 국제부대는 바로 조선의용대
이며 오늘날 이미 3년이란 찬란한 역사를 기록하고 있다. 우리는 조선
의용대의 3년간 어려웠던 상황을 논하지 않겠다. 3년간의 조선의용대
가 침략주의자 일본 파쇼들과 용맹스럽게 투쟁하여 쟁취해낸 성공적
인 발전사에 대하여 그리고 중국해방전쟁의 희생적인 지원에 대하여
존경을 표하며, 동시에 일본 혁명을 목적으로 우리에 대해 전형적인
큰형, 우리의 혁명 선봉대—조선의용대의 광범위한 발전에 대해서도
십분 위안이 됨을 밝힌다.

　　우리는 조선의용대가 무한지역에서 보위전을 치르고 있을 당시 성
립된 이래, 혁명의 장소에서 우리에게 여러 가지 방면에서 선두주자의
역할을 맡았을 뿐만 아니라, 전선에서 적에 대한 활동을 만들어 일본
혁명의 여러 선발대와 맞서 저항한 것은 당시 우리의 큰형으로 여길
만한 일이며, 이 일에 대하여 우리는 잊을 수 없으며 깊은 감사를 보낸
다.

　　특별히 우리가 십분 감사하는 것은 우리의 연구실이 확장된 이래,
조선의용대는 큰형과 같이 우리에게 지원을 했으며, 우리는 결의 아래

혁명을 위하여 전진함으로써 그에 보답했다. 일본 파쇼 제국주의를 타도하기 위하여, 조선 민족의 독립해방을 위한 투쟁대오와 일본 혁명의 노동계층 간의 긴밀한 연합이 매우 중요함은 말할 필요도 없다.

이렇게 조선의용대는 중국항전을 지원하여 일본 혁명자들과 혁명의 관계를 형성했다. 이는 일본 혁명 투쟁운동 역사상 유래없는 역사적 의의를 지니고 있는 일이다. 우리는 이러한 역사적 의의를 기념하기 위하여 더욱더 의미 있는 방향으로 노력해야 한다.

특히 중국항전을 지원하고 일본 혁명 반전을 주장하는 이들의 투쟁 및 조직은 오늘날 모두 약세한 입장에 놓여 있기 때문에 우리는 조선의용대를 혁명 실현을 위한 선경험자로 삼아야 한다.

조선의용대의 3년간의 어렵고 힘든 투쟁, 혁명의 희생정신과 결연함과 발전력이 우리에게는 앞으로 한층 더 혁명의 진전을 위하여 대장 김약산金若山과 백 명의 대원들이 우리에게 지원을 제공해준 것에 대하여 경의를 보낸다.[14]

7. 임시정부에서도 한국광복군 창설

조선의용대 창설은 여러 측면에서 한국 독립운동에 일대 변화를 가져왔고, 시대적인 역할을 했다. "조선의용대는 1940년대 중국 관내에서의 한인의 양대 군사조직이던 한국광복군과 조선의용군의 창설 및 발전에도 적지 않은 기여를 했다고 할 수 있다. 즉 조선의용대의 존재와 활약상은 대한민국 임시정부가 숙원이던 광복군의 창군을 서둘러 실행하게끔 간접적으로 고무하는 효과를 낳았고, 나중에 가서는 광복군의 인적자원의 보충원이 돼주었던 한편으로, 조선독립동맹 산하 조선의용군의 실질적인 조직기초이자 충원기반으로도 기능했던 것이다."[15]

조선의용대 창설이 임시정부의 광복군 창건을 서두르게 된 계기가 된 것은 사실이다. 당시 중국 관내에서 가장 큰 세력을 형성하고 있던 우파의 김구와 좌파의 김원봉은 어느 정도 경쟁 관계에 있었다. 김원봉 세력이 중국 정부의 지원을 받아 조선의용대를 창설한 것이 김구 진영에는 충격으로 받아들여졌을 것이다.

조선의용대는 일본군 9개 사단 30만 병력이 우한을 공격하고, 전략적 요충지인 우한에서 치열한 공방전이 벌어지는 급박한 상황에서 창설되었다. 그만큼 중국 정부도 한국 청년들의 지원이 절실했다.

그러나 조선의용대는 처음부터 일정한 한계를 갖고 창설되었다. "중국 군사 당국의 인준을 거치면서 국민정부군에 대한 지원부대라는 다소 특수하고도 제한적인 지위와 임무를 부여받았"[16]고, 조선의용대 대원들의 활동비로 매월 식비 20원과 공작비 10원씩을 중국 측으로부터 지원받았다. 따라서 조선의용대의 활동도 제한적일 수밖에 없었다.

김원봉 산하의 대원들은 군관학교와 레닌주의정치학교 등에서 이미 정치·군사훈련을 받은 터라 모두 자질과 기량이 우수했다. 김원봉 대장의 비서 출신인 중국인 쓰마루(사마로)는 자신의 회고록에서 조선의용대원들을 다음과 같이 높게 평가했다.

이들 혁명청년들은 인원수는 비록 많지 않았지만 그 소질만큼은 극히 양호했다. 그들은 모두가 25세 전후의 나이로서, 나라가 망한 지 30년 기간 동안 대부분이 혁명가의 집안에서 자라났고 아버지를 따라 여기 저기 떠돌아다니는 사이에 부단히 혁명적 훈도薰陶를 받아왔다. 그들은 튼튼한 신체에다 장대壯大한 체력을 갖췄으며, 삶의 어려움을 극복해왔다. 또한 희생을 두려워하지 않았고, 굳센 의지에다 순결한 사상을 품고 있었으며 사회관계는 단순했다. 게다가 그들은 모두가 적어도 중국어, 한국어 및 일본어의 세 가지 언어문자를 해득할 줄 알았다.[17]

김원봉도 조선의용대를 "군중단체가 아니라 간부집단"이며 "관내에 있어서 제일 우수한 군사정치간부의 절대다수 골간으로서 조직된 간부집단"이라며 그 우수성을 자부하면서, '조선 민족 해방의 선봉대'라고 자임했다. 조선의용대의 창설 전후와 관련하여 님 웨일스는 다음과 같이 이야기했다.

1938년, 예전에 유명한 테러리스트였던 김산의 친구 김약산이 일본과 싸우기 위해 화중華中에서 조선항일의용군(최초의 명칭은 국제여단)을 조직했다. 이 수백 명의 조선인들은 조선민족연합전선 및 조선민족혁명당의 서기인 김약산의 지휘를 받고 있다. 내가 받은 이 집단의 선전책자에는 그들의 "최대임무는 국내외의 모든 혁명분자를 통일하여 전 조선 인민의 항일투쟁을 준비하는 것"이라 쓰여 있다.

내 남편 에드거 스노는 1938년에 한구漢口에서 이 의용군 소속의 조선인 몇 명과 회견했다. 그는 이들이 중국 정부로부터 지원을 얻어내는 데는 많은 어려움이 있다고 내게 이야기했다. 국민당은 이처럼 열렬한 좌익혁명가들이 자기네 군대에 대하여 형제애를 갖도록 하는 일을 별로 탐탁지 않게 여겼으며, 그랬을 경우 나타날 정치적 결과를 두려워하는 태도가 역력했다. 그렇지만 얼마 지나지 않아서 이 부대는 최전선에 배치되었다. 그러자 수많은 조선인들이 일본군을 탈출하여 여기에 합세했다.

조선인의 일본군에 대한 태업도 많이 일어났다. 또한 그들은 중국의 첩보활동에서 매우 귀중한 부분이기도 하다. 조선인 징병자들은 기회만 있으면 탈주했다. 1939년 2월에는 약 7,000명의 조선인 부대가 광주 부근에서 반란을 일으켜 일본인 장교들을 죽였다. 이런 사건들은 빈번하게 일어났다.[18]

8. 장제스, 김구와 김원봉을 초청해 한중연합전선 제의

김원봉과 의열단 출신들은 조선의용대 창설을 계기로 중국 관내 지역 항일독립운동 진영에서 우뚝 서는 계기가 되었다.

1937년 중일전쟁이 발발하자, 7월 10일 장제스 중국군사위원회 위원장은 김구와 김원봉·유자명을 국민당 정부 하기 훈련단이 있는 뤼산으로 초빙했다. 이 자리에서 장제스는 한중 항일연합전선을 구축할 것을 제의하고, 재정지원을 약속했다. 중국 정부는 김구와 김원봉을 크게 우대하여 이 같은 지원을 약속했다.

김원봉과 민족혁명당은 중국국민당 정부의 지원을 받으면서 활발하게 항일전을 전개했다. 일본 정보기관에서는 이 무렵 김원봉 세력의 조선의용대 창설 등 주요 활동을 다음과 같이 포착하여 상부에 보고했다.

1) 중국 쪽으로부터 상당히 많은 활동자금을 지급 받은 것 같아서 김원봉은 7월 12일에 이미 은고恩顧가 있던 중국 남의사계의 지도 아래 북부중국 완찰綏察 방면에 파견해 있던 30여 명의 당원에게 최선을 다할 것을 지령하고 조선인 비행사 20여 명을 낙양에 집결 대기시켰으며, 당원 수십 명을 거느리고 낙양에 와서 중국 군정당국의 지휘 하에 반만항일의 실행운동에 참가시킬 것을 계획하는 한편, 남경군관학교 졸업생으로 구성된 특무대원 30명을 29군 27사(師: 중국 국부군)에 분산 배치하여 보정保定을 근거지로 삼아 북경·천진 방면에서 반만항일 테러공작을 감행하여 일본군의 후방교란을 획책했다.

2) 8월 상순 조선민족혁명당 대표회에서 의용군 조직을 기도하고 그 승인을 장개석에게 교섭 중인바 국민정부에서도 이를 허용하여 중국특별의용군으로 명명하고 장비 및 군비를 지출할 것을 결정하고 군관학교 재학생 95명 및 지원자를 합한 약 360명을 남경 교외의 어느 사원에서 약 일주일간 훈련시킨 후 북부중국으로 출발시키려 하고 있다.

3) 당의 중심인물 석정石正 윤세주는 전쟁 이래 첨예당원 수십 명을 인솔하고 상하이로 가서 상하이특구 책임자 최석순 등과 함께 중국편의대의용군便衣隊義勇軍 본부, 중국 각 항일신문사 등과 연락하여

중·한 합작 책동에 분망하다.

4) 남경과 기타 지역에 대기하고 있던 군관학교 졸업생 약 40명은 10월 20일 강서군사훈련소를 향해 출발했는데 훈련 후 곧 항일전에 참가할 예정이다.

5) 9월 중순경 조선민족혁명당 간부 석정 즉 윤세주와 최석순 등은 상하이 불조계佛租界 하비방霞飛坊 15호 2층의 1실을 아지트로 하여 당면 긴급임무로써 "일본 측의 군사 정보를 수집할 것," "일본 군부에 고용되어 있는 통역·운전수·간호부·길 안내인, 기타 조선인의 성명, 인적 상황을 조사할 것," "일반 조선 교포로부터 중국 군인 부상자의 위문금을 모집 송부할 것" 등을 정하여 활동하고 있다.[19]

1938년 5월 중순 민족혁명당 3차 전당대회가 열렸다. 그러나 이 무렵 최창익 등이 민족혁명당을 탈당하여 조선청년전위동맹을 결성하는 등 분파활동이 이어지면서 민족혁명당은 당세가 크게 약화되었다. 김원봉은 나날이 변해가는 전세를 지켜보면서 조선의용대 창설에 나서게 되었다.[20]

11장 ─────────
두 쪽으로 갈라진 조선의용대

1. 조선의용대의 다양한 활동

조선의용대가 일차적으로 맡은 임무는 대적 선전공작이었다. 일본 군 병사들에게 반전·염전의 정서를 불러일으키고 사기를 떨어뜨려 서 투항을 유도하는 심리전이었다. 또 강제로 일본군에 끌려온 조선 청년들을 빼내오는 역할도 했다.

조선의용대 대원 대부분이 일본어에 능숙하고 일본의 정치· 군사는 물론 문화 사정에 밝았기 때문에 선전공작 임무에 가장 적합했다. 의용대원들은 적진 깊숙이 침투하여 일본 병사들을 선무하는 각종 선전활동을 하고, 때로는 일본군 주둔지역 시가지 곳곳에 일어로 된 다음과 같은 반전 표어와 벽보를 붙이는 등 적군을 혼란시키는 심리작전을 수행했다.

"일본의 형제들이여! 우리의 공동의 적은 바로 일본 군벌이다."
"일본 병사들이여! 무엇하러 머나먼 타국에 와서 아까운 목숨을 버리려 하는가."
"집안 식구들은 그대들이 돌아오기를 목이 빠지게 기다리고 있다."

"그대들의 총부리를 당신네 상관에게 돌려라."

의용대의 선전방식에는 여러 가지 유형이 있었다. 일본군 주둔지역 주민들에게 강연이나 토론, 창가 등의 방식을 통해 국제 정세와 일본군의 만행을 알리고 항일 분위기를 고취시키는가 하면, 일본어와 중국어로 된 소책자와 전단 등을 수십만 장씩 만들어 뿌리기도 했다. 또한 일본군이 투항할 때 쓸 신변보호용 통행증도 살포했다.

만화·연·인형 등의 재료를 수시로 임기응변적으로 활용하기도 했고, 계림과 중경에서 재화일본인민반전동맹의 가지 와다루와 손을 잡고서 일본군 상대의 일어 방송을 하기도 했다.[1]

조선의용대는 "대적선전대 혹은 단기 일본어반을 조직하고 중국군 사병을 선발하여 초급 대적 선전요원을 훈련시켰고, 교수 기간은 400여 시간에 달했다."[2]

이와 같이 조선의용대의 항전활동은 다양한 방법으로 수행되었다. 그렇다고 의용대가 대적 선전활동만 한 것은 아니었다. 상황에 따라서 중국군과 합동작전을 통해 기습공격이나 매복공격으로 적을 사살·교란했다. 적의 통신과 교통시설, 전쟁장비를 파괴함으로써 적의 전력을 마비시키는 활동을 했다.

조선의용대 대원들은 1940년 3월 23일의 매복전에서는 적 탱

조선의용대 창립 1주년 기념 사진(1939.10.10).

크 2량과 자동차 8량을 불태우고, 적군 약 30~40명을 사살하는 전과를 올리기도 했다.[3] 조선의용대 대원들은 여러 차례 유격전을 벌여 일본군에게 큰 타격을 주었다.

이 밖에도 조선의용대의 활동은 다양했다. 중국군 내에 파견되어 홍보 유인물을 발간하고, 정훈요원으로 선발되어 음악회·토론회·강연회 등을 열고 정신교육을 담당하기도 했다. 이들은 수시로 중국 인민들과 접촉하면서 군민대회軍民大會를 개최하고, 간이 소학교를 세워 난민 아동들의 교육도 담당했다.

의용대의 역할 중에는 중국군에 포로로 잡힌 일본군 소속 한족韓族 동포 청년들을 인계받아 재교육시키고 이들을 의용대원으로 편입시키는 일을 빼놓을 수 없다. 이렇게 하여 의용대원으로 편입시킨 대원이 2년 동안 50여 명에 이르렀다.

일본군에 강제징집된 조선 청년을 포함한 중국 내 조선 민중에 대해 선전교육을 진행하여 그들이 항일독립투쟁의 대열에 조속히 가입하도록 동원시키는 것이었다. 1939년 3월, 의용대 대원들은 귀주 진원진鎭元鎭의 중국 국민정부 군정부 제2포로수용소(즉 평화촌)에 들어가 이곳에 수용된 31명의 한국적 일본군 사병에 대한 교육을 진행하여 전부 깨우치도록 했으며, 2명이 수용소에 남아서 일한 외에 기타 29명은 조선의용대에 가입했다.[4]

조선의용대의 대외활동도 기록할 만한 업적이 있었다. 반제연합전선을 형성하고, 이를 주도하는 역할을 한 것이다. 일제에 침탈당한 민족의 인사들의 반제국주의, 반파시즘 공동전선을 형성하기 위해 대만의용대·재화일본인반전동맹·인도의료대와 연계하여 반일전선을 맺고 활동했다. 조선의용대의 창설과 활동은 여러 나라 반제국주의 인사들에게 큰 충격을 주고, 반제국주의 기구를 결성하는 계기가 되었다.

조선의용대를 중심으로 여러 나라의 반제국주의 기관들과 연계투쟁을 하게 되면서 국제적인 관심을 모으고, 각국의 언론은 이를 크게 보도했다. "미국, 인도, 월남, 소련 등의 반전 인사들이 조선의용대의 창설 및 그 활동에 각별한 관심을 가지고서, 그들의 특파 기자를 통하여 각국의 신문·잡지상에 의용대의 활동을 크게 보도하기도 했다."[5]

2. 반파시스트동맹 결성

일제 침략에 공동으로 대응해야 한다는 인식이 점차 높아지면서 1938년 7월 7일에 재중在中 반일운동세력은 조선의용대를 중심으로 국제 반침략 역량을 집중하는 '일본·조선·대만 반파시스트동맹 창립준비위원회'를 구성했다. 이를 토대로 1938년 12월에는 '일본·조선·대만 반파시스트동맹'이 결성되었고, 세 나라의 대표들은 동방 약소민족이 모두 중국의 항전 기치 아래 단결하여 싸울 것을 다짐했다.

「일본·조선·대만 반파시스트동맹 창립준비위원회 선언」의 주요 내용은 다음과 같다.

> 일제는 월남·인도·버마·필리핀 등 아시아 전 민족을 정복하고, 아시아를 독점하려는 몽상을 실현하려 한다. (중략) 일본 파시스트 강도는 국내 대중 및 식민지 조선과 대만의 민족을 모두 침략전쟁에 몰아넣어 죽이고, 동방의 모든 인민을 전쟁의 참화로 몰아넣을 것이다. (중략) 일본 파시스트 지배하의 우리들 피압박 대중은 일본 국내의 근로대중이나 식민지 조선과 대만의 민족이나 모두 이미 엄중한 관두에 도달해

있음을 명확히 해야 한다. (중략) 우리는 스스로의 생존과 해방을 구해야 하며, 일본 파시스트 강도의 도살 참화를 입고 있는 중국 형제를 구해야 한다.

우리들 투쟁선상에서 가장 중요하고 공동적인 문제를 해결하려면, 그것은 어떻게 우리들의 투쟁역량을 하나의 동일한 보조에 집중하여 전진하는가? 어떻게 능히 중국의 위대한 항전을 지지할 것인가? (중략) 하는 점이다. 우리는 우선적으로 반일 반파시스트 군벌의 연합적 기구를 건립해야 한다. 우리들은 저 위대한 항전전선의 중국에서 반일본 파시스트 군벌 투쟁분자의 임무를 수행하기 위해, 연합하여 공동투쟁을 진행하자.[6]

조선의용대는 국제적인 연대를 강화하면서 이들과 연대해 일제를 타도할 방안을 찾았다. 일본반전동지회와도 돈독한 관계를 맺고 있었다. 일본반전동지회는 조선의용대 성립 3주년을 맞아 우에신植進, 타카하시 신이치高橋信一 등 4명의 명의로 1941년 10월 3일에 김원봉 조선의용대 대장에게 축사를 보내어 두 단체의 협력과 우호를 다짐했다.

귀 의용대 성립 제3주년 기념일을 맞이하여 혁명사업에 종사하는 사람들 모두 오늘을 경축했다. 특히 일본 제국주의는 이미 최후 붕괴 지경까지 온 현재, 이는 조선의 2천3백만 동포들의 기념일이며, 동시에 중국 및 일본 혁명 동지들에게도 중대한 의미를 지닌 날이다.

이에 특별히 다음과 같이 경축을 표하고자 한다.

귀 조선의용대는 20여 년의 혁명 경험을 한 김약산 선생을 총대장으로 두고 있으며, 1938년 10월 10일 한구漢口에서 정식으로 성립된 이래, 중국 전 지역에서 활동하고 있는 조선혁명 동지들은 용감하게 정의를 위한 중국항전에 직접 참여했으며, 일본 제국주의의 노예정책을 단념시키기 위하여 그리고 조선 민족의 자유독립을 쟁취하기 위하여 조선 민족의 깃발 아래 일치단결해야 하며, 끝까지 투쟁을 밀고 나가야 한다. 우리는 조선의용대 성립 이래 이러한 굴복하지 않고 꺾이지 않는 투쟁정신에 대하여 탄복하고 있다.

　조선혁명투쟁사에 참가하는 1909년 안중근 의사가 이토 히로부미를 암살하고, 1910년 최익현, 이은찬, 김수민 등 선열들이 이끌어온 의병운동, 1918년 조선총독부 및 일본궁성日本宮城 이중교二重橋의 폭발사건, 1919년 손병희, 한용운 등의 선열들이 이끌어온 3·1 대혁명 운동, 1932년 윤봉길 열사의 폭탄 투척으로 상하이 파견 군사령관은 즉사했고, 그 영향으로 일본 제국주의에게 큰 중상이 가해졌으며, 중국항전에 참여할 조선인을 모집했다.

　이는 일본 군대의 중대한 임무를 와해시키기 위한 활동사항들이다. 성립 당시 3년 전 10월 2일, 조선의용대의 일부는 제5, 제9전장 지역에서 중국항전에 커다란 공헌을 세웠으며, 또한 중국항전에 참가하면서 신예부대의 역할을 했다. 동시에 조선의 2천3백만 동포들의 해방을 위하여 투쟁했다. 이렇게 귀 대오는 조선 민족의 선봉자로 그리고 기타 각 혁명단체 및 혁명동지의 모범을 보여주었다는 것은 의문의 여지가 없는 사실이다.

　현재 귀 대오의 대부분 동지들은 이미 전선에 파견되어 활동을 하고 있으며, 동시에 적 후방에서도 활동을 벌이고 있다고 들었다. 귀 대오가 중국 정부의 원조 아래 머지않은 장래에 반드시 조선혁명을 완성해내기 위하여 최선의 노력을 다하려는 원대한 포부를 가지고 있어서 기쁘고 위안이 되며 반드시 그러한 포부가 이루어지리라고 굳게 믿고 있다.

동시에 중국과 한국 그리고 일본의 역량을 연합하여 동방 민족의 공동의 적인 일본 천황 및 일본 군벌을 모조리 지구 밖으로 쫓아내야 하며 중한일 3개국 민족의 자유해방을 유리해나가야 한다. 마지막으로 귀 대오의 용감한 모든 혁명전사들의 건강과 성공을 기원한다.[7]

3. 조선의용대, 분열될 위기를 맞다

조선의용대는 의용대원 일부가 화베이(화북) 지역으로 진출하면서 뜻하지 않은 중대한 시련을 맞았다. 화베이 지역 진출이 일제와 본격적으로 전투하기 위해 필요한 행동이라고 할 수도 있다. 조선의용대가 후방에서 대적 선전활동이나 하고 있기에는 정세가 너무 급속히 변하고 있었기 때문이다. 국민당 정부는 여전히 내부의 적을 먼저 소탕해야 한다는 이유로 공산당 세력 타도에 전력을 쏟고 대일 항전에는 소극적인 노선을 취했다. 반면에 화베이 지역의 팔로군은 치열하게 일제와 싸우고 있었다.

이런 상황에서 조선의용대의 젊은 대원들은 화베이 지역으로 이동하여 일제와 싸우기를 바랐다. 당시 만주 지역에는 조선인이

120여만 명 살고 있었고, 화베이 지방에는 20만 명 내외가 살고 있었다. 중일전쟁 이후 이 지역의 한국 교포는 하루가 다르게 늘어났다. 조선의용대원들 사이에서는 이렇게 인구가 늘어나는 것에 착안하여 만주·화베이에 근거지를 구축하여 동북지방의 조선무장부대와 연합하여 일제와 싸워야 한다는 주장이 거세게 제기되었다. 후방에서 선전활동이나 할 것이 아니라 동포들이 많이 사는 만주와 화베이로 옮겨 무장투쟁을 하자는 뜻이었다.

1940년 11월 4일, 충칭의 조선의용대 본대에서 열린 제1차 확대간부회의에서는 지난 2년여 동안의 활동을 평가하고, 자체무장 결여·자력갱신 정신 결핍 등의 문제를 지적하면서 다음과 같은 사항을 결정했다.

1. 조선 동포 다수 거주지역(화북과 만주)으로 진출.
2. 대隊의 자체 무장화를 통한 항일무장대오의 건립.
3. 종래의 분산적·유동적인 정치선전공작으로부터 역량 집중과 근거지 건립에 기반한 전투공작으로의 공작 중점 변경.
4. 국민정부군 지원활동은 대일선전간부의 훈련에 치중.[8]

조선의용대는 확대간부회의에서 결정한 대로 적 후방으로 이동하여 무장투쟁을 벌이는 것으로 의견을 모았다. '적후방'은 화베이 지역과 만주 지역으로 압축되었다. 조선의용대 제2지대는 이미 공산당이 장악한 인접 지역인 시안(서안)과 뤄양(낙양) 전구(戰區, 독자적으로 맡아서 전투를 수행하는 구역)에 배치되었기 때문에 제1대와 본대만 떠나면 되는 처지였다.

당시 혈기왕성한 젊은 대원들은 적진으로 들어가 무장투쟁을 하는 것을 바랐다. 장제스의 국민당 정부 측보다는 마오쩌둥이 이끄는 공산당 팔로군 측의 노선에 더 동조했다. 조선의용대 대원 중에는 레닌주의정치학교 과정 등을 거치면서 공산주의 이념에 빠진 대원도 적지 않았다.

조선의용대의 화베이 이동에는 내부적인 역학관계도 크게 작용했다. 민족혁명당 시절부터 내부에 공산주의를 신봉하는 세력이 있었고, 그 중심에는 최창익이 있었다. 최창익은 조선의용대 활동 중에도 김원봉과 자주 마찰을 빚었으며, 김원봉과 일종의 경쟁자 비슷한 관계였다.

1938년 10월, 최창익은 옌안으로 떠난 뒤에도 부대에 남아 있는 그의 추종자들과 계속 연계하면서 김원봉의 지도력을 흔들었다. 최창익과 그의 추종자들은 오래전부터 화베이 지역에 주둔한 팔로군 측과 내밀한 관계를 유지해왔다.

이와 같은 내부의 역학관계와 함께 중국 내의 국민당 세력과 공산당 세력의 관계가 악화되는 등 제반 상황이 조선의용대의 주력부대가 화베이로 이동하게 되는 계기를 만들었다. 김원봉은 자신의 지도력에 손상을 감내하면서도 주력부대의 화베이 이동을 막기 어려웠다. 김원봉은 자신의 기반 유지를 위해서 '명분과 시대적 요청'을 거부하기 어려운 성격의 소유자이기도 하다.

김원봉은 이 무렵 발표한 「조선의용대 창립 3주년 기념」이라는 글에서 "화북의 2백만 동포를 조선의용대 깃발 아래로 단결시키는 동시에, 동북의 조선 무장대오와 긴밀한 연계를 취함으로써 멀지 않는 장래에 강고한 통일된 조선 민족의 무장대오를 건립할 수 있고, 이로써 조선 민족의 자유해방을 쟁취할 수 있을 것"[9]이라며, 조선의용대의 화베이(華北) 이동의 당위성을 제시한 바도 있다.

조선의용대는 1940년 겨울에 병력을 뤄양에 집결시켰다가 이듬해 봄과 여름에 황허를 건너 팔로군 전방총사령부가 있는 타이항산에 도착했다. 화베이조선청년연합회가 이들을 인도하여 대원들이 무사히 현지에 도착할 수 있었다.

중국공산당은 조선의용대의 활동을 지켜보면서 오래전부터 '눈독'을 들이고 있었다. 조선의용대의 용맹성과 한·중·일어에 능통하고 반일의식이 강한 병사들이라는 사실을 알고서는, 이들을 자기들 세력권으로 끌어들이고자 여러 가지 공작을 추진해왔다. 무엇보다 리더십이 강한 김원봉이 대원들과 함께 화베이에 도착하면 조선의용대 지휘권이 그에게 돌아갈 것이기 때문에 중국공산당이 직접 통제하기 어렵다고 판단해, 김원봉의 화베이행은 차단하고 그들의 오랜 동지인 무정武亭과 김두봉·한진 등을 내세워 대원들만 화베이로 오도록 했다.

4. 중국공산당의 김원봉 고립 작전

중국공산당은 충칭에 잔류한 김원봉의 리더십이 타이항산 한인들에게 미치는 것을 차단하려고 김두봉에게 시선을 집중시켰다. 민족혁명당, 조선의용대, 조선민족전선연맹 출신 화베이조선청년연합회의 역량을 집결시키고, 또 이들의 반발 또는 갈등을 제어하고 무마시킬 수 있는 인물이 필요했기 때문이다.

김원봉과 친하면서도 중국국민당이나 한국독립당과는 상대적으로 관계가 약하고, 정치성과 파벌성 등도 무난하며, 한글학자로서 명성이 높은 김두봉의 캐릭터가 중국공산당의 선호에 잘 맞아떨어졌다.

다시 말하면, 중국공산당은 김원봉이 지도력을 장악하는 것을 우려했고, 또한 그가 옌안으로 왔을 때 벌어질 중국국민당과의 마찰도 피할 겸, 김원봉 대신 그와 가까운 사이인 김두봉을 중국공산당 휘하 한인세력의 대표로 지목한 것이다.

그리하면 김원봉과의 관계도 단절하지 않은 채, 그의 옛 부하들에 대한 영향력만 배제하고, 새로운 한인단체로서 화베이조선독립동맹을 이끌어낼 수 있었기 때문이다.[10]

김원봉은 자신이 심혈을 기울여 육성해온 조선의용대가 명분이나 시대상황과는 별개로, 화베이 지역으로 이동하고 자신은 충칭에 남게 되었다. 앞에서 말한 대로 조선의용대 주력이 김원봉과 차단된 데는 중국공산당의 치밀한 전략, 즉 김원봉을 배제함으로써 자신들이 지도권을 확보할 수 있다는 철저한 계산에 따른 것이었다.

김원봉 주변에 중국인 쓰마루라는 사람이 있었다. 중국공산당 학교를 졸업하고 중국공산당 당원으로 충칭에서 김원봉의 비서 역할을 한 사람이다. 주로 조선의용대 간행물의 중국어판 편집책임을

조선의용대 성립 2주년 기념 연설을 하는 김원봉(맨 왼쪽).

맡았다. 그는 조선의용대 대원 상당 부분이 옌안으로 가게 된 경위를 자서전에서 자세히 썼다(김성숙은 쓰마루의 증언이 사실과 다르다고 밝힌 바 있다). 쓰마루의 증언을 들어보자.

조선의용대는 대체로 25세 안팎의 약 3백 명의 대원으로 구성되어 있었으며, 사기는 왕성했고 중국어든지 일어는 충분히 구사하는 수준이었습니다. 한마디로 질 높은 병력이었습니다. 1940년 9월께부터 중경에 와 있던 중국공산당 간부들은 이들에 주목하기 시작합니다. 이들을 중국국민당 영향 아래 놓아둘 것이 아니라 중국공산당 영향 아래로 옮기자는 욕심을 갖게 되었다는 겁니다.

여기서부터 음모가 진행됩니다. 어느 날 평당원에 지나지 않는 쓰마루가 주은래를 비롯한 재중경 중공당 간부들의 저녁 초대를 받고 칭찬과 격려의 말을 듣습니다. 특히 주은래는 만찬이 끝난 뒤 쓰마루와 따로 사담을 갖고 "조·중 관계는 장차 매우 중요할 것이다. 제1차 중·일전쟁 때 중국은 조선에서 실패했으며 그것은 청조淸朝 붕괴의 신호였다"라고 말하면서, 장차의 중조 관계를 계획하는 일에 쓰마루가 헌신해줄 것을 당부했습니다.

쓰마루는 감격하고 흥분해 중공당 간부들에게 적극 협력하여, 우선 그들이 요청하는 대로 김원봉과 조선의용대에 대해 상세히 자주 보고했으며, 마침내 그들의 음모에 발맞춰 김원봉에게 조선의용대 대원들을 연안으로 보내도록 설득했습니다.

김원봉은 처음에는 듣지 않았습니다. 그러나 일제가 조선인들을 계속해서 화북지방으로 내몰고 있으며, 따라서 조선의용대가 더 많은 대원들을 확보해 성장할 곳은 그곳이라고 줄기차게 유혹할 뿐만 아니라, '김원봉의 3촌'인 김두봉과 김두봉의 아내도 쓰마루의 의견이 옳다고 동의하자 김원봉도 그만 넘어가고 말았다는 것입니다.

한편 조선의용대의 움직임을 감시하는 중국국민당을 속이기 위해, 중국공산당은 김원봉의 다른 친구를 통해 쓰마루의 조수를 조선의용대에 심었으며, 그는 중국국민당에 늘 허위 보고를 했습니다. 이러한 식으로 쓰마루는 조선의용대 대원들의 거의 전부를 연안으로 빼돌렸습니다.[11]

5. "망명자 가족 생계유지 때문"이라는 이유

김원봉이 옌안으로 가지 않고 충칭에 남은 이유를 다르게 보는 주장
도 있다. "만일 김원봉이 충칭을 떠났다면 수백 명의 망명객 가족들
은 무엇으로 생계를 유지할 수 있었겠는가? 이들은 김원봉을 믿었
고, 김원봉은 국민당 정부의 지원금으로 이들을 먹여 살려야 했다.
때문에 김원봉은 이들을 버리고 혼자만 연안으로 갈 수 없었다."[12]

이 시기에 김원봉은 매우 고통스러워했다. 조국 해방을 목표
로 결성한 조선의용대가 중국 국공國共 간의 이데올로기 대결과 이
해관계에서 선택되거나 배제되고, 자신은 망명객 가족들의 생계를
위해 이념적으로 크게 공감하지 않았던 국민당 정부 관할지역에 남
아 있어야 했기 때문이다.

화베이로 간 조선의용대는 타이항산 일대 중공군 제8로군 구
역으로 들어가서 그들과 제휴하여 활동했다.

1939년경부터 연안에서는 한인韓人으로서 장정기에 홍군의 작전과장
과 그 후 팔로군 포병사령관을 역임했던 무정을 중심으로 최창익을 포
함한 소수의 한인 그룹이 화북 일대의 조선인들을 규합하여 조직화함
으로써, 팔로군과 공동으로 항일전을 전개해나갈 계획을 추진하고 있
었다. 아울러 연안의 이 그룹으로부터 의용대의 제1구대원으로서 국
민당 지구에 있던 한빈韓斌에게 연락원이 파견되어 조선의용대의 북상
과 그의 흡수를 목적으로 화북조선청년연합회를 조직할 것에 합의를
보았다.[13]

화베이로 간 조선의용대는 일본군과 직접 전투에 참가하는 등 치열하게 싸웠다. 희생자도 적지 않았다. 김학철과 정율성도 타이 항산과 옌안에서 일본군과 싸웠다. 김학철은 어느 날 일본군과 싸우다 전사한 전우들을 추모하는 〈추도가〉를 지으라는 명령을 받고 가사를 지었다.

추도가
사나운 비바람이 치는 길가에
다 못 가고 쓰러지는 너의 뜻을
이어서 이룰 것을 맹세하노니
진리의 그늘 밑에 길이길이 잠들어라
불멸의 영령[14]

비슷한 시기에 옌안으로 간 정율성은 〈옌안송〉을 작곡했다. 〈옌안송〉이 널리 불리게 된 데는 곡절이 있었다. 옌안의 중심지에 있는 중앙대례당에서 군인과 민간인들을 위한 음악회가 열렸다. 이 자리에는 마오쩌둥도 자리를 함께했다. 〈옌안송〉은 옌안의 명물 바오타산(보탑산)에 걸린 노을을 노래하는 서정적인 노랫말로 시작된다. 처음 발표할 때의 노래 제목은 〈옌안의 노래〉였다. 그러나 중국 공산당 지도부가 〈옌안의 노래〉가 항일과 혁명으로 상징되는 옌안 정신을 잘 표현한 노래라는 평가를 내리면서 〈옌안송(연안송)〉으로 제목이 바뀌었다.

연안송

보탑산 봉우리에 노을 불타오르고

연하강 물결 위에 달빛 흐르네

봄바람 들판으로 솔솔 불어치고

산과 산 철벽을 이뤘네

아, 연안!

장엄하고 웅대한 도시!

항전의 노래 곳곳에 울린다

아, 연안!

(하략).[15]

〈옌안송〉은 조국을 침략한 일본군을 물리치기 위하여 천리만리 먼 길을 찾아온 중국의 청년들과 처지가 비슷한 조선 청년들에게 "혁명에 대한 열정과 적에 대한 증오를 잘 그려낸 작품으로 음악적으로도 높이 평가받았다."[16] 중국공산당 지도부의 높은 평가를 받은 것은 물론이다.

뒷날 정율성은 〈옌안송〉을 만든 동기를 다음과 같이 밝혔다.

누가 뭐라고 해도 당시 연안은 항일과 혁명의 성지였다. 하지만 아쉽게도 그런 연안을 수많은 중국인들에게 알리는 노래가 없었다. 그래서 나는 연안과 연안정신을 중국인들에게 알리는 노래를 만들고 싶었다.[17]

지금도 중국 인민 13억이 즐겨 부르는 〈옌안송〉은 이렇게 조선의용대원 정율성이 만들었다. 조선의용대원이 중국 혁명의 정신적·사상적인 혼을 불어넣은 것이다. 정율성은 김원봉이 무척 아끼던 대원이었다.

12장 ————
거듭된 희생과 시련

1. '셈해지지 않는' 희생자들

조선의열단은 식민지 시대 일제와 친일파들이 가장 두려워한 독립 운동단체였다. 많은 단원이 희생되고 충원을 거듭하면서, 창단 목적을 지키기 위해 최선을 다하고, 정세에 따라 조선의용대(군)라는 조직으로 바뀌었다. 조선의용군은 임시정부 측과 옌안파로 갈리고, 해방 후에는 김원봉 등 일부가 남쪽으로 들어온 반면 의용군 출신 다수는 북쪽으로 들어왔다.

님 웨일스의 기록에 따르면, 이런 과정에서 단원 300여 명이 희생되었다고 한다. 프랑스 철학자 자크 랑시에르의 표현을 빌리면 "셈해지지 않는 사람들"이 너무 많았다. 이들은 일상의 장삼이사나 갑남을녀가 아니라 민족해방전쟁의 전위들이었다. 의열투쟁의 과정인 민족해방전선에서 기꺼이 목숨을 바친 단원, 거사를 준비하던 중 밀정과 일경에 끌려가 소리 없이 사라진 단원, 중국군과 함께 북벌 도정에서 또는 일본군과 전투 과정에서 희생된 단원들이었다.

의열단원뿐만 아니다. 신흥무관학교 졸업생 3,500여 명 가운데 이름이라도 알려진 사람은 10분의 1이 조금 넘는다. 나머지 대부분은 봉오동·청산리 전투를 비롯하여 무장투쟁 과정에서, 또는 중국의 험준한 산속에서, 시베리아의 동토에서, 일제의 감옥에 갇혀서 희생된, 또 다른 "셈해지지 않는 사람들"이다.

반면에 일본 관동군 등에 배치되어 우리 독립군(광복군)에 총질하던 일군과 만군(만주국의 군대) 출신들은 해방 뒤 대한민국 국군의 요직을 차지하고, 쿠데타를 일으켜 국권을 장악하는가 하면, 그 추종하는 자들은 정치·관료·언론·학계·재계 등 각 분야에서 출세하고 영화를 누렸다. 상당수는 아직도 그 자리가 세습되고 있다.

과거에 조선에 관한 흉악한 음모로써 이미 폭로된 것은 모두 의열단의 소위라 할 만치 의열단은 광포한 암살단으로, 경남 밀양 출신의 김원봉이란 청년을 단장으로 하고 있다. 이 김金은 따로 김약산이란 별명을 가진 강한强漢인데, 동 단체가 조직된 것은 대정大正 9년이다. 그 후 동인은 상해·북경·천진을 다니며 항상 음모를 기획하고 있어, 당국에서도 그를 체포하기 위하여 여러 가지로 고심하고 있다.[1]

조선총독부 경무국장 마루야마和山가 발표했던 담화문의 일부이다. 김원봉의 목에는 독립운동가 중 최고 액수인 800원이 걸렸고, 단원들에게도 각각 현상금이 붙었다. 용케 살아남은 김원봉은 해방 뒤 미 군정의 친일파 경찰에 잡혀가 온갖 수모를 당하고, 1948년 남북협상차 평양에 갔다가 내려오지 않았다.

방북하기 전 김원봉의 거처에는 '괴한'들의 방화가 일어나고, 폭탄이 날아오기도 했다. 그가 월북하지 않았으면 여운형이나 김구처럼 암살당했을 것이라는 데에 많은 연구자의 견해가 일치한다.

의열단을 모태로 조직되었던 조선의용군은 일제가 패망한 뒤, 이른바 충칭파는 서울로 입국하고 옌안파는 평양으로 각각 입국했다. 그러나 남쪽에서는 친일파에 의해, 북쪽에서는 김일성 세력에 의해 탄압받고 제거되면서 그 위대한 조국해방투쟁의 역사는 비운의 막을 내렸다.

조선의용대가 갈라진 것은 중국 대륙의 정세에 따른 상황이라 하더라도 한민족에게는 비극의 극치였다. 의열단이 끝까지 하나가 되어 광복군과 함께 조국으로 들어와 국군의 모태가 되었다면 어땠을까. 의분에 넘치는 의열단의 기백으로 국군을 창설하고, 사회 각 분야에서 활약했다면, 신생 대한민국은 의기 넘치는 국맥이 이어지지 않았을까.

1919년부터 1924년까지는 왜놈들이 테러리스트들을 박멸하기 위하여 테러리스트에게 온 신경을 집중하고 있었다. 당시 왜놈들은 선전과 대중운동보다는 폭탄과 총을 훨씬 더 두려워했던 것이다. 1924년까지 300명에 가까운 가장 우수하고 용감한 의열단원들이 왜놈들에게 살해되었다. 별로 성과도 없이 희생만 늘어나자 단원들의 사기는 저하되었다. 남아 있는 의열단원의 태반은 공산주의자와 합류했으며 대중적인 정치활동에 가담하기를 원했다. 이때까지 살아남았던 의열단원 거의 전부가 1925년부터 1927년 사이에 중국 혁명을 위해 싸우다가 죽었다.[2]

의열단의 맥을 이은 조선의용군이 옌안행을 택한 것은 공산주의 이데올로기를 추종해서라기보다, 국민당 장제스 정부의 미온적인 항일전에 실망하고 마오쩌둥파의 적극적인 대일투쟁에 공감했기 때문이라고 보아야 한다. 또한 중국 혁명에 기꺼이 몸을 던진 것은 이 혁명을 통해 조국독립을 쟁취한다는 전략에 충실히 따른 것일 뿐이다. 그러나 무엇보다 안타까운 것은 1924년까지 "300명에 가까운 가장 우수한 의열단원들이 왜놈들에게 희생되었다"는 사실이다.

일제 정보기록에 따르면, 처음에 13명이 창단했던 의열단은 한때 1,000여 명에 이를 만큼 규모가 상당히 커졌다. 의열단원들은 오직 "조국해방전선에 기꺼이 몸을 던지겠다"는 일념으로 단원이 되고, 한 치 앞을 내다볼 수 없는 치열한 전쟁터를 마다하지 않고 누볐다. 그 과정에서 300여 명이 안타깝게 목숨을 잃었다. 그러나 용케 살아남은 단원들도 해방된 조국으로 돌아와서 영광보다는 고난과 시련을 더 많이 겪어야 했다.

조선의용대와 의용군의 이름으로 일제와 싸울 때도 희생자가 적지 않았다. 1944년 이후에도 팔로군과 신사군 지구에서 활동하다가 희생된 조선의용군(조선의용대) 대원 중에 확인된 희생자만 25명에 이른다.[3]

의열단에는 의열투쟁과 민족혁명당, 그리고 조선의용대(군)로 이어지는 과정에서 희생된 동지들을 추모하는 〈추도가〉가 있었다. 추모행사 때는 늘 이 노래를 불렀다.

추도가

⑴ 뼈를 껴안고 나무 밑에 쓰러지는 혁명군

　뼈에서 솟는 피는 푸른 풀에 끈적끈적

⑵ 산에 나는 새 시체 보고 울지 마라

　몸은 비록 죽어도 혁명정신은 살아 있다

⑶ 만리장성 고독한 몸 부모형제와 헤어져

　홀로 서 있는 나무 밑에 힘없이 쓰러지다

⑷ 우리 사랑하는 조선혁명 피를 많이 먹을 작정인가

　피를 많이 먹으려면 나의 피도 먹으렴.[4]

2. 타이항산에 묻힌 윤세주

의열단 창립 단원인 윤세주는 1941년 봄에 조선의용대의 주력이 황
허를 지나 화베이로 이동할 때 지대장 박효삼과 함께 조선의용대를
이끌었다. 일제는 1941년부터 1942년까지 화베이 지역의 항일 근거
지를 토멸한다는 이유로 4만 병력과 비행기와 전차까지 동원해 소
탕작전을 폈다. 한중 항일군은 이에 대항하여 '반소탕 작전'을 펼쳤
다. 작전지역은 험산으로 소문난 타이항산이었다.

　1942년 5월 28일 새벽, 조선의용대와 일본군이 대치하고 있었

다. 전투가 치열했던 만큼 희생도 컸다. 윤세주와 의용대원 진광화가 일본군의 총에 맞아 숨졌고, 다른 대원도 몇 명 더 희생되었다. 김학철 대원은 다리에 부상을 입고 일본군에 붙잡혀 포로로 끌려갔다가 일제가 패망한 뒤에 석방되었다.

　해방 뒤 중국 연변 조선족자치주 초대 부족장을 지낸 최채(조선의용대원)의 회고록에는 당시 급박했던 상황이 고스란히 담겨 있다.

　나는 석정 동지와 나란히 행군했습니다. 우리 앞에는 진광화가 걸어가고 있었답니다. (중략) 헌데 한참이나 미친 듯이 총질하던 놈들이 내가 죽은 줄 알았던지 사격을 멈췄습니다. 놈들이 떠나자 나는 석정이 뛰어가던 길을 따라가면서 살폈습니다. 얼마 가지 않아 나는 허벅다리에 총을 맞고 쓰러진 석정을 발견했습니다. 그때까지도 석정의 다리에서는 붉은 피가 흐르고 있었습니다. 나는 가슴이 마구 터지는 것 같았습니다. 내가 옷을 찢어 그의 상처를 싸매주려 하자 석정이 나를 밀쳤습니다. '그럴 새가 없소. 진광화 동지가 어떻게 되었는지 가보고 오오. 아래서 악하는 소리가 나는 것 같았소. 빨리 가보오.'[5]

　타이항산의 후자좡(호가장) 전투에서는 중국 팔로군 부총참모장 쩌취안(좌권) 장군도 일본군의 포탄 파편에 맞아 사망했다. 이 때문인지 뒷날 중국 정부는 조선의용대 석정(윤세주)과 진광화 등 7열사 유해를 허베이성 서현(섭현) 스먼(석문)향 스먼(석문)촌 뒤편의 렌화산(연화산) 기슭에 이장하고, '진지루위(진기로예) 항일순국열사 공묘'를 조성했다.

석정 윤세주.

산까치도 날기 어렵다는 험한 산중에서, 조선의 청년들이 일본군과 싸우다 총격에 스러졌다. 그러나 해방 60여 년이 지날 때까지도 조국 땅을 밟지 못한 채 이역에 묻혀 있다. 다음은 중국 정부가 세운 윤세주(석정) 열사의 묘비에 새긴 글이다.

석정 열사는 조선 경상남도 밀양읍 사람으로, 1901년에 태어났다. 윤세주가 그의 본명이다. 1919년 3·1 독립운동 때 벌써 혁명에 참가했고, 나라 안팎에서 조선혁명 사업을 위하여 분투하기를 20여 년이었다.

일찍이 중국 동북과 관내에서 조선의열단, 조선민족혁명당을 창립하고, 영도했으며, 남경의 조선혁명간부학교도 그와 같았다. 1920년 적의 경찰에 체포되어 8년을 옥에 갇혀 있었는데, 1937년 중국 항전이 폭발함에 처음 조선의용대를 조직하여 대일항전에 적극 참가했다. 1941년 7월, 조선의용대를 이끌고 화북 태항산의 항일 근거지로 와서 화북조선청년연합회를 영도함과 아울러, 중국과 어깨를 걸고 일본 제국주의를 향한 싸움을 벌였다. 1942년 5월 28일, 태항산에서 반소탕전 전투 수행 중 산서성 편성현 화옥산에서 적탄을 맞고 순국했으니, 이때 나이 마흔둘이었다. 진기로예 변구 각계에서는 열사의 공훈과 업적을 오래도록 기리기 위하여 진광화 열사와 꼭같이 이곳에 비석과 묘를 건립하노니. 이에 기념코자 하는 바이다.[6]

독일 베를린 교외에 묻힌 로자 룩셈부르크의 묘비에도 이런 말이 적혀 있다. "죽은 사람이 우리에게 경고하고 있다."

3. 김원봉이 쓴 윤세주 약사

같은 고향 사람으로 죽마고우이기도 했던 김원봉은 뒤늦게 윤세주의 사망 소식을 듣고 「석정 동지 약사略史」를 지어, 먼저 간 동지의 혼령을 위로했다. 다음은 그 내용 중 일부이다.

석정 동지의 원명은 윤세주이다. 그의 고향은 즉 나의 고향—조선 경상남도 밀양군 성내城內이며, 그의 집과 나의 집은 상거가 불과 지척간이다. 우리들은 8~9세부터 한 학교에서 독서했다. 그때 우리들 서로 좋게 지내던 7~8명 어린이들 중에 그는 나와 특별히 친밀한 사람이다. 망국 당시 그는 11세, 나는 13세였는데, 그때 '일한합병'의 소식을 들은 후 우리 어린이들은 한곳에 모여 통곡유체痛哭流涕했다. 이때부터 우리 어린 동무들은 애국사상에 완전히 도취되어, 시종으로 일어과日語科를 상학上學하지 아니했다.

1919년 '3·1 운동'이 폭발되자 그는 우리 고향의 여러 동지들과 같이 지방 민중을 동원하여 대시위운동을 거행했다. 그는 또 독립신문 경남지국장을 조직하고 자기가 국장이 되어 선전공작을 진행했다. 그러나 적인敵人의 압박하에 그는 더 공작을 계속할 수 없어, 그 후 그는 중국 요녕성 유하현 고산자에 와서 신흥학교에 입학하여, 숙원이던 군사학을 배우기 시작했다.

이 학교는 혁명학교이므로, 그 당시 전국의 열혈청년들이 운집한 학교였다. 당시에 나도 그곳을 가서 석정 동지를 다시 만났다. 그와 나뿐만 아니라 다른 동지들도 모두 생각하기를, 현재 혁명은 이미 폭발되었으므로 응당히 학교로부터 나와서 반일본국운동을 적극 진행할 때라고 인정하고, 그와 나와 또 기타 동지 도합 13인이 길림 성으로 와서 의열단을 조직하고, 제1차 실행계획으로서 조선총독부, 매일신문사, 동양척식주식회사를 파괴할 것과 또 적의 관공리, 정탐노, 친일부호 등 '7가살'을 암살할 것을 결정했다.

석정 동지는 당시 불과 19세로 우리 단에서 제일 나이 어린 동생이었으나, 그는 수창手槍과 폭탄을 휴대하고 국내에 가서 파괴공작을 진행할 것을 자원했다. 우리들은 그의 연령이 너무 어리므로 가지 말라고 권했다. 그러나 그는 우리를 향하여 열렬히 말하기를, "나는 다른 사람보다 더 묘한 방법으로 적탐의 주의를 능히 피면할 수 있고, 만일 불행히 피포된다 하더라도 나는 의지가 견결하므로 우리의 비밀을 누설하지 아니하겠다"고 했다.

그의 열정에 감동된 우리들은 다시 더 만류하지 못했다. 그가 입국한 이후 유명한 의열단 제1차 사건은 불행히도 실패되어, 작탄·권총·선언문 등이 적탐에게 압수되고 동지 백여 인은 선후하여 피체 입옥되었다.

출옥 후 그는 민족문화사업에 참가하여 그가 중외일보 기자와 경남 주식회사 사장이 되어 표면활동을 하면서 또 비밀히 학생과 공인운동 工人運動을 진행하다가 적인의 감시가 태심하여 국내에서 계속 활동이 불가능하므로, 그는 하는 수 없이 조선을 떠나 중국으로 나오게 되었다.

1932년 하계, 그는 남경에 와서 나와 상봉했다. 10년 만에 다시 만리이방에서 상봉할 그때 그가 나에게 하던 말은 영원히 나의 기억에 남아 있다. "나의 과거의 일생은 다만 나의 열정과 용기로써만 조선독립을 하려고 분투하여 왔었다. 그러나 현재는 나의 경험과 교훈에 근거하여, 단지 열정과 용기만으로는 목적을 도달하지 못한다는 것을 다시 각오했다. 그러므로 지금 나는 나의 혁명적 인생관, 세계관 등 과학적 혁명이론으로 나의 두뇌를 재무장하여야 나아가 정확 혁명운동을 추진할 수 있다" 했다.

그 후 그는 군중과 공동이 생활하고 공동이 학습하며 다시 그의 이론을 정리하기 위하여, 조선민족혁명간부학교 제1기 개학 시에 교관이 되라는 우리들의 권고도 듣지 않고 자원으로 학생이 되었지만, 학생 시기에 그는 사실상으로 기타 학생을 영도하고 교육하는 공작을 했다. 제1기 졸업 후 그는 제2기, 제3기 정치·철학 교관으로 있으면서 전체 학생의 애대愛戴와 경앙敬仰을 일신에 집중했다.

4. '내명년에는 조국에 진입하겠다' 선서하더니!

윤세주는 의열단의 핵심 단원이고, 적탄에 숨질 때까지 '의열단 정신'에 가장 충실했던 인물이었다. 김원봉은 험난한 항일투쟁 과정에서 직접 글을 남긴 것이 많지 않다. 그래서 「석정 동지 약전」은 먼저 간 동지에 대한 추모이자, 김원봉의 신념과 필력 등을 보여주는 소중한 자료이기에 '약전'의 내용을 좀 더 소개한다.

> 1940년 동계, 조선의용대 제3지대가 봉명奉命 북상 시에 석정 동지는 해該지대 정치 지도원과 민족혁명당 중앙대표의 자격으로 일체 공작을 부책負責 영도했다. 그가 우리를 향하여, "금년에는 화북 근거지를 건립하고, 명년에는 동북 근거지를 건립하겠다, 내명년에는 조국에 진입하겠다"고 선서했다!
>
> 조선의용대 제3지대가 화북에 진출한 후 전대全隊의 공작을 무장선전과 적후공작 양종兩種으로 분分하여, 석정 동지는 적후공작의 부책인負責人이었다. 그의 세밀한 공작계획하에서 양년래兩年來의 화북 적후공작은 이미 거대한 수확이 있었다. 공작상, 학습상, 심지어 대인접물상待人接物上, 그는 여러 사람들의 모범이 아니되는 점이 없으므로, 화북의 우리 전체 동지들은 모두 그를 제일 신임하는 영도자로 옹대하

며, 모두 그의 주위에 단결되어 적인을 향하여 영용 간고한 투쟁을 전개하고 있는 것이다.

석정 동지는 조선독립과 인류의 해방을 위하여 소유의 정력을 공헌했고, 일체의 행복과 심지어 최후 일적혈一滴血까지 바쳤다. "나의 청춘은 감옥에서 다 보냈다"고 그는 동지들을 대하여 때때로 말하나, 이 말은 상감傷感의 의미가 아니고 호불개의毫不介意의 태도를 표시한 것이다.

그는 자신의 사생활에 있어서 극히 근엄하고 염결했다. 처자가 있으나, 가정의 사정으로 인하여 사업에 할(한) 일이 없다. 그는 나와 호친하나, 언제나 혁명문제 외에 사정私情을 말할 일이 없었다. 그는 개성이 굴강한 불굴불요의 의지를 가진 사람으로, 여하히 곤란한 환경 중에서도 저상소침하는 일이 없다. 즉 감옥 내에서의 일체 행동으로서도 그는 영원히 굴복되지 않는 사람인 것을 알 수 있는 것이다.

석정 동지는 이미 희생되었다. 그는 신성한 항일전장상에서 죽었고, 그의 피는 중국 항일장사抗日將士의 피와 함께 태항산에 공동이 흘렀다. 그가 죽음으로 인하여 나는 일생 동생사同生死 공환난共患難하던 가장 친밀한 전우를 잃게 됨으로, 인하여 무한한 애감과 원한에 고뇌되어, 시시로 내심으로부터 나오는 눈물을 금할 수 없고, 또 뿐만 아니라 간고한 환경 중에 분투하고 있는 화북 동지들은 가장 우수한 영도 인물을 상실했고, 전 조선혁명진선은 막대한 손실을 입게 된 것이다.

그가 죽은 후 이미 만 1주년이 되는 금일, 전 세계 반파시스트의 첩보가 분분히 전하여오지만, 우리 조선독립운동은 아직도 응유應有의 발전을 하지 못하고 있다. 이러한 때에 그를 추회하며 화북 동지들을 요억遙憶할 때에 사람으로 하여금 무한한 감개를 금치 못하게 한다. 그러나 동시에 우리들은 또 후사자後死者의 중대한 책임을 느끼게 된다. 즉, 우리들은 오직 석정 동지의 혁명정신을 학습하고 그의 혈적을 밟아 전진하여, 그의 미완성한 유업을 완성할 뿐이다.[7]

5. 조선의용군 무명 전사자에게 바치는 노래

해방을 맞은 뒤 작가 임선장林善璋은 한 잡지에 「조선의용군 무명 전사자에 바치는 노래」를 발표했다. 장문이어서 가사 중 몇 단락을 소개한다(원문 그대로 인용).

유구한 염원 또한 길이 청춘에 작용하야
아하 여기 찬란한 청춘 열린 문앞에 스다
오뇌와 비애마저 너의 그윽한 빛을 찾어라
어느날부터 젊은 몸에 유독 사랑은 열렬한 것이냐
좋고나 청춘 찰찰이 번득이며 희망에 그득차
으레이 그 격한 심사로 하야 웃음 속에서 죽는다 함은
이는 한결같이 꽃밭으로 향하는 그리운 발뿌리인져

헌신이여!
북풍 속에서 무성하는 괴로운 수목이여
수많은 죽엄을 오즉 한몸으로 견디어

백화라 함은 흡사 겹겹이 깃둘린 화판과 같아야

커드란 죽엄에 바치고저 싸워온 불사의 몸은

꿀 흘으는 화심花心이여 또한 향그러이 말하여

"우리들 무척도 젊어서 할 수 없노라"

그대들 참으로 생명의 주인

'조선의용군' 무명전사자의 용사들이여

동포여! 웃노라

어이하야 우리의 가난한 군대는 세계에 국경이 없었드냐

어이하야 이국異國의 악세인 말 외치는 군대는 모두 우군이였드냐

어이하야 약하고 이지러진 이민족은 무거운 행이行李 지고 뒤를 부축

했느냐

세계에 뿌려노은 거대한 거대한 빵이다

이 빵을 노나 뿌려라 참으로 아쉬운 이 빵 한조각 앞에

아 우리들 세기와 함께 목노아 울란다

영웅이여―청춘의 죽엄이여!

젊은 '다수자'로 된 위대한 '하나'의 영웅이여!

그 편신片身 무수히 떨어져 해와 같은 눈방울을 잠간 적신다 하여도

그러나 영원히 부활하는 불사조와 같이 더욱 힘차고 더욱 자라나

접혀가는 정복할 땅 지금은 목하目下의 지평선 안에 들어 있고

윤무와도 같은 포위진지에서 떨처나는 노래 듣는가

패배란 말은 아예 소용도 없는 지하의 영웅군대여

아즉도 불르고 불르다 넉넉이 남은 행진곡 듣자

"중국의 광활한 대지 우에

조선의 젊은이 행진하네—"

청산이여 걱구러지리라

강이여 거스러 흘러가라!

청춘은 신명나는 반항으로 늙지를 말고

옥獄에서 살찌자

도형장으로 불멸의 노래를 불르며 가자

푸르른 무덤이여! 무덤은 다복저 꽃피리라![8]

13장 ————
분단된 조국에서

1. 남북으로 갈려 입국한 조선의용군

1945년 8월 6일에 일본 히로시마에 미국의 원자폭탄이 투하되고, 8일에는 나가사키에 두 번째 원자폭탄이 떨어졌다. 그러자 소련이 이튿날인 9일에 대일선전포고를 하고, 새벽부터 소만(소련과 만주) 국경의 모든 전선에서 일본 관동군을 총공격하기 시작했다. 그런데 예상과 달리 일본군은 쉽게 무너졌다.

일제는 소련군이 참전한 사실을 알고 나서야 중립국인 스웨덴을 통해 항복 의사를 연합국 측에 전달했다. 소련군이 참전하면 조선 반도까지 밀고 내려올 것이고, 그리되면 전후 처리 과정에서 일본 대신 조선이 미국과 소련에 의해 분단되리라고 계산한 것이다. 자국민 수만 명이 원폭으로 죽어가는데도 분단을 막고자 나가사키에 원폭 투하까지 당하면서 일제는 소련 참전을 기다렸다.

옌안과 타이항산에서 중국 팔로군과 함께 항일전을 벌였던 조선의용군은 소련이 참전하면서 일본군 토멸작전에 참여하기 위해 만주로 이동했다.

1945년 8월 11일 중공 팔로군 총사령 주덕은 명령 제6호를 발했는데 그 내용은 "소련 홍군의 중국 및 조선 경내 작전과 배합하여 조선 인민을 해방하기 위하여," "현지 화북에서 대일 작전을 전개하고 있는 조선의용군의 총사령 무정, 부사령 박효삼·박일우는 즉각 소속 부대를 통솔하고 팔로군과 원동북군 각 부대를 따라 동북으로 진병進兵하여 적위敵傷를 소멸하고 동북의 조선 인민을 조직하여 조선해방의 임무를 달성하라"라는 것이었다.[1]

조선의용군은 타이항산과 옌안 쪽 대원을 합쳐 400여 명에 이르렀다. 이들은 1945년 11월 초순에 만주 펑톈(오늘날 선양) 교외에서 조선의용군 군민대회를 열고, 사령관 무정의 연설을 들었다. 그리고 제1지대, 제3지대, 제5지대로 하는 전투부대로 재편하여 맡은 소임을 수행했다.

그해 말, 김두봉, 최창익, 한빈, 무정 등 원로급은 압록강을 건너 평양으로 들어오고, 조선의용군 부대는 박일우와 박효삼 등의 지휘를 받으며 만주에 남아 조선 거류민을 보호하는가 하면 반국민당 전선에 투입되기도 했다. 그리고 이듬해 압록강을 건너 평양으로 들어왔다. 이들 중 일부는 북한 인민군 부대에 편성되어 6·25 남침에 동원되기도 했는데, 이는 의용대의 역사뿐만 아니라 더 나아가서 민족사에서도 불행한 일로 꼽히는 대목이다.

한편, 임시정부에 참여한 김원봉과 광복군에 편성된 조선의용대는 김원봉이 광복군 부사령 겸 제1지대장(1942년), 임시정부 군무부장(1944년) 등을 지내면서 최후의 결전을 준비하던 중에 일제의 패

광복군 제1지대원들. 조선의용대는 광복군에 편입되면서 광복군 제1지대로 편제되었다.

망을 맞았다. 광복군은 국내진공작전 등 무력으로 일제를 조국에서 축출하고자 강훈련을 하다가 일제의 항복 소식을 들었다.

김원봉과 대원들은 충칭에서 '조국해방자축회'를 열어 해방의 기쁨을 나누었으나 '공허감과 참괴한 심경'은 어찌하기 어려웠다. "기쁜 소식이라기보다는 하늘이 무너지는 듯한 일이었다"라는 김구 주석의 심경 그대로였다. 우리 손으로 독립을 쟁취하지 못했으니 조국의 앞날이 걱정될 수밖에 없었고, 이러한 걱정은 곧 현실로 나타났다.

대한민국 임시정부는 대일선전포고를 하면서 일제에 맞서 강력하게 싸워왔고, 명실공히 대한민국을 대표하는 기관이었다. 그러나 막상 일제가 패망하자 임시정부 요인들은 미국에 의해 '개인 자격'으로 귀국하게 된다. 이는 임시정부 요인들 개개인은 물론 민족에게도 돌이킬 수 없는 비극적인 역사의 단초가 되었다.

미국은 임시정부의 국제법상 승인을 끝까지 거부했다. 게다가 27년간 만고풍상을 겪으며 항일투쟁을 벌여온 임시정부와 독립운동단체들의 실체를 인정하지 않으면서 엉뚱하게 '개인 자격'으로 귀국하게 했다. 그마저도 임시정부 요인들을 두 차례로 나누어 귀국시켰다. 이것은 사소한 일 같지만 해방공간에서 임시정부 요인들을 분열시키는 한 요인이 되었다.

김원봉은 1945년 12월 1일에 임시정부 요인 제2진으로 27년 만에 상하이에서 환국했다. 함께 환국한 제2진은 의정원 의장 홍진, 국무위원인 조성환, 황학수, 장건상, 김경준, 성주식, 유림, 김성숙, 조경한, 정부 각료인 조완구, 조소앙, 최동오, 신익희, 그리고 수행원인 안무생과 김준엽 등 23명이었다. 광복군에 편성되었던 의용대원들은 함께 들어오지 못했다.

환국한 김원봉은 국민의 관심을 받으며, 누구보다 바쁘게 활동했다. 의열단 간부 황상규 묘소를 참배하고, 민족혁명당을 재결성하고, 각 지역에서 벌어지는 환영대회에 참석하는가 하면, 김규식과 좌우합작회담을 열고, 김규식·여운형·허헌과 4거두회담을 가졌으며, 민주주의민족전선(민전) 의장으로 선출되어 민전 대표로 평양을 방문했다. 또한 남북연석회의 주석단, 영남 10월항쟁 조사단장으로 선출되어 활동했다. 그러나 이렇게 분주한 와중에 성북서 경찰관으로부터 폭행을 당하거나, 장택상 지시를 받은 친일경찰 노

대한민국 임시정부 요인 1진과 2진 합동 귀국 기념촬영(1945. 12. 6). 앞줄 왼쪽부터 장건상, 조완구, 이시영, 김구, 김규식, 조소앙, 신익희, 조성환. 뒷줄 왼쪽부터 류진동, 황학수, 성주식, 김성숙, 김상덕, 유림, 조경한, 김붕준, 유동열, 김원봉, 최동오.

덕술에게 온갖 수모를 당하고, 주거지가 몇 차례나 피습당하는 등 갖은 수모를 당하기도 했다.

　김원봉은 1948년 4월에 남북정당지도자·사회단체 대표 연석회의를 위해 평양으로 갔다가 남쪽으로 귀환하지 않고 그곳에 그대로 남는다. 그가 이렇게 선택하게 된 정확한 이유는 알 수는 없으나 여러 가지로 추측할 수 있다. 미 군정 체제의 남한에서는 자신의 정치적 포부를 펴기 어렵다고 판단했기 때문일 수도 있고, 친일경찰로부터 받은 수모, 거듭되는 가택 폭파와 테러 위협 때문일 수도 있고, 또한 평양으로 돌아온 조선의용군 동지들이 만류했기 때문일 수도 있다.

북한에 남은 김원봉은 1948년 8월에 열린 최고인민회의 대의원 선거에서 남한 대표 자격으로 대의원에 선출되고, 북한 정권이 수립된 뒤에는 국가검열상(1948. 9~52. 5), 노동상(1952. 7~57. 9), 조국통일민주주의전선중앙위원회 상무위원, 최고인민회의 2기 대의원(1957. 8), 최고인민회의 2기 상임위원회 부위원장(1957. 9~58. 10) 등을 지내고, 1958년 3월에는 노동훈장을 받았다.

그러나 1958년 12월 이후 그의 존재는 북한 매체에서 자취를 감추고 만다. 언론에서 그의 이름도 사라졌다. 그러자 숙청설, 자살설, 은퇴설, 사고사설 등 여러 가지 추론들만 나돌았다. 의열단 출신인 김승곤은 김원봉이 "감옥에서 자결했다"고 했으나 증거 자료는 나오지 않았다.

한반도 남쪽에서 태어나 중국으로 망명하여 일제를 타도하기 위해 최전선에서 싸우다가, 해방된 뒤 남쪽으로 환국하여 미 군정과 친일세력으로부터 배척당하고, 통일정부를 수립하기 위해 북한으로 갔다가 그곳에서 감쪽같이 사라져버린 의열단 단장 김원봉. 그와 그의 동지들의 운명은 20세기 한민족과 한반도 모순구조의 집대성이다. 그러나 그들의 존재는 결코 잊히거나 독립운동사에서 '셈해지지 않는' 인물이 되어서는 안 된다.

최근 의열단 창단 100주년을 맞아 사회 일각에서 김원봉을 서훈해야 한다는 여론이 일자, 친일에 뿌리를 둔 신문과 수구 정치인들이 벌떼처럼 아우성이다. 친일파·일본군 장교 출신들은 받들면서 왜적과 싸운 의열단과 의용대(군)는 여전히 적대시하는 '토착왜구'들이 설치는 대한민국은 아직도 친일 잔재를 청산하지 못한 업보에 시달리고 있다. 러시아 혁명시인 마야콥스키(1893~1930)의 시 한 구절이다.

나는 원한다

조국이 날 이해하게 되길

조국이 원치 않는다면

그땐…

그냥 조국을 지나가는 수밖에

비스듬히 내리는 비처럼.[2]

2. 최후의 의열단원, 이승만을 쏘다

일반적으로 '해방 뒤의 의열단'이라면 얼른 수긍이 가지 않을 것이다. 그러나 의열단의 전통은 해방된 조국에서도 이어졌다. 정확히 말하면 이승만 정권 때까지 이어졌는데, 상대가 왜적이나 밀정에서 국내의 독재자로 바뀌었을 뿐이다.

1952년 6월 25일, 피난 수도인 부산 충무로 광장에서 6·25 기념식이 열렸다. 이승만 대통령이 기념사를 읽을 때였다. 의열단원 유시태가 이승만 대통령과 불과 2미터쯤 떨어진 뒤에서 독일제 모젤 권총의 방아쇠를 당겼다. 그러나 총알이 발사되지 않았다. 거듭 방아쇠를 당겼으나 마찬가지였다. 그러는 사이에 옆에 있던 경호헌병이 권총을 든 유시태의 팔을 치고, 동시에 뒤에서는 치안국장 윤무경이 유시태를 꿇려 앉히며 제압했다.

이승만 저격 기도는 이렇게 실패로 돌아갔다. 이승만을 저격하려 한 유시태는 헌병대로 끌려갔다가 곧이어 육군특무대로 이송되었다. 이 사건으로 체포된 사람은 유시태 한 사람이 아니었다. 유시태에게 권총과 양복을 제공한 혐의로 민국당의 김시현 의원이 체포되고, 뒤이어 민국당 소속 백남훈·서상일·정용환·노기용 의원과 인천형무소장 최양옥, 서울고법원장 김익진, 안동약국 주인 김성규 등이 공범으로 체포되었다.

당시는 8월에 실시될 제2대 대통령선거를 앞두고 정치적으로 미묘한 시기였다. 이승만은 제2대 대통령선거에서 재집권하기 위해 온갖 무리수를 동원하고 발췌개헌을 강행했다. 이승만 정부는 이 사건을 최대한 확대해서 정적을 제거하고 국면을 전환하는 수단으로 삼고자 했다. 당시 정부는 6·25 전쟁으로 부산에 피난살이를 하던 와중에 터져 나온 무능력·부정부패·국민방위군 사건과 거창 민간인 학살 사건 등으로 민심이 등을 돌려 사실상 재집권이 어려운 상태였다.

그런데도 이승만은 대통령에 연임하기 위해 온갖 술책과 횡포를 부렸다. 5월 25일에 부산과 경남·전남북 일대에 전방 부대를 빼돌려 계엄령을 선포하는가 하면, 내각책임제 개헌을 추진한 야당 의원 50여 명이 탄 버스를 헌병대로 강제로 끌고 가 국제공산당과 결탁했다는 혐의를 씌우는 등 억지와 횡포를 부렸다. 개헌을 둘러싸고 각종 어용단체를 동원해 관제 데모를 부추기고, 정치깡패인 백골단, 땃벌떼, 민중자결단 등의 이름으로 된 벽보와 전단지(삐라)

로 부산 일대를 뒤덮기도 했다.

게다가 전시 상황임에도 아랑곳없이 국회 간선제이던 대통령 선거를 국민 직선제로 바꾸어버렸다. 이렇게 계엄령하에서 치른, 부정과 술책이 난무하는 선거에서 이승만은 제2대 대통령에 당선되었다.

의열단원 김시현은 이승만의 이 같은 독선과 독재를 더 이상 묵과할 수 없다고 판단하고, 동지인 유시태와 모의해 이승만을 처단하기로 한다. 6·25 기념식 날 유시태는 김시현의 양복을 입고 김시현의 국회의원 신분증을 갖고 행사장으로 들어가 기회를 기다렸다. 그러나 권총이 오래되어 총알이 발사되지 않는 바람에 유시태의 시도는 무위로 끝나고 만다.

이승만을 제거해서라도 헌정질서를 바로잡겠다며 거사에 나섰던 유시태와 김시현은 경북 안동 풍산면 출신이다. 두 사람은 일제강점기 때부터 의열단원이 되어 상하이를 비롯해 해외 각처에서 독립투쟁을 한 애국지사들이다.

김시현은 1924년 사이토 총독과 총독부 고관들을 암살하기 위해 상하이에서 동양 최초로 제조한 시한폭탄과 권총을 반입하여 거사를 치르기 위해 준비하던 중에 일제에게 발각되어 10여 년을 복역하다가 석방되었다. 석방된 뒤에 다시 중국으로 망명하여 김원봉을 만나 조선혁명정치간부학교 생도 모집을 위해 베이징 지역 담당을 맡고, 간부학교 1기생으로 입교했다. 1934년에는 배신자 한석평을 처단했다가 일경에 붙잡혀 징역 5년을 선고받고 나가사키형무소에서 수형생활을 했다. 출옥한 뒤 또다시 중국으로 건너가 의열단 활동을 하다가 1944년에 일본 헌병대에 붙잡혀 국내로 이송되어 수감되었다가 해방되면서 풀려났다. 그가 옥고를 치른 기간은 총 13년이다.

정부가 수립된 뒤에는 안동 갑구에서 초대 민의원으로 당선된 현역 의원이었다. 그는 유시태와 함께 이승만 저격을 준비하는 과정에서 동지들에게 누를 끼칠까봐 민국당을 탈당하기도 했다. 김시현과 공모한 유시태도 일제강점기 군자금을 모으다가 7년형을 받고 옥살이를 한 의열단원이다.

정부는 이 사건을 민국당의 고위층으로까지 수사를 확대할 기미를 보였으나 뚜렷한 혐의사실이 드러나지 않자 더 이상 사건을 확대하지는 않았다.

국가원수 살인미수 혐의로 구속 기소된 유시태와 김시현에게는 1심 선고공판에서 사형이 선고되었다. 같이 구속된 김성규·서상일·백남훈 의원에게는 각각 징역 7년, 6년, 3년이 선고되었다. 최양욱·김약진·노기용은 무죄를 선고받았다.

1953년 4월 6일 대구고등법원에서 열린 제2심에서도 유시태와 김시현에게는 사형이 선고되고, 서상일과 백남훈에게는 징역 6개월에 집행유예 1년이 선고되었다. 나머지 피고들은 모두 무죄를 선고받았다.

사형선고를 받은 두 사람은 대법원에서 각각 무기로 감형되어 복역하다가 4·19 혁명을 맞아 과도정부에서 국사범 제1호로 풀려났다.

유시태는 4월혁명 뒤 석방되면서 "그때 내 권총 탄알이 나가기만 했으면 이번 수많은 학생들이 피를 흘리지 않았을 터인데, 한이라면 그것이 한이다"라고 소감을 밝혀 많은 사람을 감동시켰다.

김시현의 생활은 그야말로 비참했다. 4·19 혁명 이후 제5대 국회의원에 당선되었으나 워낙 청렴강직해, 노후에는 극도로 빈한한 생활을 했다. 그의 신념이 얼마나 강했는지 어느 신문에 난 기사 제목을 보면 잘 알 수 있다.

가난에 허덕이는 독립투사
옥고 30년, 팔순의 김시현 옹 전세돈 마련 없어 쫓겨나고 무상배급 밀가루로 연명.[3]

김시현은 의열단 투쟁 등으로 13년의 옥고를 치르는 등 평생을 의롭게 살았으나, '이승만 암살모의'를 이유로 지금까지도 서훈 대상에서 배제되고 있다.

3. 의열단 무명전사 위령탑을

동양에서는 오래전부터 인성人性의 기본을 오상五常에 두었다. 오상은 인仁·의義·예禮·지智·신信을 말한다. 또 인간의 네 가지 본성인 사단칠정四端七情 중 수오지심羞惡之心은 "의義에서 나오는 부끄러워하는 마음"을 일컫는다. 인간의 본성 중에는 의로운 감정이 자리 잡고 있다는 뜻이다. 그래서 '의義' 자는 내용에 따라 충의忠義·은의恩義·

신의信義 · 도의道意 · 절의節義 · 의협義俠 · 의기義氣 · 의분義憤 등과 같이 다른 덕목과 함께 숙어적으로 사용되는 경우가 많다.

춘추전국시대에 '묵가墨家'를 이룬 묵적墨翟은 유가와 대립하면서 특히 정의를 내세웠다. 조선시대 왕조와 유생들이 유교를 정학으로 받들고 묵가와 노장老莊을 배격했던 이유를 알 만하다. 『묵자』의 「귀의貴義」 편에 "만사는 의보다 더 귀한 것이 없다." "의는 우리의 몸보다도 더 귀하다"라는 말이 나온다.

요컨대, 묵가의 의는 자신의 이익을 배제하고 널리 천하를 위해 무사無私의 헌신을 다하여 자기희생을 기꺼워하는 것이다. "묵자의 역役에 따르는 자들이 180명이다. 그들은 모두 불 속으로 뛰어들거나 칼을 밟고 죽는 한이 있어도 결코 한 발짝도 물러서지 않았다"(회남자淮南子)라고 했듯이, 의는 죽음으로써 약속을 중시하는 임협任俠적인 결사의 원리이기도 했다.

전국시대 중엽의 맹자가 공자의 인에 의를 덧붙여 인의人義를 강조한 것은 아마도 묵가의 이와 같은 주장에 영향을 받았기 때문일 것이다. "인은 사람의 편안한 집이고 의는 사람의 올바른 길이다." "인은 사람의 마음이고 의는 사람의 길이다"(맹자)라고 말할 때의 '의'도 인간이 행해야만 하는 올바른 도를 가리키며, "목숨을 버리고 의를 취하는" 일도 마다하지 않는다.[4]

김원봉과 그의 동지들은 100년 전 중국 지린(길림)의 외딴 마을에서 일제에 저항하여 조국의 독립을 찾는 데 생명을 바치기로 하늘에 맹세하면서 비밀결사 의열단을 조직했다. 그리고 이어서 의용대(군)를 창설하여 일제와 싸웠다. 그들은 10만 글자가 넘는다는 한

자에서 하필이면 '의義' 자를 찾아 이름으로 택했다. 그리고 명칭에서 한 치도 위배되지 않는 삶을 부끄럽지 않게 살다가 죽었다. 그들은 시종 의분에 넘쳐 있었다.

그리스 신화에 나오는 정의의 신 디케는 오른손에 칼Sword을, 왼손에 천평저울Balance을 가진 눈먼 여신으로 묘사되고 있다. 칼과 평평한 저울을 든 눈먼 여신은 상징하는 바가 크다. 플라톤은 "정의가 없는 국가는 강도 집단이다"라고 갈파했다. 일제는 바로 '강도 집단'이었다.

한말 아래 일제강점기, 신채호의 표현을 빌리면 "과거 수십 년 역사야말로 용자勇者로 보면 타매할 역사가 될 뿐이며, 인자仁者로 보면 상심할 역사가 될 뿐이었다"(『조선의열단선언』). 그런 의미에서 의열단원들은 용자들이었다. 그래서 타매, 즉 침 뱉을 역사를 바로잡고자 죽음의 길에 기꺼이 나섰다.

우매한 임금, 몽매한 대신들, 뼛골까지 사대주의 유생들, 나라를 팔아서라도 높은 자리와 한 몫을 챙기겠다는 정상배들이 나라를 망친 대가로 일제로부터 작위를 받아서 호의호식하고 있을 때였다. 입만 열면 '충효'를 떠들던 전국의 유생 700여 명도 일제가 나눠준 은사금을 받고 입을 다물었다. 조선왕조 말년은 이 나라 지배층의 부끄러운 민낯이 고스란히 드러난 시기였다.

의병이 일어나고 전국 각지에서 독립운동단체가 조직되었으나 대부분 피지배 백성들이 중심이 되었다. 5백 년 왕조에서 부귀광영을 누렸던 자들은 일제의 앞잡이가 되고 새 주인의 마름 노릇을 하면서 백성들을 이중삼중으로 갈취했다. 정의의 가치는 어디에서도 찾기 어려웠고, 불의와 패도가 난무할 뿐이었다. 이는 곧 의열단이 나서게 된 시대적 배경이었다.

의열단의 항일투쟁과 그들의 희생, 그리고 해방 뒤 이들에 대한 처우와 인식은 한반도 모순구조의 판박이다. 의열단뿐만 아니라 독립운동가들은 대부분 남북의 분단정권에서 제대로 뜻을 펴지 못한 채 암살되거나 숙청 또는 배제되었다. 이들에게 일제강점기가 '통분의 시대'였다면 해방 이후는 '통탄의 시대'였다.

대한민국 임시정부는 주석이 암살당하고 요인들이 설 자리를 찾지 못했으나 그나마 헌법상 '법통승계'라도 인정받고, 100주년을 맞아 국립대한민국임시정부기념관이 건립되고 있다. 그러나 의열단은 단장의 죽음조차 규명이 안 되고 있다.

김원봉과 의열단원들은 서훈되어야 한다. 국망기에 국권회복을 위해 가장 강력하게, 가장 치열하게 일제와 싸웠던 의열단장이 해방 74주년이 되고, 창단 100년에 이르기까지 국가로부터 서훈을 받지 못한다는 것은 부끄러운 일이다. 정의가 아니고 역사도 아니다.

이제라도 의열단원들에 대한 서훈과 함께 민족수난의 상징인 서울 용산의 옛 일본군 주둔지에 '의열단 무명전사 위령탑(가칭)'을 세워서, 이름도 없이 사라져간 혼령들을 위로해야 하지 않을까. 그래서 의로운 일을 하면 반드시 국가가 보상한다는 원칙과 함께 불의를 바로잡고, 사회적으로 의기義氣를 살리기 위해서라도 필요하다.

필리핀 수도 마닐라의 로하스 거리에는 리살공원이 있다. 필리핀 독립운동의 지도자 호세 리살(1861~1896)을 기리는 공원에 그의 동상이 세워져 있다. 스페인 제국과 싸우다 35살에 처형된 리살은 아시아 반제투쟁의 선구자이다. 그 동상에는 리살의 유언이 새겨져 있다. "나는 조국의 밝은 새벽을 보지 못하고 죽는다. 그러나 밝은 세상의 사람들은 밤사이에 스러져간 사람들을 잊지 말아달라." 우리 의열단의 실상과 대비되어 안타깝다.

주註

1장

1. 님 웨일스, 『아리랑』, 조우화 옮김, 동녘, 1983, 97쪽.

2. 이정식·한홍구, 『항전별곡』, 거름, 1986, 164쪽.

3. 송건호, 『의열단』, 창작과 비평사, 1985, 4쪽.

2장

1. 박태원, 『약산과 의열단』, 깊은샘, 2000, 33쪽.

2. 한상도, 『대륙에 남긴 꿈』, 역사공간, 2006, 24쪽.

3. 염인호, 『김원봉 연구』, 창작과 비평사, 1993, 38~39쪽.

4. 이종범, 『의열단 부단장 이종암전』, 광복회, 1970.

5. 김영범, 「의열단」, 『한국독립운동사 사전 6』, 독립기념관, 2004, 27쪽.

6. 김영범, 『한국근대민족운동과 의열단』, 창작과 비평사, 1997, 58쪽.

7. 김영범, 「의열단 창립단원 문제와 제1차 국내거사기획의 실패 전 말—13인설 재검토와 '구영필 문제'의 숙고를 중심으로」, ≪한국독립 운동사연구≫, 제58집, 2017.

8. 위의 책, 47~48쪽.

9. 독립운동사 편찬위원회, 『한국민족운동사료: 중국편』, 국회도서관, 162쪽.

10. 이종범, 앞의 책, 73쪽.

11. 위의 책, 73쪽.

12. 위의 책, 72쪽.

13. 박태원, 앞의 책, 34쪽.

14. 위의 책, 34~35쪽.

15. 위의 책, 35쪽.

16. 김삼웅, 『약산 김원봉 평전』, 시대의창, 2008, 84쪽.

17. 염인호, 앞의 책, 1993, 41쪽.

18. 조선총독부 고등법원 검사국 사상부, 《사상휘보》, 제7호, 32~33쪽.

19. 김영범, 앞의 책, 1997, 59쪽.

20. 송건호, 앞의 책, 38쪽.

21. 위의 책, 39쪽.

22. 경북경찰국, 『고등경찰요사』, 97쪽.

23. 「이달의 독립운동가 황상규」, 《광복회보》, 2014년 12월 29일 자.

24. 일본 외무성·육해군성 문서, 「의열단의 기원 연혁」, 『조선민족운동 사료(중국편)』, 484쪽.

25. 위의 문서, 489~490쪽.

3장

1. 송건호, 앞의 책, 38~39쪽.

2. 《동아일보》, 1921년 3월 25일 자.

3. 송건호, 앞의 책, 52쪽.

4. 위의 책, 56~57쪽.

5. 김영범, 「1920년 밀양경찰서 폭탄의거의 배경과 전말」, 《한국민족운

동사연구》, 85호, 2015, 197~198쪽.

6. 앞의 일본 외무성·육해군성 문서, 485쪽.

7. 송건호, 앞의 책, 78쪽.

8. 이종범, 앞의 책, 118쪽.

9. 김영범, 『의열투쟁 1: 1920년대』, 독립기념관, 2009, 160쪽.

10. 이종범, 앞의 책, 129~130쪽.

4장

1. 박태원, 앞의 책, 103쪽.

2. 위의 책, 103쪽.

3. 위의 책, 103쪽.

4. 위의 책, 104쪽.

5. 위의 책, 103~104쪽.

6. 유자명, 『한 혁명자의 회억록』, 독립기념관 한국독립운동사연구소, 1999, 130쪽.

7. 위의 책, 130~131쪽.

8. 국회도서관, 『한민족운동사 자료집』, 435쪽.

9. 김삼웅, 『단재 신채호 평전』, 시대의 창, 2005, 재인용.

10. 유자명, 앞의 책, 132~133쪽.

11. 위의 책, 131~132쪽.

12. 한상도, 『한국독립운동과 중국군관학교』, 문학과 지성사, 1994, 204쪽.

13. 《동아일보》, 1923년 7월 8일 자.

14. 신용하, 『증보 신채호의 사회사상연구』, 나남, 2004, 370~372쪽.

15. 《동아일보》, 1925년 2월 15일 자.

16. 《조선일보》, 1923년 10월 27일 자.

5장

1. 김삼웅, 『나는 박열이다』, 책뜨락, 2017, 278~279쪽.

2. 위의 책, 280쪽.

3. 위의 책, 283~284쪽.

4. 위의 책, 123~124쪽.

5. 이종범, 앞의 책, 140~141쪽.

6. 김영범, 앞의 책, 1997, 169쪽.

7. 조선총독부, 『고등경찰요사』, 388~389쪽.

8. 위의 책, 392~394쪽.

9. 박태원, 앞의 책, 137쪽.

10. 김창수, 『항일의열투쟁사』, 독립기념관 한국독립운동사연구소, 1991, 155쪽.

11. 박태원, 앞의 책, 152쪽.

12. 위의 책, 171~172쪽.

13. 위의 책, 174쪽.

14. 김영범, 앞의 책, 1997, 186~187쪽.

15. 이종범, 앞의 책, 128쪽.

16. 조선총독부, 앞의 책, 413쪽.

17. 이종범, 앞의 책, 228쪽.

18. 위의 책, 183쪽.

19. 박태원, 앞의 책, 195쪽.

20. 조선총독부, 앞의 책, 425쪽.

21. 박태원, 앞의 책, 177~178쪽.

22. 송건호, 앞의 책, 208쪽.

23. 한용원, 「우당 박용만의 독립군 양성활동」, 《광복군》, 한국광복군동
    지회, 1917년 6월호.

6장

1. 이정식·한홍구, 앞의 책, 164쪽.

2. 이인, 『반세기의 증언』, 명지대학출판부, 1974, 25쪽.

3. 《동아일보》, 1924년 2월 15일 자.

4. 심산사상연구회, 「자서전(중)」, 『김창숙 문존』, 성균관대학출판부,
   1970, 311쪽.

5. 김삼웅, 앞의 책, 2008, 150~151쪽.

6. 《조선일보》, 1923년 10월 27일 자.

7. 국회도서관, 『한국민족운동사료: 중국편』, 1989, 185쪽.

8. 국사편찬위원회, 『한국독립운동사연구 3』, 1989, 646~647쪽.

9. 《신동아》, 1989년 3월호.

7장

1. 국회도서관, 앞의 책, 1989, 443쪽.

2. 《동아일보》, 1924년 2월 14일 자.

3. 국회도서관, 앞의 책, 1989, 486쪽.

4. 독립기념관 소장.

5. 앞과 같음.

6. 김영범, 앞의 책, 1997, 128쪽.

7. 최봉춘, 「조선의열단과 황포군관학교」, 중국조선족역사족적 편집위원회 편, 『불씨(중국조선민족 발자취 총서 2)』, 민족출판사, 1995, 275쪽.

8. 위의 책, 667쪽.

9. 위의 책, 668쪽.

10. 한상도, 앞의 책, 1994, 217쪽.

11. 김용호·이정식·김학준, 『혁명가들의 항일회상』, 민음사, 1988, 76쪽.

12. 이균영, 「김철수 연구」, 《역사연구》, 겨울호, 역사문제연구소, 1988, 252쪽.

13. 한상도, 앞의 책, 1994, 175쪽.

14. 수야직수水野直樹, 「황포군관학교와 조선의 민족해방운동」, 『조선민족운동사연구(6)』, 청구문고, 1989, 49쪽.

15. 유자명, 앞의 책, 147~150쪽.

8장

1. 이현종, 『근대민족의식의 맥락』, 아세아문화사, 1979, 246쪽.

2. 김영범, 앞의 책, 1997, 221~222쪽.

3. 《독립신문》, 1926년 11월 3일 자.

4. 김정명, 『조선독립운동 2』, 원서방, 1967, 327~328쪽.

5. 님 웨일스, 앞의 책, 95~96쪽.

6. 김영범, 앞의 책, 1997, 237쪽, 재인용.

7. 「한국의열단 공작보고서」, 1932년 12월 10일, 『자료 한국독립운동 3』, 25쪽.

8. 한상도, 앞의 책, 1994, 179~180쪽.

9. 염인호, 「후기 의열단의 국내 대중운동(1926~1935)」

10. 김영범, 앞의 책, 1997, 289~290쪽, 재인용.

11. 위의 책, 450~451쪽.

12. 염인호, 앞의 책, 1993, 371쪽.

13. 「의열단의 혁명투사 양성에 관한 건」, 『한국민족운동사료(중국편)』, 859쪽; 여기서는 김영범, 「1930년대 의열단의 항일청년투사 양성에 관한 연구」, 『한국독립운동사 연구 3』, 독립기념관, 1989, 458~459쪽.

14. 김영범, 앞의 책, 1997, 148~149쪽.

15 위의 책, 476쪽.

16. 위의 책, 482~483쪽.

17. 염인호, 앞의 책, 1993, 163쪽.

18. 한홍구·이재화 편, 『한국민족해방운동자료총서』(영인본), 경원문화사, 412~149쪽..

19. 이육사문학관(www.264.or.kr).

20. 《동아일보》, 1934년 8월 5일 자.

21. 《동아일보》, 1934년 8월 24일 자 호외.

22. 김성준, 「중국에서 정율성의 삶과 예술」, 노동은 편, 『정율성의 삶과 예술』, 광주정율성국제음악제 조직위원회, 2005, 233쪽, 재인용.

23. 위의 책, 24~25쪽.

9장

1. 강만길, 『증보 조선민족혁명당과 통일전선』, 역사비평, 2003, 459쪽.

2. 《동아일보》, 1946년 2월 19일 자(이정식).

3. 김영범, 「민족혁명당」, 『한국독립운동인명사전』, 513쪽.

4. 「우리 운동의 신출발과 민족혁명당의 창립」, 민족혁명당 기관지 《민족혁명》 창간호, 1936, 48~49쪽.

5. 『사상정세시찰보고집』 제3집(일역문), 328쪽.

6. 시인사 편집부, 『한국의 주요 정당·사회단체 강령·정책』, 시인사, 1987.

7. 《민족혁명》 제7호, 47쪽.

8. 『조선민족전선』, 독립기념관소장자료, No. 2003629-005.

9. 조선총독부 경무부, 『사상정세시찰보고서 2』, 269쪽.

10. 한상도, 앞의 책, 1994, 94쪽, 재인용.

11. 김영범, 앞의 책, 2004, 515쪽, 재인용.

12. 강만길, 앞의 책, 107~108쪽, 재인용.

13. 위의 책, 108~109쪽, 재인용.

14. 김영범, 앞의 책, 2004, 380쪽.

15. 「민족혁명당 제7차 대표대회선언」, 독립기념관소장자료, No. 001746-000.

16. 위의 자료.

10장

1. 안정애·양정현, 『중국사 100장면』, 가람기획, 1994, 382쪽.

2. 염인호, 『조선의용대·조선의용군』, 독립기념관, 2009, 8쪽.

3. 염인호, 「조선의용대」, 『한국독립운동사사전 6』, 독립기념관 568~569쪽.

4. 김영범, 「조선의용대연구」, 『한국독립운동사연구 2』, 독립기념관, 2001, 469쪽.

5. 고축동顧祝同, 「조선의용대의 제3전구공작」, 정신문화연구원; 염인호, 앞의 책, 1993, 217쪽.

6. 「김승곤 지사 증언」, 한국정신문화연구원 편, 『한국독립운동증언자료집』, 1986, 46쪽.

7. 김승곤, 「조선의열단의 창립과 투쟁」, 《전사》, 5호, 133쪽.

8. 김학철, 『최후의 분대장』, 문학과 지성사, 1995, 188~199쪽.

9. 『재지在支 조선의용대 정세』, 162~163쪽; 김영범, 앞의 책, 2001, 482~483쪽.

10. 김원봉, 「건립동방각민족우의적신기초」, 《조선의용대통신》, 31기, 1940, 1~1, 1쪽.

11. 한상도, 앞의 책, 152~153쪽, 재인용.

12. 가지 와다루, 『일본병사의 반전운동』, 동성사, 1982, 26쪽.

13. 가지 와다루, 『회상기 '항일전쟁' 중에서』, 206~207쪽, 신일본출판사, 1982.

14. 아오야마 카즈오, 「우리는 조선의용대를 학습해야 한다」, 『조선의용대 3주년 기념 특별 간행물』, 9003631-016.

15. 김영범, 앞의 책, 2001, 470쪽.

16. 위의 책, 477쪽.

17. 사마로, 『투쟁 18년』, 홍콩아주출판사, 1952, 173~174쪽; 김영범, 앞의 책, 2001, 479쪽, 재인용.

18. 님 웨일스, 앞의 책, 303~304쪽.

19. 김정명, 앞의 책; 강만길, 앞의 책, 100~101쪽, 재인용.

20. 이 부분, 김삼웅, 『약산 김원봉 평전』, 인용, 수정, 보완.

11장

1. 김정명, 앞의 책, 652쪽.

2. 김영범, 앞의 책, 2001, 252쪽, 재인용.

3. 「조선의용대적공작, 대진선전유격살적」, 《대공보大公報》, 1939. 4. 13.

4. 목도(沐濤, 중국 화동사범대학 역사학과 교수) 외, 「중국항일전쟁 중 조선의용 대의 역사적 위상 및 공헌」, 『중국항일전쟁과 한국독립운동』, 시대의 창, 2005, 117쪽.

5. 한지성, 「조선의용대 3년래來 공작적 총결」, 『조선의용대』 제40기, 78쪽; 김영범, 앞의 책, 2001, 496쪽.

6. 「일본·조선·대만 반파시스트동맹 창립준비위원회 선언」, 《신화일보》, 1938. 7. 14.

7. 우에신 등, 「조선의용대 성립 제3주년 기념축사」, 독립기념관 보관자료, No. 003631-016.

8. 김영범, 앞의 책, 2001, 498쪽.

9. 한상도, 앞의 책, 165쪽.

10. 위의 책, 167~168쪽.

11. 쓰마루, 『투쟁 18년』, 아주출판사(홍콩), 1952.

12. 「김학철 증언」, 1987. 10; 한상도, 앞의 책, 1994, 170쪽, 재인용.

13. 김영범, 앞의 책, 2001, 503쪽.

14. 김학철, 앞의 책, 250쪽.

15. 이종한, 『신대한국 독립군의 백만용사야』, 혜안, 1998, 192쪽.

16. 위의 책, 192쪽.

17. 위의 책, 132쪽.

12장

1. 《대한매일신문》, 1923년 4월 13일 자.

2. 님 웨일스, 앞의 책, 105쪽.

3. 염인호, 「조선의용군과 독립운동」, 2014년 6월 13일 서울 역사박물관 강좌 자료집.

4. 『군관학교사건과 진상』, 417~418쪽.

5. 김주용, 「한중 공동항일투쟁을 이끈 윤세주와 진광화」, 《독립기념관》, 2015년 8월호.

6. 김영범, 『윤세주』, 독립기념관, 2013, 188~189쪽.

7. 김원봉, 《앞길》 제2기(1943년 6월 15일), 2~3쪽.

8. 《신천지》, 1권 11호, 1946년 12월호.

13장

1. 염인호, 앞의 책, 1993, 315쪽, 재인용.

2. 후고 후퍼트, 『나의 혁명 나의 노래』, 김희숙 옮김, 역사비평사, 1993, 201쪽.

3. 《동아일보》, 1964년 6월 24일 자.

4. 미조구치 유조, 『중국사상문화사전』, 김석근 외 옮김, 민족문화문고, 2003, 214쪽.

지은이 **김삼웅**

독립운동사 및 친일반민족사 연구가로, 현재 신흥무관학교 기념사업회 공동대표
를 맡고 있다.《대한매일신보》(지금의《서울신문》) 주필을 거쳐 성균관대학교에
서 정치문화론을 가르쳤으며, 4년여 동안 독립기념관장을 지냈다. 민주화운동관련
자 명예회복 및 보상심의위원회 위원, 제주 4·3사건 희생자 진상규명 및 명예회복
위원회 위원, 백범학술원 운영위원 등을 역임하고 친일반민족행위진상규명위원회
위원, 친일파재산환수위원회 자문위원, 국립대한민국임시정부기념관건립위원회
위원, 3·1운동·임시정부수립100주년기념사업회 위원 등을 맡아 바른 역사 찾기에
부단히 노력하고 있다.

역사·언론 바로잡기와 민주화·통일운동에 큰 관심을 두고, 독립운동가와 민주화
운동에 헌신한 인물의 평전 등 이 분야의 많은 저서를 집필했다. 주요 저서로『한
국필화사』,『백범 김구 평전』,『을사늑약 1905 그 끝나지 않은 백년』,『단재 신채호
평전』,『만해 한용운 평전』,『안중근 평전』,『이회영 평전』,『노무현 평전』,『김대중
평전』,『안창호 평전』,『빨치산 대장 홍범도 평전』,『김근태 평전』,『독부 이승만 평
전』,『안두희, 그 죄를 어찌할까』,『10대와 통하는 독립운동가 이야기』,『몽양 여운
형 평전』,『우사 김규식 평전』,『위당 정인보 평전』,『김영삼 평전』,『보재 이상설 평
전』,『의암 손병희 평전』,『조소앙 평전』,『백암 박은식 평전』,『나는 박열이다』,『박
정희 평전』,『신영복 평전』,『현민 유진오 평전』,『송건호 평전』,『외솔 최현배 평
전』,『3·1 혁명과 임시정부』,『장일순 평전』 등이 있다.

의열단, 항일의 불꽃

1판 1쇄 발행   2019년 7월 30일
1판 2쇄 발행   2019년 9월 10일

지은이   김삼웅 / 펴낸이   조추자 / 펴낸곳   도서출판 두레
등 록   1978년 8월 17일 제1-101호
주 소   (04207)서울시 마포구 마포대로 14가길 4-11
전 화   02)702-2119(영업), 02)703-8781(편집)
팩스 / 이메일 02)715-9420 / dourei@chol.com
기획·편집 장우봉 | 디자인 최진아 | 영업 신태섭

글ⓒ김삼웅, 2019

ISBN 978-89-7443-124-2 03910